# 동·서양 명언집

오성출판사

# 머 리 말

## －넉넉한 마음으로 살아가는 법을 배운다－

‘어떻게 살고 있습니까?’

당신에게 만약 어느 누가 이런 질문을 던진다면, 당신은 어떻게 대답할 것인가?

사람처럼(인간답게) 살고 있습니까?

이렇게 조금더 구체적인 질문을 받는다면, 당신은 자신있게 대답할 수 있겠는가? 인간이면서도, ‘인간답게 살고 있느냐’는 질문 앞에서 다만 부끄러워질 수밖에 없는 우리는 너무도 나약한 존재가 아닌가?


‘인간답게 사는 삶’이란 어떤 것인가?

그것은 호의호식하면서 사는 것도 아닐 것이요, 재벌이 되어 고급 승용차에 몸을 의탁시키면서 살아가는 기계적인 인간상도 아닐 것이다.

물질적인 하찮은 것을 초월한, 보다높고 숭고한 정신적인 삶, 예컨대 인간으로서 한 번 살아봄직한 ‘가치있는 삶’을 말하는 것이 아닐까?


‘어떻게 살아가야 하는가?’

청소년들의 범죄가 날로 극성을 부리는 이 시점에서 무슨 말을 어떻게 해주어야 하는가?

필자는 오랫동안 청소년 선도의 일을 주관하면서 스스로에게 던져보았던 질문이다. 마음의 양식이 적어 이기적이고 반항적인 청소년들에게 그간 들려주고 이야기하여 주었던 성현들의 주옥같은 글을 수년간 틈틈히 자료를 수집하여 놓았던 글을 책으로 엮어 보았다.

동·서양의 수많은 성현들이 자신들의 삶을 불태우면서 얻어낸 밀알과도 같은 금언(金言)들을 이 한 권의 책에 집대성시킴으로써, 삶의 어려움에 부딪친 수많은 사람들에게, 또는 자꾸만 나약해져 심신을 조련할 수 없는 독자들에게, 때로는 삶의 위안이 되고 때로는 강한 용기를 얻을 수 있는 인생의 지표를 제공하고자 하였다.

필자는 오랜 시간을 청소년 선도와 교육기관을 접하면서 마음의 양식이 될만 하고 인생의 좌우명을 제시해주고자 이 책을 엮은 것이다.

동·서양의 구분은 두지 않았으나 각 테마별로 엄선된 명언들이라 하나같이 삶의 방향을 제시하리라 믿고 남녀 노소 누구나 곁에 두고 읽음으로써 마음의 여유를 갖는 삶이 될 것이다.

특히 청소년들에게 삶의 지주로 분명히 한몫을 할 수 있으리라 믿는다. 아울러 이 한권의 명언집으로 말미암아 독자 여러분의 앞날에 희망이 열리고 기쁨의 날이 전개될 수 있기를 바라는 마음 간절하다.

1994년 봄 영등포에서……

역자 최 재 웅

# ✻차　례✻

총에 맞은 상처는 치료할 수 있지만,
말로 얻어맞은 상처는
치료가 어렵다.

〈페르시아 속담〉

# 1
## 인간 · 자아에 관한 격언

❋

◇자기라고 생각하는 것은 자기가 아닐 때가 많다. 삶을 돌이켜 보고 생각하고, 노력하는 것이 참된 자기 자신이다. 　　　〈노만 필〉

❋

◇사람이 온 세상를 얻는다 하더라도 목숨을 잃으면 무슨 이익이 있겠는가? 　　　〈성서(聖書)〉

❋

◇나는 존재한다. 나는 존재 이유를 알고 싶다. 내가 왜 살아가는지 알고 싶다. 　　　〈지이드〉

❋

◇이 세상에서 가장 친절한 선생은 자기 자신이다. 가장 진실한 책도 자기 자신이다. 또한 가장 훌륭한 교육도 자기 자신이다.

〈법구 비유경〉

❋

◇사람들은 항상 자기 앞만을 본다. 나는 눈을 내면 속으로 응시한다. 거기에다 초점을 둔다. 각각 사람들은 자기 앞을 본다. 나는 자신의 내면을 본다. 오직 나만이 상대인 것이다. 나는 끝없이 나를 관찰하고 살펴보며 음미(吟味)한다. 다른 사람들은 항상 다른 곳으로 간다. 잘 생각해 보면 알 수 있다. 우리들의 눈은 항상 밖으로 향해

있다. 어떤 사람도 마음속 깊이 내려가려고 하지 않는다. 나는 나 자신의 내부에서 살고 있다. 〈몽테뉴〉

❋

◇자기가 가지고 있는 지위보다 가지지 못한 지위가 더 대단한 것처럼 생각되기 쉽다. 〈라 로슈프코〉

❋

◇자기 자신을 이길 수 있는 저력을 가진 사람이 가장 강하다. 〈세네카〉

❋

◇당신을 좋게 말하지 말라. 그러면 당신은 신뢰할 수 없는 사람이 될 것이다. 또 당신을 나쁘게 말하지 말라. 그러면 당신은 당신이 말한 그대로 취급받을 것이다. 〈루소〉

❋

◇한 발짝 떨어져서 당신이 지나가는 것을 바라보라. 그리고 당신 자신을 나 대신 제 3자로 생각하라. 〈길릴런〉

❋

◇어떤 사람이 무엇을 하면, 되도록 '이 사람은 왜 이러한 일을 하고 있는가?'라고 생각해 보는 습관을 지녀라. 그러나 그대는 그대 자신이 먼저 실행하여 경험을 해 보라. 〈아우렐리우스〉

❋

◇자신을 자제(自制)하는 사람은 다른 사람이 쾌락에서 기쁨을 맛 볼 만큼 쉽게 괴로움을 이겨낼 수 있다. 〈와일드〉

❋

◇자신이 해야 할 일을 결정하는 사람은 세상에서 단 한 사람, 오직 나 자신 뿐이다. 〈오손 웰스〉

❋

◇자신을 안다는 것은 다른 사람이 알아 준다는 것이다. 〈P. 리프〉

✻

◇의지가 강한 사람은 훌륭한 사람이다. 그들은 때때로 고난을 맞이한다. 그러나 고난은 오래 지속되지 않는다.   〈테니슨〉

✻

◇아침의 날씨가 그날의 날씨를 예견하는 것처럼 인간도 어린 시절 성인이 되었을 때의 모습을 짐작할 수 있다.   〈밀턴〉

✻

◇인간만큼 공허하고, 각양각색이며, 변화무쌍한 것은 없다. 이런 토대 위에 확실하고 불변하는 사상을 가진다는 것은 무척 어렵다.
〈몽테뉴〉

✻

◇인간이 가지고 있는 것 중에서 내세울 수 있는 것은 수치심을 가졌다는 것이다. 수치심을 가진 인간은 죄를 범할 가능성이 매우 희박하다.   〈탈무드〉

✻

◇인간은 하나의 갈대에 불과하다. 자연 가운데서 가장 미약한 존재이다. 그러나 인간은 생각하는 갈대이다.   〈파스칼〉

✻

◇타인의 평가를 기준으로 사물을 듣고 판단을 내리지 말라. 당신 자신도 신을 오판하는 경우가 많기 때문이다.   〈앙리 드 레니에〉

✻

◇진정한 정열은 아름다운 꽃과 같다. 꽃이 피어난 곳이 척박한 땅일수록 꽃은 더욱 빛을 발하고 소중하다.   〈발자크〉

✻

◇가정에 충실하지 못하는 사람이 어떻게 세상을 다스릴 수 있겠는가. 인류에 커다란 공을 세우는 사람은 반드시 가정에 충실한 사람이다.   〈헨리 포오드〉

✳

◇당신 자신을 아는 것을 당신의 과업으로 삼으라. 이것은 세상에서 가장 하기 힘든 일이다.　　　　　　　　　　　　〈세르반테스〉

✳

◇당신이 당신 자신을 알려거든, 다른 사람들이 어떻게 행동하는지 보기만 해도 알 수 있다. 당신이 다른 사람들을 이해하려거든, 당신의 마음에 귀을 기울여 보라.　　　　　　　　　　　　　　〈쉴러〉

✳

◇나는 모든 것을 빼앗기고 나서 나 자신을 알게 되었다. 〈클라크〉

✳

◇어떤 사람이든 자기 자신이 최고라고 한다.　　　　　〈라블레〉

✳

◇자기 자신을 아는 사람이야말로 참다운 현인이다.　　〈초서〉

✳

◇나는 내 자신이 무지(無知)하다는 사실 외에는 아무것도 모른다.　　　　　　　　　　　　　　　　　　　　　〈셰익스피어〉

✳

◇자기를 이기는 것이 승리 중에서도 최대의 승리이다.　〈플라톤〉

✳

◇자기가 알고 있는 것을 연구하며, 자기가 사랑하고 존경하는 사람일수록 세심하고 주의 깊게 보는 것, 이것이 성숙한 사람의 기쁨이다.　　　　　　　　　　　　　　　　　　　　〈상트 뵈에르〉

✳

◇인간은 자신의 존재하는 이유를 알고 있다. 인간은 자기를 의식하고, 자기 세계를 벗어나며, 계획을 세웠다가는 변경한다.

　　　　　　　　　　　　　　　　　　　　　　〈야스페르스〉

✳

◇우리는 우리의 의견이나 판단을 다른 사람이 반대할 때에 화를 낸다. 그러나 그 화내는 근원을 꿰뚫어 보면 우리의 의견이나 판단이 정당하다는 굳은 확신이 없기 때문이다. 만일에 어떤 사람이 당신을 보고 2 더하기 2는 5라고 한다면 아마 당신은 화를 내지 않을 것이다. 아니 웃어 넘길 것이다. 화를 내는 것은 자신의 판단이 불확실한 데서 오는 감정이다.　　　　　　　　　　　　　　　　　〈러셀〉

✻

◇인간은 홀로 존재할 때 아무 일도 할 수 없다.　　　〈나폴레옹〉

✻

◇개인은 만인보다 귀중하다. 하느님이 자신의 형상을 닮게 하여 만든 것은 개인이기 때문이다.　　　　　　　　　　　　　　〈지이드〉

✻

◇인간은 재 속에서도 화려할 수 있고, 무덤 속에서도 호화로울 수 있는 고상한 동물이다.　　　　　　　　　　　　〈T. 브라운 경〉

✻

◇인간은 지금까지 만들어진 모든 컴퓨터 중에서 가장 우수한 컴퓨터이다.　　　　　　　　　　　　　　　　　　　　〈케네디〉

✻

◇인간은 웃음을 알고, 웃을 수 있는 유일한 동물이다.

〈W. 화이트헤드〉

✻

◇인간은 혼자서는 아무 것도 알지 못하는, 누군가가 가르쳐 주지 않으면 아무것도 깨우칠 수 없는, 유일한 동물이다. 자연의 자극을 받고 울 줄 밖에 모른다.　　　　　　　　　　　　　〈플리니우스〉

✻

◇과도하게 많은 것을 요구하고, 복잡하고 까다로움을 좋아하는 사람은 항상 혼동의 위험 속에 살게 된다.　　　　　　　　〈괴테〉

＊

◇인간이란 때때로 분노에 모든 것을 거는 골치 아프기 그지 없는 동물이다.　　　　　　　　　　　　　　　　　〈대망경세어록〉

＊

◇인생과 문학에 대해 생각하면 생각할수록 나는 점점 더 통감한다. 모든 뛰어난 것들의 뒤에는 개인이 있으며, 인간을 만드는 것은 시대가 아니고, 시대를 창조하는 것이 바로 인간이라는 것을.〈와일드〉

＊

◇인간은 마땅히 감추어 두어야 할 위대성을 너무나 가지지 못했다. 모래알과 같은 일에, 모래알과 같은 자기를, 모래알처럼 나타내는 것이 아닌가?　　　　　　　　　　　　　　　　　　〈법구경〉

＊

◇인간은 너무 강할 때나 또는 너무 만족을 느낄 때나 스스로 경계를 해야 되지만 지쳤을 때에도 역시 스스로의 소극성에 대해 경계해야 한다.　　　　　　　　　　　　　　　　　　〈대망경세어록〉

＊

◇인간은 누구나 꿈을 먹고 사는 동물이다. 꿈이란, 인간의 삶의 세계를 드넓히는 귀한 정신 활동이다. 우리들이 우리들의 손에 부딪치고, 우리들의 눈에 보이고, 우리들의 귀에 들리는 세계만을 향유하고 파지(把持)한다면, 그 세계의 협착성에 우리는 마침내 질식하고 말 것이다. 우리에게 새로운 꿈이 쉼없이 솟아 나거니, 나그네 길은 언제 끝날 것인가.　　　　　　　　　　　　　　　　〈법구경〉

＊

◇인생에 있어서 내면적인 성장은 의식하지 않고, 오로지 동물적인 생활만을 아는 인간은 두렵기 그지 없다. 그 사람이 오래 살면 오래 살수록 진실된 인간은 마침내 시들어 버린다.　　　　〈조지 엘리어트〉

＊

◇사람의 성(誠)과 신(信)이 없다면  말과 행동이 거짓이 되어 사람의 가치를 지니지 못한다. 이것을 마차에 비교하면 수레 바퀴가 없는 마차와 같다.　　　　　　　　　　　　　　　　〈논어〉

◇그른 성격의 사람을 보고 분함을 참지 못하는 사람은 아주 좋은 사람이라고 할 수 없다. 왜냐하면 장사를 하는 데는 은전도 필요하고, 동전도 필요 하듯이 세상에는 이런 사람도 있고, 저런 사람도 있기 때문이다.　　　　　　　　　　　　　　　　〈라 브뤼에르〉

◇사람이 두 눈을 가지고 있다고 해서 조건이 좋은 것은 아니다. 한쪽 눈은 인생의 좋은 부분을 보며, 다른 한쪽은 나쁜 부분을 보는데 사용되기 때문이다. 착한 것을 보는 눈을 가리워 버리는 나쁜 버릇을 가진 사람은 나쁜 것을 보는 눈을 가리워 버리는 사람보다 훨씬 많다.　　　　　　　　　　　　　　　　〈볼테르〉

◇인간은 사회적 동물이다.　　　　　　　　〈아리스토텔레스〉

◇인간의 마음에는 두 개의 문이 있다. 인간은 무엇일까? 인간은 만족스런 대가 없이 애써 싸우고, 발버둥 치는 어린 아이다. 많은 것을 요구하지만 그 어떤 것도 받을 자격이 없다. 마침내 그가 얻는 것은 조그마한 무덤일 뿐 다른 어떤 것도 없다.　　　　　　〈카알라일〉

◇보잘 것 없는 사람, 남의 밑에 깔리는 사람, 가난한 사람들 사이에서도 생활은 다양하다. 혜택받은 빛나는 사람들, 지배하는 사람들, 부자들보다 더 정겹고 진실하다.　　　　　　　　　　　　〈헤세〉

◇인간이란 이렇게도 되었다가 저렇게도 되는 예측 불가능한 존재

들이다. 그렇기 때문에 오늘의 착한 사람도 내일의 악당이 될 수 있다.
〈고리키〉

❋

◇인간 사이에 있을 때 인간은 인간을 잊는다. 모든 인간에게는 너무나 많은 미래가 있다. 아득한 곳을 보고 아득히 먼 날을 구하는 눈이 있어도 소용이 없는 먼 미래가 있다.
〈니이체〉

❋

◇영원히 알 수 없는 것은 인간 그 자체이다.
〈톨스토이〉

❋

◇사람은 화가 났을 때 특히 상대방을 정확하게 판단하지 못하는 수가 있다. 또 사람은 약한 자를 옹호하는 경향이 있다.
〈대망경세어록〉

❋

◇우리는 식인종의 야만성을 비난하며, 고상한 문명인 표정을 짓는다. 그러나 상대를 먹기 위하여 죽이는 사람과 상대를 죽이기 위해 싸우는 사람중 어느 쪽이 더 야만인인가?
〈모파상〉

❋

◇인간은 미래에 대하여, 약간의 불안과 희망을 갖는다.
〈쉴러〉

❋

◇인간은 시행착오를 거치면서, 비틀거리면서도 발전한다.
〈스타인백〉

❋

◇사람은……신(神)과 하늘의 이슬로부터, 눈물과 한 방울의 빗물로부터 내려오는 거품이라고 그리스의 속담은 말한다.
〈J. 테일러〉

❋

◇인간은 완전한 인간이 되지 못한다.
〈플랭클린〉

❋

◇인간은 어머니의 뱃속에서 알몸으로 태어났으므로 다시 알몸으로 흙으로 돌아가는 것이 정한 이치이다. 이와 같이 신은 신이 준 것은 도로 회수한다.  〈도스토예프스키〉

❋

◇자신을 알고 싶으면 다른 사람을 보면 알 수 있다. 타인은 자기 자신을 비춰주는 거울이기 때문이다.  〈비어스〉

❋

◇이 세상에서 가장 행복한 사람은 인격을 갖춘 사람이다. 〈괴테〉

❋

◇인간이 추구해야 할 것은 돈이 아니다. 항상 인간이 추구해야 할 것은 인간이다.  〈푸시킨〉

❋

◇눈을 감고 자는 사람의 얼굴에는 현명한 사람과 어리석은 사람의 구별이 없다. 그러나 눈을 뜨고 활동할 때 고귀한 사람과 어리석은 사람이 있다.  〈니이체〉

❋

◇인간은 만물의 영장이다.  〈프로타고라스〉

❋

◇남에게 의지하면 실망하는 수가 많다. 새는 자기의 날개로 날고 있다. 따라서 사람도 스스로 자기의 날개로 날아야 한다.  〈르낭〉

❋

◇인간이라고 하는 존재가 자유의지로 자신에게 자초한 상처나 병은 타인의 손으로 가해진 것 만큼 고통을 느끼지 않는다.

〈마키아벨리〉

❋

◇인간의 본질은 결국 고뇌 그 자체이며 자기 숙명에 대한 의식이

다. 그 결과 온갖 공포, 죽음에 대한 두려움이 거기서 생긴다. 〈말로〉

❊

◇나는 인간이다. 그것은 싸우는 동물이라는 것을 뜻한다. 〈괴테〉

❊

◇하늘은 여성의 사랑과 같고, 바다는 남성의 사랑과 같다. 인간은 각기 위 아래의 구별이 있고 능력에는 한계가 있다는 것을 모두가 깨달아야 할 것이다. 〈모리스 톰프슨〉

❊

◇아담도 인간에 불과했다. 이 한 마디가 모든 것을 해명한다. 그는 사과를 탐낸 것이 아니라, 그것이 금지된 것이기 때문에 원한 것이다. 〈마크 트윈〉

❊

◇인간은, 스스로에게 맡겨두면, 스스로를 통치하지 못한다. 〈워싱턴〉

❊

◇악마들이 이 세상을 보는 것처럼, 이 세상을 부정적으로 보는 자는 참으로 비참한 인간이다. 〈괴테〉

❊

◇인간 그 자체, 인간 전체이지 않으면 안 된다. 〈로망 롤랑〉

❊

◇세상에는 완전한 결함도 없고 완전한 장점도 없다. 불면 날아갈 듯한, 불완전함 속에 약한 인간이 서 있다. 〈라 로슈프코〉

❊

◇세상에서 가장 좋은 친구는 자신이며, 가장 나쁜 친구도 나 자신이다. 나를 구할 수 있는 가장 큰 힘은 나 자신 속에 있으며, 나를 파괴하는 가장 무서운 칼도 내 자신 속에 있다. 이 두 가지 중 어느 것을 택하느냐에 따라 자신의 인생이 결정된다. 〈웰만〉

✸

◇사람들은 인생은 즐거운 것이라든가 혹은 괴로운 것이라고 쉽게 단정짓는 경향이 있다. 그러나 쉽게 말할 수 있는 성질의 것이 아니다. 그것은 자기 자신이 인생을 어떻게 보냈느냐에 의해 결정되는 문제이기 때문이다. 그러므로 어느 누가 구원할 수 있는 것은 나 자신뿐이다. 내가 나를 구원하지 않으면 어느 누가 구원할 수 있단 말인가? 인내할 때 인내하고 전진할 때 전진하고, 후퇴할 때 후퇴할 수 있도록 자신의 행동을 알맞게 조절할 수 있는 힘만이 나의 등불이다.　　〈파스칼〉

✸

◇자신을 아는 것이 인생의 참다운 보람이라고 할 수 있다. 사랑은 받는 것이 아니라 주는 것이다. 당신은 대우주(大宇宙)이다. 신(神)을 믿지 않는 사람은 신을 모르거나 신을 무섭게 생각하는 사람이다. 사람의 보람은 돈에 있는 것이 아니라 마음에 있다.　　〈최진용〉

✸

◇절대적으로 완전한 것은 하늘의 법칙이다. 그러므로 하늘의 법칙을 깨우치기 위해서 성실하게 모든 노력을 기울이는 것이 인간의 도리이다. 끊임없이 자기 완성을 위하여 노력하는 사람을 일컬어 성인(聖人)이라 한다. 성인은 선(善)과 악(惡)을 구별할 줄 아는 사람이다. 그는 선을 추구하고 선하게 살려고 노력한다. 〈공자(孔子)〉

✸

◇이상스러운 일이 있다. 인간은 타인에게서 받는 악에 대하여서는 분노하고 싸우지만, 자기 마음 속의 악과는 싸우려고 하지 않는다. 타인의 악은 아무리 애를 써도 바꿀 수가 없지만, 자기 속의 악은 능히 이겨나갈 수가 있다.　　〈오레리아스〉

# 2
# 진실 · 진리에 관한 격언

�֍

◇아무 것도 생각하지 않는 사람은 결코 진리를 알 수 없다. 그러나 진리를 향해 꾸준히 걸어가는 사람의 시행착오는 죽은 진리를 따르는 사람보다 결실이 더욱 풍부하다.　　　　　　　　　　〈로망 롤랑〉

✖

◇진리는 곧 마음이요, 마음은 부처요, 부처는 곧 마음이요, 마음은 곧 우주요, 우주는 곧 마음이요, 마음이 곧 진리로 돌고 돌아가는 것이다.　　　　　　　　　　　　　　　　　　　　〈청담조사〉

✖

◇가장 깊은 진리에는 가장 깊은 사랑이 존재한다.　　　〈하이네〉

✖

◇진리의 신에 대한 충성은 다른 어떤 충성보다 가치있다. 〈간디〉

✖

◇세 사람이 이야기를 하면 그 세 가지의 의견이 있다. 당신의 견해가 비록 옳다 하더라도 무리하게 타인을 설득시키려고 하는 것은 현명한 일이 못된다. 많은 사람들은 설복당하기를 싫어하기 때문이다. 설복이란 못질과 같아서 두들기면 두들길수록 깊이 상처를 낼 뿐이다. 진리는 시간이 흐른 후 저절로 밝혀 진다.　　　　〈스피노자〉

✖

◇사람의 가치는 그가 따르고 있는 진리로써 그 척도를 알 수 있
다.                                                    〈러셀〉

✸

◇타인과의 토론에서 일단 화를 내면 그 때는 이미 진리를 위한
토론이 아니라 자기 자신을 위한 방어가 되어 버린다.     〈카알라일〉

✸

◇모든 진정한 기쁨은 진리와 함께 있고, 모든 진정한 행복도 진리
와 함께 있다. 진리가 떠나는 날 행복도 우리의 곁을 떠난다.〈로거우〉

✸

◇진리는 현명한 사람을 위해서 존재하고, 미(美)는 그것을 느끼기
쉬운 마음을 위해서 존재한다. 진리와 미는 상호보충하는 관계이며
밀접한 관련을 가지고 있다.                         〈베에토벤〉

✸

◇진리는 연령에 구애받지 않는다.                      〈로댕〉

✸

◇진리는 안개를 흩어 버리지 않고도, 그것을 뚫고 반짝이는 등불
이다.                                           〈엘베시위스〉

✸

◇진리는 영원하다.                                  〈헌트〉

✸

◇지혜는 진리 속에만 존재한다.                        〈괴테〉

✸

◇진리란 두 눈을 크게 뜨고, 생명의 강렬한 숨결을 온몸으로 받아
들이고, 사물의 본질을 보며, 불행을 정면에서 맞이하고 그리고 웃는
것이다.                                         〈로망 롤랑〉

✸

◇많은 사람들이 아름다움과 즐거움과 사랑과 진리를 찾아 헤맨

다. 결국은 하나도 얻지 못하고 맨 손으로 돌아온다.그들은 남이 그것을 줄 것으로 믿었기 때문이다.
〈메델링〉

✳

◇진리는 쓴 약이다. 사람들은 그것을 마셔 병을 고치려 하지 않고 오히려 병을 그대로 방치한 채 살아간다.
〈코체프〉

✳

◇인류가 어디로 갈 것인지를 아는 사람은 없다. 가치있는 지혜는, 당신이 어디로 갈 것인지를 깨달으면 알 수 있다. 신을 향하여, 높은 완성을 향하여 걸어나가는 것이다.
〈톨스토이〉

✳

◇참된 생활로 인도하는 길은 좁다. 소수의 사람만이 그 길을 걸어간다. 그 길은 그들 자신 속에 있다. 그리고 진리의 길을 찾아 헤매는 사람도 소수이다. 많은 사람들이 넓은 길을 선택했고 진리의 길을 찾으려고 하지 않는다.
〈류시이 마론디〉

✳

◇사색(思索)과 대화 행동에 있어서, 나는 결코 중요한 것을 망각한 일이 없다. 중요한 것이란 바로 이성(理性)이다.
〈불타(佛陀)〉

✳

◇진실한 인간이 되려는 사람은 이 세상에 대한 허식(虛飾)을 버려야 한다. 참된 생활을 하려는 사람은 자신의 기호에 이끌리지 말고, '참된 것이란 무엇일까?' 또 '어디 있는가?'를 항상 구해야 한다. 스스로에게서 우러나오는 진리를 향한 탐구심을 아름답고 훌륭한 열매를 맺게 한다.
〈에머슨〉

✳

◇술은 강하다. 임금은 더 강하다. 여자는 더욱 더 강하다. 그러나 진리는 이것들보다 더 강하다.
〈루터〉

✳

◇소년기의 이상주의는 진리를 인식하는 것이며 이 때의 이상주의는 이 세상 어떤 것도 대신할 수 없는 부(富)를 지니고 있다.〈시바이쩌〉

✻

◇이 세상의 모든 위대한 진리는 처음에는 모독의 말로 시작한다.
〈버나드 쇼〉

✻

◇많은 사람들은 예수가 십자가를 지고 고난을 당할 때 어떠한 태도를 취했는가, 또 지구가 태양의 주위를 돈다는 사실에 반대해서 갈릴레오를 짐승처럼 끌고 다녔다. 이 사실을 인정하는 데 50년의 세월이 걸렸다. 다수가 옳은 것이 아니라 진리가 옳은 것이다.〈입센〉

✻

◇진리를 깨우치는 데 가장 방해가 되는 것은 허식을 좇는 일이다. 그리고 진리를 깨닫는 데 방해가 되는 것은 진리를 꾸미는 태도 바로 그것이다.
〈인도 격언〉

✻

◇진실은 눈을 통하여 그대의 마음에 전달된다. 눈을 똑바로 쳐다보라. 그대의 가슴을 활짝 열고 진실을 받아 들여라. 언제나 현실과 함께 있어라. 그리고 군중 속에 있으라. 그때 그대의 마음에 이해의 문이 열리고 삶으로 통하는 길이 보인다. 끊임없이 진실을 추구하라. 방관자가 되는 것은 허구에 지나지 않는다. 현실에서 깨어나 눈을 뜨라. 그리고 힘차게 진실을 향해 달려가라.
〈브하그완〉

✻

◇사람은 홀로 있을 때 정직하다. 혼자 있을 때 자기 자신을 속이지는 못한다. 그러나 타인과 함께 있을 때는 타인을 속이려고 한다. 결국 좀 더 깊이 생각하면 그것은 타인을 속이는 것이 아니라 자기 자신을 속이는 것임을 알게 될 것이다.
〈에머슨〉

✻

◇아름다움은 진실이고, 진실은 바로 아름다움이다. 〈러스킨〉

✻

◇진실을 구하기 위해 인간은 두 걸음 앞으로 나서서 한 걸음 뒤로 물러 선다. 고뇌와 과실과 삶에 대한 권태가 그들을 뒤로 던져 버리지만, 진실에 대한 열망과 불굴의 의지는 앞으로 전진하게 한다.

〈체호프〉

✻

◇가슴 아픈 진실이라 할지라도 그것이 진실인 이상 받아 들일 가치가 있다. 하지만 그것에 매달리는 것은 바람직하지 않다.

〈B. 러셀〉

✻

◇나는 진실을 사랑한다. 〈톨스토이〉

✻

◇확실하다고 해서 그것이 결코 진실을 말하는 것은 아니다.

〈까뮈〉

✻

◇인간은 진실에 관해서 얼음 같이 차지만, 허위에 관해서는 불처럼 뜨거워진다. 〈라퐁테느〉

✻

◇몸을 닦고자 하는 사람은 먼저 마음을 바르게 하라. 마음을 바르게 하고자 하는 사람은 먼저 뜻을 진실하게 하라. 〈관자〉

✻

◇정직만큼 풍성한 재산은 없다. 〈셰익스피어〉

✻

◇진실은 언제나 우리들의 가장 가까운 곳에 있다. 다만 사람들이 그것에 관심을 기울이지 않았을 뿐이다. 언제나 진실을 찾아야 한다. 진실은 우리들을 기다리고 있다. 〈파스칼〉

❊

◇세상에 번민하지 않는 사람은 없다. 번민은 욕심에서 생긴다. 그러나 우리는 다행히 그것보다 강한 것을 가지고 있다. 그것은 진리를 찾아 목말라하는 마음이다. 만약 진리를 찾는 마음이 욕심보다 약하다면 세상에서 진리의 길을 찾아가는 사람이 얼마나 될까?

〈어거스틴〉

❊

◇진리는 시간의 '딸'이다. 권위의 '딸'이 절대 아니다.　〈베이컨〉

❊

◇참된 진리는 진리 같이 보이지 않는다.　〈도스토예프스키〉

❊

◇확실한 사실이 있다. 인간은 자기 자신이 옳다고 생각한 진리에 사로잡혀 있다는 것이다. 일단 진리를 인정한 후에는 거기서 빠져나오기가 무척 어렵다.　〈까뮈〉

❊

◇진리를 등불로 삼고 진리에 의지하라.　〈불경〉

❊

◇진실한 사람의 마음은 언제나 평화스럽다.　〈셰익스피어〉

❊

◇진실은 우리들에게 가장 가치가 있는 것이다. 그것을 합리적으로 사용하자.　〈마크트윈〉

❊

◇시간은 매우 소중하다. 그러나 진실은 그것보다 훨씬 더 소중하다.　〈디즈레일리〉

❊

◇사람은 이성(理性)으로도 진실을 알지만 마음에 의해서도 진실을 안다.　〈파스칼〉

✳

◇삶의 참된 의의는 거짓을 미워하고 진실을 사랑하는 데에 있다.

〈R. 브라우닝〉

✳

◇진실도 이따금 우리를 다치게 한다. 그러나 그것은 머지 않아 치료받을 수 있는 가벼운 상처이다.　　　〈지이드〉

✳

◇사랑보다, 재물보다, 명성보다 나에게 진실을 달라.　〈도로우〉

✳

◇진실이 남아 있는 한, 가면은 찢겨져 벗겨진다.　〈루크레티우스〉

✳

◇밤이 깊어 사람들이 잠들어 고요할 때, 홀로 앉아 마음을 살펴보면, 비로소 망령된 생각이 없어지고 진실한 마음이 나타남을 깨닫게 된다. 언제나 이런 가운데에서 큰 진리를 얻을 수 있다. 이미 진실한 마음이 나타났는데도 불구하고 망령된 생각에서 벗어나기에 어려움을 느낀다면 또한 이런 중에서 큰 부끄러움을 얻게 된다. 〈홍자성〉

✳

◇진실은 그 자체에 특별한 시간이 없다. 진실의 시간은 항상 '지금'이다.

〈시바이쩌〉

✳

◇이처럼 비천하고 가련하고 경멸스러운 악덕은 없다. 자신이 거짓말을 하는 것을 일단 허락하는 사람은 두 번, 세 번 거짓말하기는 더욱 쉽다는 것을 알게 되며, 마침내 그것이 습관이 되어 버린다.

〈T. 제퍼슨〉

✳

◇진실이 없는 삶이란 있을 수가 없다. 진실이란 삶 그 자체이다.

〈카프카〉

✽

◇줄기는 자라지만 꽃은 피지 않는 경우가 있다. 그리고 꽃은 피지만 열매는 맺지 않는 때가 있다. 진실을 아는 사람은, 진실을 사랑한다고 말해도 좋다. 하지만 진실을 사랑한다고 해서 진실을 행하고 있다고는 말할 수 없다.　　　　　　　　　　　〈공자(孔子)〉

✽

◇종교에서는 신성한 것만이 진실이고, 철학에서는 진실한 것만이 신성한 것이다.　　　　　　　　　　　　〈포이에르 바하〉

✽

◇진실이 없는 삶이란 있을 수 없다. 진실이란 어쩌면 삶 그 자체일 것이다.　　　　　　　　　　　　　〈포비히스레벤〉

✽

◇진실이야말로 인간의 최상의 것이다. 최상의 것이야말로 바로 진실이다. 진실로 인해서 인간은 결코 하늘로부터 떨어지는 일은 없다.　　　　　　　　　　　　　〈M. 우파니샤드〉

✽

◇사람의 진심에서 우러나온 것은 오월에 서리가 내리게 하고, 울음으로 성을 무너지게 할 수 있으며, 금석도 뚫을 수가 있다. 그러나 거짓된 사람은 형체만 갖추었을 뿐 참 주인은 이미 망해 버린다. 타인을 대하면 얼굴이 가증스럽게 되고 자신의 그림자를 대해도 스스로 부끄러워진다.　　　　　　　　　　　　　〈채근담〉

✽

◇잘못 전해진 내 면목으로 인하여 사랑받느니 보다 내 진실한 모습으로 인하여 증오받는 편이 기분이 좋다.　　　　　〈지이드〉

✽

◇정직을 실천하지 않고 과시하는 것은 하나의 술책에 지나지 않는다.　　　　　　　　　　　　　　　　〈하이네〉

◇마음이 진실하면 말은 별로 소용이 없다.　　　　　〈칠즈〉

◇진실하다는 것은 어두운 감정에 빠지는 것을 절대로 용납하지 않는 것이다.　　　　　〈지이드〉

◇진실의 최고의 벗은 '시간'이고, 최고의 적은 '편견'이며, 구원의 동지는 '겸손'이다.　　　　　〈O.W. 호옴즈〉

◇가장 잔혹한 거짓말은 이따금 침묵 중에 말하여진다. 〈스티븐슨〉

◇그대가 순진하고 맑고 결백한 마음을 가졌다면 그것이 열 개의 진주 목걸이보다 더 그대의 행복을 위한 빛이 될 것이다. 비록 그대가 지금 불행한 환경에 놓여 있다 할지라도 그대의 마음이 진실하다면 아직도 힘찬 행복을 가지고 있는 것이다. 왜냐하면 진실한 마음에서만 인생을 헤쳐 나갈 지혜가 나올 수 있기 때문이다. 아무리 지위가 높고 지식이 많다 할지라도 진실을 잃는다면 그 지위도 지식도 그대를 떠날 것이다.　　　　　〈페스탈로찌〉

◇거짓말쟁이의 목표는 단순히 사람의 이목을 끌고, 기쁘게 하고, 즐겁게 하는 것이다.　　　　　〈와일드〉

◇정직한 노동자는 명랑한 얼굴을 가진다.　　　　　〈T. 데커〉

◇진실의 길은 엄숙하고 또한 걸어가기 힘난하다.　　　　　〈밀턴〉

◇정직할 수 있는 사람만이 완전한 인간이다.　　　　　〈J. 플레처〉

❀

◇아름다움은 진실이고, 진실은 아름다움이다. 〈키이츠〉

❀

◇진리의 대해(大海), 그것은 모든 것이 미발견인 채 나의 앞에 가로누워 있다. 〈뉴우턴〉

❀

◇진실하라. 그것을 위해 예술가는 괴로워한다, 예술이 피해를 입을지라도. 만약 예술과 진리가 공존할 수 없다면, 예술은 죽으면 된다. 진리, 그것은 생명이다. 거짓, 그것은 죽음이다. 〈로망 롤랑〉

❀

◇사랑보다 부귀보다 우리들에게 필요한 것은 진실이다. 〈솔론〉

❀

◇정직을 잃은 사람이 더 잃을 것이란 이제 아무것도 없다. 〈릴리〉

❀

◇거짓으로 속이는 것은 악당의 본질이다. 〈키케로〉

❀

◇진실은 훌륭한 웅변과 미덕의 비결이며, 윤리적 근거의 바탕이고 예술과 인생의 극치이다. 〈H.F. 아미엘〉

❀

◇진실은 오직 한 여성만을 사랑할 줄 아는 남성을 만들고, 근면은 무슨 일이든지 한 가지 일에 몰두하는 천재를 만든다. 〈서양 격언〉

❀

◇우리는 자기에게 거짓말을 할 때, 가장 큰 소리로 거짓말을 하고 있는 것이다. 〈G. 호퍼〉

❀

◇진실하기에 용감하라. 그 어떤 것도 거짓말을 필요로 하지 않는

다. 잘못은 무엇보다도 거짓말을 필요로 하는데 거짓말을 하면 잘못
이 두 배로 커진다.　　　　　　　　　　　　　　　〈G. 허버트〉

❋

◇진실을 말할 용기가 부족한 사람은 항상 거짓말을 한다. 〈밀러〉

❋

◇사람이 거짓말을 하고 난 뒤에는 뛰어난 기억력이 필요하다.
　　　　　　　　　　　　　　　　　　　　　　　〈P. 코르네이유〉

❋

◇정직한 사람은 어린이와 닮은 데가 있다.　　　〈마르티알리스〉

❋

◇정직한 사람은 타인에게 모욕을 주는 결과가 되더라도 진실을
말하며, 잘난 척하는 사람은 모욕을 주기 위해서 진실을 말한다.
　　　　　　　　　　　　　　　　　　　　　　　〈W. 헤즐리트〉

❋

◇정직한 사람은 신이 창조한 가장 고귀한 작품이다.　　〈포우프〉

❋

◇등불 아래에서의 진실이 태양 아래에서도 반드시 진실은 아니
다.　　　　　　　　　　　　　　　　　　　　　　　〈쥬베르〉

❋

◇그는 다음과 같이 말했다. 반이 진실인 거짓말은 거짓말 가운데
에서 가장 검은 거짓말이며, 전부 거짓말인 거짓말은 솔직하게 대결
하여 싸울 수도 있지만, 일부분만이 진실인 거짓말은 싸우기에 더욱
힘들다.　　　　　　　　　　　　　　　　　　　　〈테니슨 경〉

❋

◇얼마간 시치미를 뗄 줄 모르면, 아무 일도 전혀 이룰 수 없다.
　　　　　　　　　　　　　　　　　　　　　　　〈체스터필드 경〉

# 3
## 명상 · 창조에 관한 격언

❋

◇생각이 건전하면 지혜가 있고, 생각이 흩어지면 지혜를 잃나니, 이 두 갈래 길을 밝게 알아서 지혜를 따르면 도를 이룬다.  〈법구경〉

❋

◇생각은 쉬지 않고 앞으로 계속 전진한다. 그것은 매우 먼 미래까지도 내다본다. 현재에 머무르고 있는 생각보다 훨씬 더 앞을 내다보는 것이다.  〈까뮈〉

❋

◇생각과 생각은 항상 전쟁에 나가는 것과 같이 하고, 마음과 마음은 항상 다리를 건너는 것과 같이 하라!  〈명심보감〉

❋

◇나는 생각한다. 고로 나는 존재한다.  〈데카르트〉

❋

◇어느 누가 그대에게 지금 무슨 생각을 하고 있느냐고 묻는다면 그대는 얼굴을 붉히지 않고 즉시 대답할 수 있는 생각을 가지고 있는가?  〈법구비유경〉

❋

◇나는 나 자신을 가르치는 데 별로 신경을 쓰지 않는다. 나는 인생을 즐기면서 일반 세상의 질서가 이끄는 대로 한다. 하늘의 유전(流

轉)에 따라 조용히 유전하는 사람들은 얼마나 다행한 일인가?

〈몽테뉴〉

❈

◇생각을 많이 하는 사람은 행동을 바르게 한다.　〈핼리팩스 경〉

❈

◇당신이 깨어있을 때, 당신에게서 일어나고 있는 모든 것과 당신의 주위에서 일어나고 있는 모든 것에 대해 민감해질 때 따뜻함과 부드러움이 당신으로부터 흘러나오게된다. 당신의 삶에 있어서 햇볕은 따뜻하고, 바람은 아늑함과 생동감이 넘치며 삼라만상은 늘 푸르름 속에 머물러 있게 되는 것이다.　〈브하그완〉

❈

◇우리에게 있어서 명상이란 도대체 무엇일까? 나 자신으로부터의 해탈은 무엇인가? 단식은 무엇이며, 호흡이 멈추는 것이란 무엇인가? 그것은 바로 자아로부터 도피하는 일이다. 그것은 자기 자신의 고통으로부터의 도피이다. 그것은 결국 삶의 고통과 무의미한 것을 잊으려는 값싼 마취에 지나지 않는다. 그러한 도피, 그러한 값싼 마취쯤은 목동들이라도 주막에서 몇 잔의 술이나 발한 야자즙을 마심으로써 맛볼 수 있는 것이다. 그리하여 그들은 자기 자신을 잊고, 삶의 고통을 잊어 순간적인 마취에 빠질 수 있는 것이다. 그들은 몇 잔의 술에 취하여 다른 성자들이 오랜 고행에서 육체의 해탈을 익혀 무아의 경지에서 발견할 수 있는 것과 같은 것을 쉽게 발견하는 것이다.

〈헤세〉

❈

◇진리(眞理), 그것은 사색(思索) 속에서 찾으라. 곰팡이 핀 양서 속에서 찾으려 하지 말라. 그대가 달을 보고 싶거든 연못을 보지 말고, 직접 하늘을 보라.　〈페르시아 격언〉

❈

◇진리, 그것은 서로 떠들며 토론(討論)하는데서 얻어지는 것이 아니다. 오직 성찰(省察)과 생각에 의해서만 얻어질 수 있는 것이다. 당신이 어떤 진리 하나를 발견했을 때, 연달아 또 하나의 진리가 당신 앞에, 감람나무 잎처럼 서서히 싹터오를 것이다.　　〈러스킨〉

◇명상에서는 무엇하나 잃지 않은 채 깨어있다. 당신은 전체에 관심을 가지므로 무엇 하나 빠뜨리지 않는다. 집중할 필요도 없다. 그저 깨어 있기만 하면 된다. 꽃이 피면 당신은 그저 바라보기만 하면 된다. 새가 지저귀면 당신은 그저 듣기만 하면 된다. 햇살이 당신의 몸에 비추면 당신은 그저 따뜻함을 느끼기만 하면 된다. 바람이 당신의 몸을 스치면 당신은 그저 서늘함을 느끼기만 하면 된다. 어린아이가 울고, 개가 짖고, 세상이 온통 시끄러워도 당신은 그저 깨어 있기만 하면 되는 것이다.　　〈브하그완〉

◇독창성의 장점은 참신이라기보다는, 성실이다. 믿는 사람은 독창적인 인간이다.　　〈카알라일〉

◇삶은 필연적으로 얻는 것보다 잃는 것이 더 많다. 하나의 씨앗은 썩어야만 싹이 튼다.　　〈B. 파스테르나크〉

◇마을이든 나라이든 이제부터 창조한다…… 이제부터 만든다…… 라고 할 때 즐거운 것이다.　　〈대망경세어록〉

◇세계의 파멸에 있어서는 오로지 하나의 대비책이 있을 뿐이다. 그것은 바로 인간의 창조 활동이다.　　〈렉스로스〉

◇구성과 창조의 차이점은 정확히 다음과 같다. 구성되는 것은

구성된 후에만 사랑받을 수 있지만, 창조되는 것은 그것이 존재하기
전부터 사랑받는다. 〈G.K. 체스터튼〉

✽

◇존재하는 모든 훌륭한 것은 독창성의 열매다. 〈J.S. 밀〉

✽

◇독창성은 어떤 경우를 막론하고 부정확성의 이유가 되어서는
안 된다. 〈유고〉

✽

◇존재하고 있는 훌륭한 것들은 모두 독창의 성과다. 〈J. 밀〉

✽

◇모방은 가장 충실한 아부이다. 〈C.C. 콜튼〉

✽

◇인간은 모방하는 동물이다. 이 특성은 인간의 모든 교육의 근원
이다. 요람에서 무덤까지 인간은 타인이 하는 것을 보고 그대로 하는
것을 배운다. 〈T. 제퍼슨〉

✽

◇존경할 만한 가치가 있는 것이 이 세상에 세 가지가 존재한다.
그것은 성직자와 군인과 시인이다. 다시 말한다면 지식과 살인과
창조인 것이다. 〈보들레르〉

✽

◇독창성은 천재의 가장 으뜸가는 증거이다. 〈보브나르그〉

✽

◇창조하는 것, 그것은 두 번 사는 것이다. 〈까뮈〉

✽

◇한 마디로 말해서 우리는 서로를 위해 창조되었다.

〈모짜르트〉

✽

❋

◇이 세상은 마치 꿈과 같다——우리들이 이처럼 생각하기 때문에 아무리 설법을 많이 들어도 별 소용이 없고 부처님 말씀 한 마디도 받아들여 새길 수 없다.

이 세상은 꿈이다——이와 같이 생각하는 것이 이 세상을 쉽게 이해할 수 있다.  〈청담조사〉

❋

◇인간은 생각하는 한 자유롭다.  〈에머슨〉

❋

◇그대가 그대 자신에 대해서 생각하는 것이야말로 다른 사람이 그대에게 대해서 생각하는 것보다 훨씬 중요하다.  〈세네카〉

❋

◇자기 스스로 사물에 대해 생각하지 않는 자(者)는 결국 다른 사람의 사상에 예속된다. 자기 자신의 사상을 다른 사람에게 예속시키는 일은 자기 자신의 육체를 다른 사람에게 예속시키는 일보다 더욱 굴욕적인 노예 행위이다. 그러므로 그대 자신의 머리로 생각하라. 그리고 다른 사람이 그대를 가리켜 무슨 말을 하든지 결코 신경쓰지 말라.  〈톨스토이〉

❋

◇자유로운 사람은 죽음보다도 인생에 대해서 더 많은 것을 사색한다.  〈스피노자〉

❋

◇사색을 오랫동안 하고 있는 사람이라고 해서 언제나 최선의 길을 선택하는 사람이라고는 할 수 없다.  〈괴테〉

❋

◇새로운 〈콘체르트〉의 아다지오는 마장조이다. 이것은 강렬한 효과를 노린 것은 아니다. 오히려 그보다는 조용하고 로맨틱한, 그리

고 약간 우울하면서도 몇 천 가지이든 행복한 회상을 불러 일으킬 듯한, 한 점을 조용히 응시하는 듯한 그런 이미지를 주려고 한다. 마치 봄밤에 아름다운 선율처럼 쏟아져내리는 달빛을 받으며 명상하는 듯하게……　　　　　　　　　　　　　　　　　　　　　〈쇼팽〉

✻

◇고요함 속에서 사색하는 일은 모두 사라지거나 승화되는 법이다.　　　　　　　　　　　　　　　　　　　　　　　　〈청담조사〉

✻

◇우리는 세 가지 조건에 의해서 성지(聖地)에 도달할 수 있다. 그 첫째는 사색에 의한 것인데, 이것이 가장 높은 길이다. 둘째는 모방에 의한 것인데, 이것은 가장 쉬운 길이다. 그리고 셋째는 경험에 의한 것인데, 이것이 가장 괴로운 길이다.　　　　　　〈공자(孔子)〉

✻

◇항상 깊이 생각하라. 그리고 무엇보다도 당신의 사상을 풍부히 하라. 아무리 커다란 건물이라 할지라도 먼저 인간의 머리 속에서 그 형체가 그려지고, 그린 다음에 그것이 건물이 되어 나타나는 것이다. 그러므로 현실이란 곧 사상의 그림자에 불과하다.　　〈카알라일〉

✻

◇제 아무리 좋은 음식이라 할지라도 소금으로 간을 맞추지 않으면 그 맛이 제 빛을 잃고 만다. 모든 음식은 간을 맞추어야 하듯이 우리의 모든 행동도 역시 간을 맞추어야 한다. 음식을 먹기 전에 우선 간을 보는 것처럼 무슨 행동을 하기 전에 먼저 생각하도록 하라. 생각한다는 것은 인생에 있어서 소금과 같다.　　　　　　　〈리튼〉

✻

◇청년기에는 아집(고집)이 지배하고, 노년기에는 명상이 지배한다. 다시 말하면 청년기는 활동하기에 알맞은 시기요, 노년기는 사색하기에 적합한 시기이다. 실행하는 데 있어서도 청년기는 보이는

현상에 따라 결심하지만 노년기에는,대부분이 생각한 다음에 결정한
다.                                                          〈쇼펜하우어〉

❋

◇사람이 먹고 살기에 급급하다 보면 고상한 생각을 하기가 어렵
다.                                                              〈루소〉

❋

◇명상은 노동이요, 생각은 행동이다.                         〈V. 위고〉

❋

◇참으로 위대한 인물은 모두 명상하는 것을 터득하고 있다.
                                                                〈헤세〉

❋

◇한 시간 동안의 명상은 선행이 없는 일 주일 간의 기도보다 소중
하다.                                                          〈하리슨〉

❋

◇맨 처음 하는 생각이 언제나 최선의 생각은 아니다.〈V. 알피에리〉

❋

◇우리들이 날마다 3분 간씩 깊이 명상에 잠겨, 하늘에 별이 총총
이 빛나는 무한한 우주를 바라보기도 하고, 장례식에 참석했을 때에
쓸데없는 말을 지껄이면서 영구 뒤를 따라가지 않고, 삶과 죽음의
근원에 대해 스스로의 생각을 모으기라도 한다면, 그만큼 현재의
삶에 있어서 플러스가 될 것이다.                              〈시바이쩌〉

❋

◇한 밤중의 죽음과 같은 고요함은 사색의 한 낮이다.  〈바보울드〉

❋

◇생각은 매우 소중한 것으로서 생각 속에 모든 것이 이루어진다.
                                                          〈도스토예프스키〉

❋

◇우리는 혼자 있을 때에도 항상 다른 사람이 곁에 있는 것처럼 생활하지 않으면 안 된다. 우리는 우리들 마음의 모든 구석구석이 다른 사람의 눈에 비친다 할지라도 두려울 것이 없도록 깊이 사색(思索)하여야 한다.　　　　　　　　　　〈세네카〉

❋

◇명상 같은 것은 모두 다 잊어버리고 저 넓은 세상으로 뛰어나가세. 감히 말하건대 명상 같은 것을 하는 인간은 사랑이 메말라버린 초원 위에서 악마에 사로잡혀, 빙빙 돌림받는 동물같은 놈일세.〈괴테〉

❋

◇하잘 것 없는 철학은 사람의 정신을 무신론자로 만들기 쉽다. 그러나 철학에서의 인생의 깊이는 사람의 정신을 종교로 만든다.

〈베이컨〉

❋

◇깊이 생각하는 것, 그 자체가 자기 자신과 친근해지는 일이다.

〈우나무도〉

❋

◇그대의 사랑을 매일 깨끗하게 닦는 데 열심히 노력하라. 그대가 악한 생각을 가지고 있지 않는 한, 악한 행위를 하려고 해도 뜻대로 되지 않을 것이다.　　　　　　　　　　　　〈공자(孔子)〉

❋

◇참된 창조 정신은 올바른 신앙으로부터 출발한다.

〈페스탈로찌〉

❋

◇진정한 창조(創造)는 신(神)만이 할 수 있는 것이다. 사람이 어떤 새로운 것을 만들어 냈다고 하더라도 그것은 어디까지나 신의 계시에 의한 모방일 뿐이다.　　　　　　　　〈카알라일〉

❋

◇세상에 시험 삼아서 이 몸이 태어나기 전에 나는 어떤 모습이었을까 상상해 보라. 또한 이 몸이 죽은 뒤에도 나는 어떤 모습이 될까 생각해 보라. 그러면 모든 상상이 없어지고 본성만이 고요히 남아서 세상 밖으로 뛰어나와 상상에서 노닐 수 있으리라.　　　〈채근담〉

◇모든 책은 우리에게 지식의 자료를 줄 뿐이며, 오직 내 자신의 것은 생각과 실천의 힘 뿐이다.　　　〈로크〉

◇가만히 누워서, 느긋하게 기다리고 있는 것 자체가 인내하는 것이며 이것이 바로 명상을 하는 것이다.　　　〈니이체〉

◇사색이란 것은 감각의 하나로서 감수성이나 예민함으로 융합되는 것을 말하는 것이다.　　　〈브하그완〉

◇인생을 깊이 생각하는 인간이 반드시 성공하는 것은 아니다.

〈사기(史記)〉

◇끝없이 생각하고 또 생각한 사색은 결국 어디에서든 모든 사람에게 있어서 사색의 필연성에 기초를 둔 살아 있는 신비주의에 귀착하는 것이다.　　　〈시바이쩌〉

◇생각, 그것이 나는 아니다. 긍정, 부정을 하는 것은 내가 아니고 긍정하고 부정하는 주체가 나다. 농사짓는 것도 장사하는 것도 내 일이 아니고, 정치 · 학문도 내 일이 아니다. 다만 그것의 주체를 알 뿐이다.　　　〈청담조사〉

# 4
## 생활 · 인생에 관한 격언

❋

◇사는 것이 힘들다고 낙망하지 말라. 어깨에 짊어진 무거운 짐이, 스스로의 사명을 완수하도록 강요한다. 이 짐에서 벗어나는 길은 자기의 사명을 완수하는 길 뿐이다. 당신에게 맡겨진 일에 책임을 다했을 때 무거운 짐에서 벗어날 수 있다. 〈에머슨〉

❋

◇고통이 남기고 간 뒤를 보아라! 고난이 지나면 반드시 기쁨이 스며든다. 〈괴테〉

❋

◇장수하기 위해서는 느긋한 마음으로 사는 것이 필요하다.

〈키에르 케고르〉

❋

◇산다는 것은 무엇을 의미하는가? 죽어 가는 것을 끊임없이 자신으로부터 몰아내는 것이다. 산다는 것은 내 몸에서(단순히 내 몸에서 뿐만 아니라) 일체의 약하고 늙은 것에 대해서 잔혹하게 대하는 것이다. 〈니이체〉

❋

◇쉽게 허락한 것은 반드시 신뢰성이 희박하고, 쉽게 하는 일이 많으면 어려움이 많이 따른다. 〈노자〉

❋

◇인생은 평화와 행복만으로는 지속될 수 없다. 고통과 노력이 필요하다. 고통을 두려워하지 말고 슬퍼하지 말라. 참고 인내(忍耐) 하면서 노력해 가는 것이 인생이다. 희망은 언제나 고통의 언덕 너머에서 기다린다.  〈맨스필드〉

❋

◇인생은 만남이며, 그 초대는 두 번 되풀이되지 않는다. 〈카로사〉

❋

◇서라! 살아라! 죽을 수밖에 없다면 선 채로 죽으라!

〈로망 롤랑〉

❋

◇너를 타인에게 필요한 존재로 만들어라. 타인의 인생을 힘들게 만들지 말라.  〈에머슨〉

❋

◇인간은 우리가 무엇 때문에 살고 있는가에 대해서 항상 생각해야 합니다. 이 문제가 해결될 때, 비로소 죽음에 대해 두렵게 생각하지 않게 됩니다. 인생의 의의는 당신이 인생으로부터 달아나는 것이 아니라 인생을 무엇으로 채우는가에 달려 있습니다. 이것을 알면 삶은 풍성해 집니다. 사람은 죽어도 그 사람의 영혼은 결코 죽지 않습니다.  〈마르틴 루터 킹 목사의 부인〉

❋

◇인생은 두 가지로 이루어지고 있다. 하고 싶지만 할 수 없는 것과 할 수 있지만 하고 싶지 않은 것이다.  〈괴테〉

❋

◇램프가 타고 있는 동안 인생을 즐겨라. 시들기 전에 장미를 꺾어라.  〈우스테리〉

❋

◇인생에는 두 가지 비극이 있다. 하나는 마음속의 희망이 없을 때, 또 하나는 희망을 얻을 때이다.　　　　　　　　〈버나드 쇼〉

*

◇인생은 꿈이다. 우리들은 깨면서 자고, 자면서 깬다.　　〈몽테뉴〉

*

◇인생을 자신의 뜻대로 살 수 있는 것이야말로 단 하나의 성공이다.　　　　　　　　〈몰리〉

*

◇인생은 금방 지나간다. 따라서 견딜만 하다.　　　　　　〈체이스〉

*

◇인생은 한 권의 책과 같다. 어리석은 사람은 대충 책장을 넘기지만, 현명한 사람은 공들여서 읽는다. 그들은 단 한 번 밖에 읽지 못하는 것을 알기 때문이다.　　　　　　　　〈장 파울〉

*

◇사람은 언제나 향수에 젖어 있다. 왜냐하면 나그네이기 때문이다. 왜 나그네가 되었는가? 그것은 고향에 불만이 있었기 때문이다. 그러나 왜 불만이 있었던 고향을 다시 그리는가? 그것은 나그네 신세가 고달프기 때문이다. 고향에서 떠나와 떠돌아 다니고…… 인생이란, 끝없이 고달픔과 동경에서 허덕이는 유랑자인가?　　〈법구경〉

*

◇비록 내일 세계의 종말이 온다 할지라도 나는 오늘 한 그루의 사과 나무를 심겠다.　　　　　　　　〈스피노자〉

*

◇인간은 자연의 은혜인 과일을 먹으며 화려하고 아름답게 번성할 때도 있지만 덧없이 사멸하기도 한다.　　　　　　　　〈호메로스〉

*

◇세상은 선(善)보다 악(惡)을 더 많이 우리에게 제공한다.〈콜튼〉

✽

◇인내하며 기다릴 줄 아는 인간이 바라는 것을 얻을 수 있다.
〈프랑스 격언〉

✽

◇인생을 살아가는 인간은 자기가 사랑하는 것을 아름답게 보고, 자기가 믿는 것을 매우 성스럽게 생각한다.　　　　　　　　〈르낭〉

✽

◇눈물은 말없는 슬픔이다.　　　　　　　　　　　　　〈볼테르〉

✽

◇모든 사람의 삶은 신에 의해서 씌여진, 한 권의 동화책에 불과하다.
〈안데르센〉

✽

◇한쪽 문이 열리면 한쪽 문은 닫힌다.　　　　　　〈스페인 격언〉

✽

◇우리의 일생은 타인을 사랑하는 데에 인생의 반을 소모하고, 타인을 비난하는데 반을 소모한다.　　　　　　　　　　〈쥬베르〉

✽

◇삶이란 기운이 모여서 된 것이다. 오래 산 사람과 일찍 죽은 사람의 수명 차이가 있다면 얼마나 있으랴. 영겁의 시간 속에 잠깐 사는 것에 불과하다.　　　　　　　　　　　　　　　　　　〈장〉

✽

◇타인의 눈에 띄지 않게 조용히 산 사람이 훌륭하게 산 사람이다.
〈오비디우스〉

✽

◇내가 불만족스러웠던 것은 완전한 생활을 하지 못한 것이었다. 단순히 인식만 하며 생활하는 것을 원하지 않았다. 내 실존의 가장 깊은 근원과 연결되는 신적(神的)인 것에 뿌리를 내리고 싶었다.

전 세계가 멸망하더라도 흔들리지 않는 것 위에 기초를 두고 싶었다.
〈키에르 케고르〉

✼

◇인간뿐만 아니라 동물들도, 가장 중요한 일은 즐기는 것이라는 것을 알고 있다.
〈버틀러〉

✼

◇가장 어려운 기술은 살아가는 기술이다.
〈메이시〉

✼

◇우리의 인생은 아침 이슬과 같다.
〈바이런〉

✼

◇얼마나 오래 사느냐가 중요한 것이 아니라, 어떻게 사는가가 중요하다.
〈베일리〉

✼

◇힘 닿는대로 최선을 다해 훌륭한 인생을 만들라. 인생은 짧다.
〈오울디즈〉

✼

◇살아 있는 동안 헛되이 살지 말라.
〈에디슨〉

✼

◇인생은 짧다. 대부분 백 살을 넘기지 못하고 죽는다. 그보다 오래 사는 사람이라도 늙어서 죽는다.
〈스타니파타〉

✼

◇인간은 생에 대해 호기심을 늘 가지고 있어야 한다. 어떤 이유가 있어도 그의 인생을 외면해서는 안 된다.
〈루즈벨트〉

✼

◇길을 가고 있을 때 걸어왔다는 사실과 걸어가야 한다는 사실을 동시에 생각해야 한다.
〈청담조사〉

✼

◇우리들이 작은 예의를 지킨다면 인생은 훨씬 더 좋을 것이다.

〈채플린〉

＊

◇가난과 사랑과 전쟁을 알기 전까지는 인생의 충분한 맛을 봤다고 할 수 없다.

〈O. 헨리〉

＊

◇많은 사람들은 오래 살기를 바란다. 나이가 드는 것은 바라지 않는다.

〈J. 스위프트〉

＊

◇출생은 불행이고, 삶은 고통이며, 죽음은 비통이다.

〈성 베르나르〉

＊

◇삶에 대한 절망이 없으면 삶에 대한 사랑도 없다.  〈알베르 까뮈〉

＊

◇오! 제군들이여, 인생은 짧다. 그러나 의미있게 지내지 못한다면 너무나 긴 것이다.

〈셰익스피어〉

＊

◇내가 가장 알 수 없는 것은, 세상은 알 수 있다는 일이다.

〈아인슈타인〉

＊

◇우리는 왜 태어났는지 모른 채 태어났다. 어떻게 살아야 올바르게 사는지 모른 채로 살아왔다. 그리고 왜 죽는지, 어떻게 죽어야 의미있게 죽는지도 알지 못한 채 죽어간다.

〈호세 말티〉

＊

◇삶의 기술은 하나의 목표를 선정하고, 거기에 전심 전력으로 투구하는 것을 말한다.

〈모로아〉

＊

46

◇인간은 먹기 위해서 사는 것이 아니라 살기 위해서 먹는다.
〈소크라테스〉

✻

◇과연 인간이 부덕 없이 덕을, 미움 없이 사랑을, 추함 없이 아름다움을 생각할 수 있을까. 악과 고뇌 때문에 선과 기쁨은 더욱 가치를 발하고 인생은 살 가치가 생기는 것이다.　　〈아나톨 프랑스〉

✻

◇나의 인생이 밝은 길을 걸을 때도 어두운 길을 걸을 때도, 나는 절대로 인생을 욕하지 않겠다.　　〈헤세〉

✻

◇올바른 삶을 살기 위해서는 일상생활 전체를 통해 바르게 살아야 한다.　　〈L.A. 세네카〉

✻

◇우리의 인생은 한 걸음 한 걸음 죽음을 향해 가고 있다.
〈코르네이유〉

✻

◇나의 생활은 정지했다. 숨쉬고 먹고 마시고 잠자는 것을 그만둔 것은 아니었다. 하지만 거기에는 이미 참된 의미의 생활이 없었다. 왜냐하면 충실하게 사는 것이 진정한 삶이라고 이해해 줄 만한 여건이 조성되지 않았기 때문이다.　　〈톨스토이〉

✻

◇아침에는 생각하고, 낮에는 활동하고, 저녁에는 먹고, 밤에는 잔다.　　〈브레이크〉

✻

◇만나서 사귀고, 사랑하고 헤어지는 것이 모든 인간의 삶이다.
〈콜리지〉

✻

◇삶을 아는 사람은 누구인가? 괴로움을 알고 있는 사람이다. 향유하는 사람은 누구인가? 절제하는 사람이다.  〈슈트라우스〉

❋

◇영원히 이 일은 잊지 말라. 삶은 헛된 꿈이 아니다. 영원을 그 속성으로 우리는 영원에 놓여있는 존귀한 실존인 것이다. 〈카알라일〉

❋

◇사람은 떡으로만 살 수 없다.  〈성서〉

❋

◇사람이 살면서 후회하는 것은 그 사람의 의지를 부정하는 데 불과하다. 또 후회란 사람의 이상에 대한 반항이다. 그리고 후회란 사람을 이리 저리 끌고 다녀 갈팡질팡하게 만든다. 따라서 후회란 지난 날의 자신의 덕행과 절제마저 부인한다.  〈몽테뉴〉

❋

◇타인의 지혜로는 멀리 갈 수 없다.  〈루마니아 격언〉

❋

◇사랑이 없는 젊은이, 지혜가 없는 노인, 이들은 실패한 인생이다.  〈스웨덴 격언〉

❋

◇우리의 인생은 천국에 들어가는 대기소에 지나지 않는다.  〈아라바아 격언〉

❋

◇삶의 본질은 육체 속에 있는 것이 아니라, 내면 속에 있다.  〈톨스토이〉

❋

◇인생이란 그것을 느끼는 사람에게 있어서는 비극이고, 그것을 생각하는 사람에게는 희극이다.  〈라 브뤼에르〉

❋

◇인생은 장미꽃 희망이다. 단 단지 만개하지 않을 동안만.〈키이츠〉

◇나의 인생을 돈 때문에 팔 수는 없다. 〈부르가〉

◇인생은 학교와 같다. 행복보다는 불행이 더 훌륭한 스승이다.
〈프리체〉

◇인생은 왕복 차표를 발행하지 않는다. 한 번 떠나면 결코 돌아올 수가 없다. 〈로망 롤랑〉

◇아무리 구름 속을 들여다 봐도 거기에는 인생이 없다. 반듯하게 서서 자기 주위를 자세히 보라! 우리가 선택한 것을 우리는 실천할 수 있다. 내 길을 걸어 가는 데에 인생이 있다. 그렇게 앞으로 나아가는 동안에는 고통도 있으리라! 행복도 있으리라! 어떠한 경우에도 인생에는 완전한 만족이란 없다. 〈괴테〉

◇우리는 타인의 고통 속에서 태어나 자신의 고통 속에서 살다가 죽어간다. 〈프란시스 톰프슨〉

◇악이 우리에게 선을 인식시키듯이 고통을 통하여 우리는 기쁨을 알게 된다. 〈클라이스트〉

◇다른 사람을 비난하는 가운데 우리가 가장 조심해야 할 것은 그것에 의해서 우리가 불리해지는 것이다. 〈뒤마〉

◇나는 벌거숭이로 이 세상에 태어났다. 따라서 나는 이 세상을 떠날 때도 벌거숭이로 가지 않을 수 없다. 〈세르반테스〉

❋

◇사람들이여, 정신 속에 살라. 인생의 본질을, 육체의 삶으로 돌리지 말라. 육체는 정신을 담는 그릇에 지나지 않는다. 인간이 표출하는 모든 것은 모두 그 정신의 힘에  의해서이다.  정신이 없는 육체는, 운전사 없는 자동차와 같으며, 렌즈가 없는 사진기와 같다.

〈오레리아스〉

❋

◇신(神)의 속성이, 우리들 인간속에도 있다. 그리하여 지칠 줄 모르게 본원(本院)으로 돌아가려고 하는 것이다.　　〈세네카〉

❋

◇인생은 한 잔의 차와 같다. 급히 마시면 그만큼 빨리 밑바닥이 보인다.　　〈바리〉

❋

◇인생은 혼자서 태어나서 혼자서 살다가 혼자서 죽는 영원한 고아(孤兒)이다. 그러므로 따스한 정을 찾고, 광명을 찾는다.　　〈법구경〉

❋

◇그림자같이 왔다가 그림자같이 떠나라.　　〈셰익스피어〉

❋

◇인생을 즐겁게 살기 위한 방법은 자기가 좋아하는 일을 하는 것이 아니라, 해야만 해야 할 일을 좋아하도록 노력하는 것이다.

〈크레이크〉

❋

◇인생의 아침에는 일을 하고, 낮에는 충고를 하고, 밤에는 기도하라.　　〈헤시오도스〉

❋

◇인생 그 자체는 악이 아니다. 나쁘게 사는 것이 악이다.

〈디오게네스〉

# 5
# 사랑 · 연애에 관한 격언

✻

◇사랑을 받는 것, 그것이 행복이 아니다. 사랑하는 것, 그것이야말로 진정한 행복이다.　　　　　　　　　　　　　　　　　　〈헤세〉

✻

◇질투는 늘 사랑과 함께 탄생한다. 그러나, 반드시 사랑과 함께 사라지지는 않는다.　　　　　　　　　　　　　　　　〈라 로슈프코〉

✻

◇사랑은 언제나 너그럽고 정이 깊으며, 또한 질투함이 없고 교만하지 않다. 의롭지 않은 일을 기뻐하지도 않으며, 진리(眞理)를 기뻐한다. 그리고 모든 것을 견디고 모든 것을 믿으며, 변함이 없다.

〈바울〉

✻

◇다른 사람에 대한 사랑이 점점 깊어갈수록 그 사람의 눈은 오히려 날카로와진다.　　　　　　　　　　　　　　　　　　〈힐티〉

✻

◇사랑할 때는 사상 따위가 문제가 안 된다. 내가 사랑하는 여자가 음악을 좋아하는가 어떤가는 문제가 안 된다. 결국 어떤 사상에도 우열을 결정하기란 힘들다. 세상에는 오직 하나의 진리가 있을 뿐이다. 그것은 서로 사랑하는 것이다.　　　　　　　　　　〈로망 롤랑〉

✳

◇사람은 사랑하는 이상 용서한다.　　　　　　〈라 로슈프코〉

✳

◇여자가 가장 정열적으로 사랑하는 사람은 첫사랑의 애인이지만, 그녀가 가장 능숙하게 사랑하는 사람은 마지막 애인이다.〈프레보〉

✳

◇자신보다 진리를 사랑하라. 진리보다 이웃을 사랑하라.

〈로망 롤랑〉

✳

◇요구하지 않는 사랑, 이것이 영혼의 가장 고귀하고 바람직스러운 경지이다.　　　　　　　　　　　　　　　　〈헤세〉

✳

◇하늘의 한 군데를 가리키고, 달을 향해 '거기 서 있거라.'하고 말하는 사람이 있을까? 젊은 여성에게 '한 사람을 사랑하되 마음이 변해서는 안 된다.'고 말하는 사람이 있을까?　　　　〈푸시킨〉

✳

◇사랑이란 사람이 사물을 있는 그대로 보는 것이 아니라 보고 있는 상태이다. 환상의 힘은 달콤하게 하는 힘과 변형시키는 힘과 마찬가지로, 여기서 절정에 이른다. 사람이 사랑에 빠져 있을 때, 다른 때보다 더 잘 참으며 모든 일에 순응한다.　　　　　〈니이체〉

✳

◇사랑은 신뢰를 본질로 한다. 신이 존재하느냐 않느냐는 아무래도 좋다. 믿으니까 믿는 것이다. 사랑하니까 사랑하는 것이다. 대단한 이유는 없다.　　　　　　　　　　　　　　〈로망 롤랑〉

✳

◇젊은이들의 사랑은 마음 속에 있지 않고 눈 속에 있다.

〈셰익스피어〉

✿

◇사랑은 모든 것을 믿고 속이지 않는다. 사랑은 모든 것을 소망하고 멸하지 않는다. 사랑은 자신의 이익을 추구하지 않는다.

〈키에르케고르〉

✿

◇비록 대양의 물결이 둘을 갈라 놓을지라도 멀리 있는 것은 매력을 더한다. 눈에 보이지 않음이 사랑을 더욱 정겹게 하며 더욱 더 가까이 알고 싶어 한다.

〈A. 질레스피〉

✿

◇주로 관심과 애정을 불러 일으키는 두 가지의 요인은, 어떤 물건이 너 자신의 소유물이라는 점과, 그것이 너의 유일한 소유물이라는 점이다.

〈아리스토텔레스〉

✿

◇연애는 악마요, 불이요, 천국이요, 지옥이다. 그리고 쾌락과 고통, 슬픔과 회한이 모두 거기에 있다.

〈반필드〉

✿

◇오직 한 사람에 대한 사랑은 하나의 야만인 것이다. 왜냐하면 이것은 다른 모든 것에 대한 희생이 있어야 가능하기 때문이다. 신에 대한 사랑도 마찬가지이다.

〈니이체〉

✿

◇연애는 누구나 자신을 속이는 데서 시작하고, 남을 속이는 데서 끝나는 것이 보통이다. 이것이 지상에서 일컬어지는 로맨스이다.

〈와일드〉

✿

◇연애의 힘은 실제로 연애를 경험하지 못하면 알 수 없다.

〈프레보〉

✿

◇연애는 마치 전쟁과 같은 것이다. 시작하기는 쉬워도 끝내기는 무척 힘들다.　　　　　　　　　　　　　　　　　　　〈멩겐〉

❉

◇연애란 우리 영혼의 가장 순수한 부분이 미지의 세계로 향하는 성스러운 그리움이다.　　　　　　　　　　　　　　　〈졸주상드〉

❉

◇연애는 그 수가 많든 적든 간에 인간을 현명하게 만든다.　　　　　　　　　　　　　　　　　　　　　　　　　　　〈브라우닝〉

❉

◇연애를 하는 데에도 천재가 필요한가? 연애를 양심적으로 할 수 있는 사람, 양심을 가지고 연애를 하는 사람은 가장 행복한 사람일 것이다.　　　　　　　　　　　　　　　　　　　　　　〈법구경〉

❉

◇연애처럼 사람들 사이에 존재하는 불평등한 조직을 허물어 버리는 것은 없다. 희롱 삼아 연애를 하지 말라.　　　　　　　〈뮈세〉

❉

◇여러 학식 있는 사람들이 갖가지 기계나 약품을 만들어 냈지만, 아직 여성이 원인이 되어 일어나는 병의 약을 만들려는 학자는 없다.　　　　　　　　　　　　　　　　　　　　　　　　〈체홉〉

❉

◇남녀의 사랑의 열정이 식어 버리면, 남편도 그 아내를 미워할 수 있지만, 어버이의 사랑은 평생 계속된다.
　　　　　　　　　　　　　　　　　　　　　　　〈R. 브라우닝〉

❉

◇사랑, 사랑만이 남성이 여인을 위하여 죽음을 감행하게 만든다. 여인 또한——남성과 같다.　　　　　　　　　　　　　　〈플라톤〉

❉

◇자신을 증오하는 사람은 사랑할 수 있지만, 자신이 증오하는 사람은 사랑할 수 없다.　　　　　　　　　　〈톨스토이〉

❀

◇사랑은 일에 굴복한다. 만일 사랑에서 빠져 나오기를 원한다면, 바쁘게 지내라. 그러면 안전할 것이다.　　　　　〈오비디우스〉

❀

◇사랑받지 못하는 것은 슬픈 일이다. 그러나 사랑할 수 없는 것은 훨씬 더 슬프다.　　　　　　　　　　　〈M.D. 우나무노〉

❀

◇결코 마음을 다　주면서까지 사랑하지 말라. 그러면 아픔으로 끝날 뿐이다.　　　　　　　　　　　　　〈C. 컬런〉

❀

◇우리는 우리가 사랑할 수 있는 사람들을 미워할 수도 있다. 다른 사람들에겐 관심이 없다.　　　　　　　　　〈도로우〉

❀

◇우리들에겐 사랑 그 자체로 충분하다. 마치 목적을 두지 않고 방랑 그 자체의 즐거움을 얻듯이.　　　　　　　〈헤세〉

❀

◇사랑하는 사람들은 혼자가 된다. 진정으로 사랑하는 사람들은 상대방이 혼자가 되는 것을 방해하지 않는다.　　　〈브하그완〉

❀

◇천국도 당신과 함께가 아니라면 어둠침침하고 쓸쓸하리!

〈T. 무어〉

❀

◇사랑은 끝없는 신비이다. 그것은 설명할 수 없기 때문이다.

〈타고르〉

❀

◇사랑은 그것이 비밀이 아니게 되는 만큼 즐거움도 사라진다.

〈O. 벤〉

❋

◇내가 당신을 기다리고 있는 것은 기다리고자 하는 것이 아니라 기다려지는 것입니다. 말하자면 당신을 기다리는 것은 정조보다도 사랑입니다. 나는 님을 기다리면서 괴로움을 먹고 살이 찝니다. 어려움을 입고 키가 큽니다.  〈한용운〉

❋

◇모든 사랑은 다음에 오는 사랑에 의해서 정복된다. 〈오비디우스〉

❋

◇사랑하느냐 사랑하지 않느냐 하는 것은 우리 마음대로 되는 것이 아니다.  〈코르네이유〉

❋

◇애정이 충만한 마음은 슬픔 또한 많다.  〈도스토예프스키〉

❋

◇사랑은 들장미, 우정은 호랑가시나무, 들장미 꽃이 필 때는 호랑가시나무꽃은 색이 바래 버린다. 하지만 어느 쪽이 항상 피어 있을까?  〈에밀리 브론테〉

❋

◇사랑의 편지——젊은이는 급하게 읽고, 장년은 천천히 읽고, 노년은 다시 읽는다.  〈프레보〉

❋

◇사랑을 하고 사랑을 잃는 것은, 전혀 사랑을 하지 않는 것보다 낫다.  〈테니슨〉

❋

◇주는 것은 언제나 받는 것보다 행복하다. 사랑하는 것은 사랑받

는 것보다 아름답고 행복하다. 사랑을 감추거나 부끄러워할 필요는 없다. 사랑은 즐겁고 자유로운 감정을 주고 지금까지의 무가치한 생활의 좁은 범위에서 고귀한 감정과 이상의 보다 높은 세계로 이끌어 준다. 〈헤세〉

❅

◇사람의 심정(心情)을 보면, 사랑이 있을 때는 살기를 원하고, 미움이 있을 때는 죽음을 원한다. 이것을 볼 때, 생명의 본질은 사랑에 있음을 알 수 있다. 미움의 감정은 생명에 대한 모독이다.〈파스칼〉

❅

◇대부분의 사람들은 사랑하는 것이 고통이 아닌 줄로 알지만 사랑하는 것은 큰 고통이다. 사랑한다는 것은 소유하겠다는 것이고, 구속이고, 고통이다. 〈청담조사〉

❅

◇자기가 받아들이지 않는 것은 실지로 일어난 일이 아니다. 만약 내가 누군가를 사랑하면 그것으로 때묻은 것은 지워진다. 〈헤밍웨이〉

❅

◇그에게 이익을 주기 위해서 그를 속여도 좋은가? 그에게 해를 끼쳐도 그에게 진실해야만 하는가? 〈법구경〉

❅

◇남자의 첫사랑은 일생을 좌우한다. 〈모로아〉

❅

◇연애는 진정한 무엇인가를 외면해서 깨지는 수가 있다. 마치 우정이 무엇인가의 거짓에 의하여 깨지는 것처럼. 〈보나르〉

❅

◇만나고, 알고, 사랑하고, 헤어지는 것이 보편적으로 사람의 슬픈 이야기이다. 〈코울리지〉

❅

◇산과 산은 절대 만나는 일이 없다. 그러나 사람은 다시 사람과 만난다.　　　　　　　　　　　　　　　　　　　　　　〈미국 속담〉

❋

◇연애를 하고 있는 사람은 몽유병자와 비슷하다. 그들은 눈으로만 보는 것이 아니라 온몸으로 보는 것이다.　　　　　　　　　〈도루비리〉

❋

◇연애를 알기 전에는 남자도 아직 남자가 아니고, 여자도 아직 여자가 아니다. 따라서 연애는 남녀 다함께 성숙해지기 위해 필요한 것이다.　　　　　　　　　　　　　　　　　　　　　　　〈스마일즈〉

❋

◇인간 전체에 대한 사랑이 깊을수록, 사람의 마음 속을 깊이 들여다 볼 수 있다. 즉, 맑은 우물 속을 들여다 보듯이 통찰력은 미세한 마음의 주름까지도 발견할 수 있을만큼 기적적인 능력에 도달한다. 한편, 이기심이 강한 사람은 자신이 혼자 똑똑하다고 생각하지만 점점 어리석어지고, 모든 판단이 흐려진다.　　　　　　　　　〈힐티〉

❋

◇당신을 사랑하는 자(者)가 당신을 울릴 것이다.

　　　　　　　　　　　　　　　　　　　　　　　〈아르헨티나의 격언〉

❋

◇깊이 사랑했던 사람을 미워하기는 어렵다. 불을 끄는 방법이 서투르면 금방 다시 타오르게 된다.　　　　　　　　　〈코르네이유〉

❋

◇사랑에는 네 가지가 있다. 정열적인 사랑, 취미의 사랑, 육체적인 사랑, 허영의 사랑이 그것이다.　　　　　　　　　　　　〈스탕달〉

❋

◇사랑하는 사람의 결점을, 아름다운 점으로 생각하지 않는 사람은 사랑하고 있는 것이 아니다.　　　　　　　　　　　　　　〈괴테〉

✿

◇사랑에 미친다는 말은 중복된 말이다. 사랑이란 이미 미친 상태이다.　　〈하이네〉

✿

◇사랑할 수 있다는 것은 무슨 일이든 할 수 있다는 것이다.

〈체홉〉

✿

◇이 지상에서 첫사랑의 의식보다 성스러운 것은 없다. 〈롱펠로우〉

✿

◇사랑은 오로지 한 빛깔, 그러나 그 모방은 천을 헤아릴 만큼 많다.　　〈라 로슈프코〉

✿

◇누구로부터 사랑받지 못하는 것은 고통스럽다. 어떤 사람도 사랑할 수 없는 것은 살아 있으면서도 죽은 것이다.　　〈그뢴베르그〉

✿

◇한 사람에 대한 특별한 관심은 타인에 대한 무관심을 뜻한다.

〈강유위〉

✿

◇때때로 사랑하는 사람과 함께 있으면서 나는 보답받지 못할 사랑을 쏟고 있는 것이 아닌가 하고 온 몸이 노여움으로 가득 찬다. 하지만, 지금은 보답받지 않는 사랑은 없다고 생각한다. 어쨌든 반드시 반응은 있는 법이다.　　〈휘트만〉

✿

◇사랑은 사랑을 배우면서 동시에 고민도 배운다.

〈유젠 드 겔란〉

✿

◇한 남성을 사랑할 때, 여성은 그 남성에게 모든 것을 지배당하고

싫어한다. 사랑하고 있을 때의 여자의 본능인지도 모른다. 나는 혁명가의 아내이자 동지로서, 그의 생활을 돕고, 그가 사랑하는 딸 아이를 낳은 것을 자랑으로 여긴다.　　　　　〈게바라의 아내 일다〉

◇사랑은 시간의 위력을 무력화시키고 미래와 과거를 영원히 결합시킨다.　　　　　〈빌헬름 뮐러〉

◇사랑이 나에게 영감을 줄 때 글을 쓰고, 영감이 마음 속에 말해 주는 그대로를 표현한다.　　　　　〈단테〉

◇사랑이여! 너야말로 참된 생명의 꽃이다. 휴식 없는 행복이다.　　　　　〈괴테〉

◇사랑은 생명의 꽃이다.　　　　　〈보덴시테트〉

◇사랑받기 위해서는 사랑해야 한다.　　　　　〈세네카〉

◇젊음은 사라지고, 사랑은 시들며, 우정의 잎은 떨어지지만 어머니의 깊은 사랑은 그 모든 것보다 오래 간다.　　　　　〈O.W. 호움즈〉

◇오로지 당신에게 일어나는 일, 그리고 그대의 운명의 실에 의해 짜여지고 있는 일만을 사랑하라. 그 이상 합당한 일이 있는가?　　　　　〈마르쿠스 아우렐리우스〉

◇사랑에 빠진 사람은 쾌락과 동시에 고통을 얻는다. 〈디오게네스〉

◇여성은 자신이 사랑하지 않는, 질투 많은 남자를 싫어한다. 그러

나 자기가 사랑하는 남성이 질투하지 않으면 여성은 성낼 것이다.

〈니노 드랑클로〉

✳

◇깊은 사랑을 가지고 효도하는 사람은 반드시 온화함이 있고, 온화함을 가진 사람은 반드시 즐거움이 있고, 즐거움이 있는 사람은 반드시 평화롭다.　　　　　　　　　　　　　　　〈소학〉

✳

◇사랑은 야수(野獸)를 인간으로 만들기도 하고, 또한 인간을 야수로 만들기도 한다.　　　　　　　　　　　　　　〈우나무노〉

✳

◇사랑한다는 것은 두 사람이 서로 마주 보는 것이 아니라 함께 같은 방향을 바라보는 것이라는 것을 우리는 경험을 통해서 안다.

〈생떽쥐베리〉

✳

◇사랑하는 것을 가르쳐 주는 사람은 아무도 없다. 사랑이란 우리 생명의 탄생과 함께 날 때부터 가지고 태어난다.　　〈F.M. 밀러〉

✳

◇사랑을 해보아야 그의 악함을 알 수 있고 미워해 보아야 그가 선량하다는 것을 알 수 있다.　　　　　　　　　〈예기(禮記)〉

✳

◇사랑이 시작되었을 때 비로소 삶은 눈을 뜨기 시작한다.

〈스큐데리앙〉

✳

◇인간이 마음의 밑바닥으로부터 사랑하는 것은 그 자식과 작품뿐이다. 그리고 자기 자신에 대해서 크나 큰 사랑이 생기게 되면, 그런 경우에 그 사랑은 잉태의 징조인 것이다.　　　　　　〈니이체〉

✳

◇마음이 흥분됐을 때 인간은 자칫 잘못하면 설익은 사랑을 하게 되다. 진정으로 사랑하고 싶다면 냉정한 마음으로 사랑을 해야 한다.  〈라 로슈프코〉

❋

◇성실히 사랑하며 조용히 침묵하라! 성실한 사랑은 많은 말을 필요로 하지 않는다.  〈프리드리히 쩨에라인〉

❋

◇사랑의 고뇌처럼 달콤한 것은 없고, 사랑의 슬픔처럼 즐거운 것은 없으며, 사랑의 괴로움처럼 기쁜 것은 없고, 사랑에 죽는 것처럼 행복한 일은 없다.  〈모리츠 아른트〉

❋

◇사랑할 줄 아는 사람은 자신의 정열을 지배할 줄 아는 사람이다. 이와 반대로 사랑을 할 줄 모르는 사람은 자기의 정열에 지배받는 사람이다.  〈호라티우스〉

❋

◇사랑을 사려 분별있게 하는 남자는 사랑에 대해서 전혀 알고 있지 못하다는 증거이다.  〈콩타스타시오〉

❋

◇한 여성에 대해 모든 것을 던진 절대적인 사랑이란, 그전부터 이미 존재하고 있는 만인에 대한 박애가 침범되지 않는 경우에만 싹틀 수 있다.  〈톨스토이〉

❋

◇오늘 저는 다만 울고 싶을 뿐입니다. 저의 마음은 너무나도 감수성이 예민합니다. 글씨를 쓸 수 없습니다.  〈모짜르트〉

❋

◇이별의 순간까지 사랑은 그 깊이를 깨닫지 못한다.  〈K. 주브란〉

❋

◇떠난다는 것은 잠시 죽는 것, 우리가 사랑하는 것들에 대해 죽는 것이다. 우리는 우리가 있었던 곳 어디에나 우리 자신의 일부를 남겨 둔다.　　　　　　　　　　　　　　　　　　　　　　〈E. 아로쿠르〉

✼

◇연애할 운명에 놓인 사람은 모두 첫 눈에 사랑하게 된다.

〈세익스피어〉

✼

◇청년의 처음, 더구나 깊은 연애 감정은 이따금 나이든 부인에게, 소녀의 연애 감정도 연장의 권위를 지닌 남성에게로 향한다. 즉 그들에게 부모의 모습을 떠올리게 하는 사람들에게 돌려진다.

〈프로이트〉

✼

◇연애란 사랑을 말하는 것이다. 언제나 부자유에 의한 신비감에서 생겨난다. 따라서 양성 간(兩性間)의 신비감(성욕·인격)이 없어지게 될 때는 연애라는 꽃도 지고 만다.　　　　　　　　〈법구경〉

✼

◇연애를 하고 있는 여자에게 있어서 남자는 목적이지만, 남자에게 있어서는 가장 사랑하고 있을 때라도 여자란 단순한 수단에 불과하다.　　　　　　　　　　　　　　　　　　　　　〈G. 티봉〉

✼

◇연애를 하고 있는 사람의 맥박은 얼굴 위에서 뛰고 있다.

〈L. 베가〉

✼

◇여성이 처음으로 사랑할 때는 연인을 사랑하고, 두 번째 사랑을 할 때는 사랑 자체를 사랑한다.　　　　　　　　　　〈라 로슈프코〉

✼

◇가장 훌륭한 사람은 모든 사람을 사랑하는 사람이다. 그 사람들

이 좋은 사람이든 나쁜 사람이든 가리지 않고 모든 사람에게 선을
베푸는 사람이다.　　　　　　　　　　　　　　　　　〈마호메트〉

＊

◇진정으로 사랑하고 있는 남성은 여인 앞에서 어찌할 바를 모르고
애교도 부리지 못한다.　　　　　　　　　　　　　　　　〈칸트〉

＊

◇인생에서 가장 즐거운 시간은 아무도 모르는 둘만의 말로 아름답
고 맑은, 수정과 같은 대화를 나눌 때이다.　　　　　　　　〈괴테〉

＊

◇사랑을 받기만 하는 사람은 아무런 쓸모가 없고 위험하다. 자신
을 극복하고 사랑하는 사람이 되어야 한다.　　　　　　　　〈릴케〉

＊

◇사랑은 짧게 웃고 길게 우는 것이다.　　　　　　　　〈가이베르〉

＊

◇이 세계의 허위와 거짓, 그리고 배신과 사기 속에서도 오로지
하나 순수한 것은 고귀하고 깨끗한 사랑이다.　　　　　　　〈쉴러〉

＊

◇인간은 사랑에 의해 살고 있다. 자기의 시작이다. 신(神)과 인류
에 대한 사랑은, 삶의 시작이다.　　　　　　　　　　　〈톨스토이〉

＊

◇자신을 사랑하는 것처럼 타인을 사랑하라. 타인이 자기에게 다가
오는 것을 받아 줄 수 있다면 그 사람은 사랑을 아는 사람이다.〈공자〉

＊

◇남녀간의 사랑이란 얼마나 무서운 정열인가? 그러나 그럼에도
불구하고 세상의 거의 모든 사람들은 사랑을 마치 행복의 원천인
것 같이 생각한다. 나이 먹은 여자는 사랑을 느끼지 못하며 느끼게
하지도 못한다고 하여 불쌍히 여겨지고 있는 것이다.　　　〈스탕달〉

❋

◇연애란 남자가 단 한 사람의 여자에 만족하기 위하여 치르는 노력일 것이다. 〈P. 제랄디〉

❋

◇연애는 결혼보다도 즐겁다. 이것은 소설이 역사책보다 더 흥미로운 것과 마찬가지이다. 〈카알라일〉

❋

◇연애를 빨리 성사시키려면 펜으로 글을 쓸 것이 아니라 입으로 말하라. 〈라크로〉

❋

◇연애란 할 일 없는 인간들의 할 일인 것이다. 〈몽테스키외〉

❋

◇사랑은 연애를 말하는 것에 의하여 연애를 하게 된다. 〈파스칼〉

❋

◇연애란 아름다운 소녀를 만나는 것, 그리고 그 소녀가 생선 같이 보이는 것을 알기까지의 기간을 말하며, 달콤한 휴식 시간이다.

〈파리모어〉

❋

◇연애가 귀찮은 것은 그것이 공범자 없이는 할 수 없다는 데 있다. 〈보들레르〉

❋

◇주려고만 하고 받지 않으려 했다. 이 무슨 잘못되고 과장된 오만하고도 성급한 연애였단 말인가? 다만 상대에게 주는 것만으로는 안 된다. 상대로부터 받기도 해야 한다. 〈고호〉

❋

◇시간이 연애를 지루하게 하고, 익숙해지면 사랑은 사라져 버린다. 〈바이런〉

❋

◇연애는 홍역과 같은 것으로, 너무 늦게 걸리면 처방하기가 어렵다.  〈제롤드〉

❋

◇가을이 왔다. 낙엽은 흩어지고 너의 얼굴은 창백하다. 지금은 헤어질 때이다.  〈예이츠〉

❋

◇남성는 그 여성을 자신의 것으로 만들 수 없는 동안에만 여자에게 열광한다.  〈키에르케고르〉

❋

◇한 번의 눈길, 한 번의 악수, 다소 맥이 있을 듯한 회답으로 금방 활기를 띠는 것이 연애하는 남녀이다.  〈모로아〉

❋

◇어떠한 사람이 옆에 있으면 타인의 존재 따위는 전혀 문제삼지 않게 되는 경우가 있다. 이것이 바로 연애라는 것이다.  〈쿠프린〉

❋

◇그때 당신은 어디에 있었는가? 어떤 사람들 속에 있었던가? 무슨 말을 하고 있었는가? 내가 슬픔을 안고 멀리에 있는 당신을 그리워할 때, 연민의 마음이 둑을 무너뜨리고 밀려드는 것은 무엇 때문일까?

낯익은 옛길처럼 맞아주는 여인이여! 당신 속에는 메아리와 향수에 넘친 목소리가 있다. 내가 눈을 뜨면 당신의 영혼 속에 잠들었던 작은 새들이 이따금 날개치며 사라져 버린다.  〈네루다〉

❋

◇찾아서 얻은 사랑은 좋다. 그러나 찾지 않았는 데도 얻게 되는 사랑은 더욱 좋다.  〈셰익스피어〉

❋

◇남성이 여성을 사랑하려거든 그 여성의 연약한 점, 불완전한 점을 알고 난 후에 사랑하라! 〈와일드〉

✻

◇너의 원수를 사랑하라. 〈성서(聖書)〉

✻

◇사랑하라. 인생에서 좋은 것은 그것 뿐이다. 〈생드〉

✻

◇연인의 어깨를 빌리면, 평소에 시(詩)를 모르는 남자도 시인이 된다. 〈플라톤〉

✻

◇사랑하는 것이 인생이다. 즐거움이 있는 곳에 사람과 사람의 결합이 이루어진다. 또한 사람과 사람의 결합이 있는 곳에 즐거움이 있다. 〈괴테〉

✻

◇몸과 마음을 다해서 사랑하고 있는 데에도 상대방이 전혀 상대를 해주지 않는 것 만큼 무서운 것은 없다. 〈투르게네프〉

✻

◇사랑은 인간이 모든 사물을 있는 그대로 보지 않는 상태이다. 〈니이체〉

✻

◇사랑의 본질은 개인을 보편화하는 것이다. 〈꽁트〉

✻

◇사랑은 최고의 선이다. 〈브라우닝〉

✻

◇진실한 사랑은 유령과 같은 것이다. 사람들은 사랑에 대해서 말을 하지만 사랑을 본 사람은 아무도 없다. 〈라 로슈프코〉

✻

◇사랑은 여성에게 있어서는 인생의 역사이며, 남성에게 있어서는 하나의 에피소드에 지나지 않는다.   〈스탈 부인〉

❋

◇남편의 사랑이 지극할 때, 아내의 소망은 조그맣다. 남편이 다정스런 눈으로 보아 주기만 해도 아내는 그것으로 만족한다.   〈체홉〉

❋

◇지나간 사랑에 대한 추억은, 그것이 강하게 기억에 남아 있을 때는, 연애를 하고 있을 때와 다를 바 없이 마음을 사로잡고 있는 것이다.   〈J.L. 보이드와이에〉

❋

◇자기가 가장 맛있게 먹었다고 생각할 때 먹는 것을 그만두어야 한다. 계속해서 사랑을 받고자 하는 사람은 이것을 알아야 한다.
  그러나 아직 익지 않은 풋사과의 운명 같은 것도 있다. 그것은 익는 것과 동시에 시들어 버린다.   〈니이체〉

❋

◇사랑에 있어서는 연령이 없다. 사랑은 어느 때든지 할 수 있는 것이다.   〈파스칼〉

❋

◇기쁠 때나 절망을 느낄 때나 사랑이 무엇인가를 알고 있는 사람은 여성뿐이다. 남성에게 있어서 사랑이란 한편으론 공상이고, 거만이고, 탐욕(貪慾)이다.   〈카알 임세르만〉

❋

◇진정으로 사랑하는 사람들은 타인이 그들의 사랑을 받아 주면 감사하게 생각한다. 이것은 그들의 넘쳐 흐르는 힘을 받아 줄 누군가가 필요했기 때문이다. 한 송이의 꽃이 피어 그 향기가 바람에 실려 갈 때 꽃은 바람에게 감사한다.   〈브하그완〉

❋

◇연애에 있어서 진정한 가치는 상대방에게 평상시의 생활력을 증대시켜 주는 것이다.　　　　　　　　　　　　　　〈D. 발레리〉

＊

◇연애는 아주 독특한 성질을 가지고 있다. 사랑은 감출 수도 없고 없는 사랑을 있는 것처럼 가장할 수도 없다.　　　　〈샤브레 부인〉

＊

◇연애의 주식(株式) 시장에 안정주(安定株)란 없다.

〈A.F. 프레브〉

＊

◇한 여성을 사랑할 때는 마치 여신(女神)을 모시고 사랑하는 것과 같이 하라.　　　　　　　　　　　　　　　　　〈브하그완〉

＊

◇적어도 연애를 하고 있는 동안은 배가 고파도 식욕을 느끼지 못한다.　　　　　　　　　　　　　　　　　　　　〈브라우도우스〉

＊

◇저 여자들은 결국 내 기분만을 가졌지만, 당신은 내 마음을 가졌다.　　　　　　　　　　　　　　　　　　　　　　〈프라이어〉

＊

◇연애와 우정은 인생의 행복을 낳는다. 마치 두 개의 입술이 영혼을 기쁘게 하는 입맞춤을 낳는 것과 같이.　　　　　　〈헷베르〉

＊

◇참된 사랑의 힘은 태산보다도 강하다. 그러므로 그 힘은 거대한 힘을 가지고 있는 황금일지라도 무너뜨리지 못한다.　〈셰익스피어〉

＊

◇자기를 동정해 주는 사람을 사랑하는 것은 매우 쉬운 일이다. 하지만 자기를 배반하고, 속이고, 모략하는 사람을 비난하지 않는 것은 어려운 일이다.　　　　　　　　　　　　　　　　　〈불경〉

✳

◇사랑은 홍역과 같다. 나이가 들어서 걸릴수록 더욱 중증이 된
다.
〈윌리엄 제럴드〉

✳

◇사랑은 죽음보다, 죽음의 공포보다 강하다. 인생은 사랑에 의해
서만 주어지며, 계속해서 진보하게 된다.
〈투르게네프〉

✳

◇사랑은 우리가 모르는 사이에 찾아온다. 우리는 다만 사랑이
사라져 가는 것을 볼 뿐이다.
〈톰프슨〉

✳

◇사랑의 희망이 사라졌는 데도 불구하고 사랑하는 마음을 버리지
않는 남자만이 사랑이 무엇인가를 아는 남자이다.
〈쉴러〉

✳

◇이 지상의 모든 생물은 무엇보다도 먼저 그 생(生)을 사랑하지
않으면 안 된다.
〈도스토예프스키〉

✳

◇사랑을 모르는 그대 역시 마찬가지이다. 곁에 아무도 없으면
외롭고 누군가와 관계를 맺게 되면 불행해진다. 사람들은 외로움을
느낄 때 누군가 관계 맺을 사람을 찾아 방황한다.
〈브하그완〉

✳

◇인간은 사랑과 욕심을 쫓기 때문에 걱정과 두려움이 생기는 것이
다. 만약 사랑에서 떠나 버리면 무엇을 걱정하고 무엇을 두려워하겠
는가?
〈법구경〉

✳

◇사랑과 소문에 대한 이야기는 그 어떤 것보다도 차를 맛있게
한다.
〈필딩〉

✳

◇사랑은 우리들을 행복하게 하기 위해서 존재하는 것이 아니라 우리들이 고뇌와 인내에서 얼마만큼 견딜 수 있는가를 보기 위해서 있다.　　　　　　　　　　　　　　　　　　　　　　　〈헤세〉

❋

◇사랑을 하는 사람은 아무리 작은 소리라도 들을 수 있다.

〈셰익스피어〉

❋

◇누구에게도 악의를 품지 말고, 모든 사람을 사랑하며, 신이 우리들에게 정의를 볼 수 있는 눈을 주셨으니, 확고하게 정의에 입각해서 우리들이 이룩하고 있는 이 일을 완수하기 위해서 노력하자.　〈링컨〉

❋

◇사랑은 소유이다. 타인의 자유는 털끝만큼도 인정하지 않으려고 한다. 사랑은 곧 도적이다.　　　　　　　　　　　　　〈청담조사〉

❋

◇사랑이 충족되면 매력은 사라진다.　　　　　　　〈코르네이유〉

❋

◇사랑은 봄에 피는 꽃과 같다. 모든 것에 희망을 갖게 하고 훈훈한 향기를 불어 넣어 준다. 비록 메마른 폐허일지라도.

〈에밀리 브론테〉

❋

◇진정한 사랑이 있는 곳에서는, 형식상의 예의는 대개 필요하지 않다.　　　　　　　　　　　　　　　　　　　　　　　〈길버트〉

❋

◇슬기로운 사람만이 사랑할 줄 안다.　　　　　　　〈세네카〉

❋

◇발자국을 남기지 않고 눈 위를 걸을 수 있을 때, 사랑하라.

〈에드워드 버니〉

✤

◇사랑은 결점을 덮어준다. 그러나 그 결점에서 오는 관심의 고통을 두려워하여 일부러 못 본 척 하기도 한다.  〈법구경〉

✤

◇사랑은 나이가 들어 생기 없는 사람들을 젊게 만들어 주며 젊음을 찾는 사람들을 언제까지나 젊게 만든다.  〈카트라이트〉

✤

◇존경하는 마음이 없으면, 진정한 사랑(戀愛)이 될 수 없다.

〈피히테〉

✤

◇구르는 돌에 이끼가 끼지 않는 것처럼 방황하는 마음에는 애정이 끼어 들 틈이 없다.  〈A. 제임슨〉

✤

◇지상에서 사랑만큼 달콤한 것은 없다. 사랑 다음으로 달콤한 것은 미움이다.  〈롱펠로우〉

✤

◇사랑과 고통은 늘 우리를 따라다닌다. 즐거움과 괴로움, 아름다움과 미움은 앞과 뒤를 이루어 범죄자도 참회하고, 유인도 무릎을 꿇는다.  〈임어당〉

✤

◇사랑은 우리들 삶에 있어서 최초의 것이 아니다. 최후의 것이다. 사랑은 원인(原因)은 아니다. 그리고 사랑의 원인이 되는 것은 자기 마음 속에, 신의 정신을 최초로 의식하는 그것이다. 이 자의식(自意識)이 사랑을 찾으며, 또한 사랑을 낳는다.  〈톨스토이〉

✤

◇하늘에는 사랑의 빛이 충만하다.  〈빌리 그레엄〉

# 6
## 우정·신뢰에 관한 격언

◇우정 어린 친구는 생애에서 한 사람밖에 얻을 수 없고 그런 친구를 가진 사람은 극히 드물다…… 그 친구가 나의 인생을 채우고 있었지만 그렇다고 느끼지 못했었다. 그가 없어지자 내 인생은 공허했다. 잃어버린 것은 사랑했던 친구뿐만이 아니라, 사랑과 그 모든 일체였다. 〈로망 롤랑〉

◇자신의 친구를 대신하여 인내하며 고통받기를 회피해서는 안된다. 〈에드워즈〉

◇우정과 사랑은 서로 상통되지 않다. 정열적인 사랑을 경험한 사람은 우정을 소홀히 여기고, 우정에 정성을 쏟은 사람은 사랑을 위해서는 아무 일도 한 것이 없다. 〈임어당〉

◇우정은 날개 없는 사랑이다. 〈바이런〉

◇나는 더 이상 보답할 수도 처단할 수도 없는 지금에 와서야 친구들 가운데 어느 친구가 진실하며 어느 친구가 거짓된가를 깨달았다. 〈키케로〉

✳

◇사랑에는 신뢰가 필요하고 우정에는 통찰력이 필요하다.〈보나르〉

✳

◇그 사람을 모르거든 그의 친구를 보라! 사람은 서로 마음 맞는 사람끼리 벗하기 때문이다.　　　　　　　　　〈메난드로스〉

✳

◇가장 친한 친구라 할지라도 자신의 생각을 전부 말해 버리면 평생토록 적이 될 수 있다.　　　　　　　　　〈사를르 뒤클로〉

✳

◇참된 우정은 앞과 뒤가 같다. 앞은 장미로 보이고, 뒤는 가시로 보이는 그런 것이 아니다. 그러므로 참다운 우정은 삶의 마지막 날까지 변하지 않는다.　　　　　　　　　〈류카아르〉

✳

◇이성 사이의 사랑은 아침 그림자와 같아서 점점 작아지지만, 노인의 마음에 깃든 우정은 저녁 무렵에 지는 그림자와 같이 인생의 태양이 질 때까지 점점 커져간다.　　　　　　　　　〈J. 베벨〉

✳

◇진정한 친구란 자기의 약점을 포용해 주어야 한다. 〈세익스피어〉

✳

◇일생동안 친구는 단 한 명이면 족하다. 두 명은 많고 세 명은 거의 불가능하다.　　　　　　　　　〈에덤즈〉

✳

◇인간은 좋은 친구가 생기기를 기다리는 것보다 스스로 다른 사람의 좋은 친구가 되었을 때 참된 기쁨을 느낀다.　　　　　〈러셀〉

✳

◇나보다 타인을 먼저 생각하는 우정, 이러한 우정은 어떠한 어려움도 뚫고 나간다.　　　　　　　　　〈무어〉

❊

◇우정과 애정 사이에는 어떤 차이가 있을까? 전자(前者)는 밝은 신전(神殿)이고, 후자(後者)는 영원한 베일에 쌓인 신비이다.
〈하르트만〉

❊

◇나는 이 세상에서 두 가지 보석을 지니고 있었다. 나의 친구와 나의 영혼이다.
〈로망 롤랑〉

❊

◇벗의 가면을 쓴 사람과 관계를 끊는 것은 자기에게 이로울 뿐 아니라 하나의 성장을 가져온다.
〈보나르〉

❊

◇사람들은 누구나 친구의 품 안에서 휴식을 구하고 있다. 그곳에 서라면 우리들은 가슴을 열고 마음껏 슬픔을 털어 놓을 수 있기 때문이다.
〈괴테〉

❊

◇황금으로 산 우정은 돈으로 좌우되는 것으로 진정한 우정이 아니다. 어려운 일이 닥쳤을 때 이 우정은 어떠한 도움도 주지 못한다.
〈마키아벨리〉

❊

◇벗의 고난을 슬퍼하는 것은 누구나 다 할 수 있다. 그러나 친구의 성공을 함께 기뻐하는 것은 누구나 할 수 없는 것으로 대단히 훌륭한 성품이 필요하다.
〈와일드〉

❊

◇잘 살 때에는 친구가 많은 법이다. 어려울 때 친구가 참 친구이다. 마지막의 행복이 참된 행복이니라. 젊어서의 고생은 사서라도 한다.
〈법구경〉

❊

◇친구는 기쁨을 배(倍)로 해 주고 슬픔을 반으로 줄여 준다.
〈키케로〉

❋

◇친구를 찾는 사람은 불행하다. 왜냐하면 성실한 친구는 자기 자신뿐이기 때문이다. 친구를 찾는 사람은 자기에게 성실한 친구가 될 수 없다.
〈헨리 도로우〉

❋

◇그 사람이 무엇을 하는 사람인가를 묻지 말라. 그가 어떤 사람인가를 물어보라.
〈최진용〉

❋

◇옳은 일을 권하는 것이 친구의 도리이다.
〈맹자(孟子)〉

❋

◇아낌없이 주라. 그것이 친구를 얻는 가장 가까운 지름길이다.
〈키케로〉

❋

◇진정한 우정은 영원히 변하지 않는다.
〈피타고라스〉

❋

◇친구를 얻는 확실한 방법은 자기 스스로가 타인의 벗이 되는데 있다.
〈에머슨〉

❋

◇자기의 부모를 섬길 줄 모르는 사람과는 벗하지 말라. 왜냐하면 그는 인간의 첫걸음을 벗어났기 때문이다.
〈소크라테스〉

❋

◇지나치게 호의를 베푸는 사람을 경계하라. 그리고 모든 일에 냉담한 사람을 경계하라.
〈프랑스 속담〉

❋

◇친구가 모르는 좋은 것을 갖지 않도록 하라.
〈칼리마쿠스〉

❋

◇나보다 나을 것 없고 나와 잘 맞는 길벗이 없거든, 차라리 홀로 가면서 선(善)에 힘쓰라. 결코 어리석은 길동무가 되지 말라.〈법구경〉

❋

◇운명은 친척을 만들어 주지만, 선택된 벗을 만든다.　〈J. 델릴〉

❋

◇참된 벗을 가진 사람은 행복한 사람이다.　〈T. 플러〉

❋

◇가장 좋은 거울은 오래 사귄 친구다.　〈G. 허버트〉

❋

◇결혼한 친구는 잃어버린 친구이다.　〈입센〉

❋

◇진정 당신의 친구라면, 당신이 필요로 할 때 당신을 도울 것이다.　〈반필드〉

❋

◇인간은 누구나 자신이 사귀는 친구와 같다.　〈에우리피데스〉

❋

◇솔직한 감정은 자연스럽고, 깊이가 있고, 진실을 가지고 있다.　〈파스칼〉

❋

◇정의는 올바른 것이지만 친구가 적고, 불의는 그른 것이지만 친구가 많은 법이다.　〈공자〉

❋

◇영원히 변치 않는 우정을 위해서는 다음의 규율을 지켜야 한다. 벗에게 정당하지 못한 일을 요구하지 않으며 또한 요구를 받을 때 행하지 않는 것이다.　〈시세로〉

❋

◇벗을 사귀는 데 있어서는 그 사람의 장점만을 취할 것이며 단점은 취하지 말라! 이렇게 하면 오래도록 사귈 수 있다.  〈공자(孔子)〉

❋

◇우정에 있어서의 최상의 노력은 친구가 자신의 결점을 우리에게 보여주게끔 만드는 일이다.  〈라 로슈프코〉

❋

◇친구는 장래에 대해 서로 이야기 하지 않는다. 그러나 장래에 다시 만날 것을 확신하다. 이에 반해 두 연인은 항상 장래의 일에 대해서 서로 이야기 한다. 하지만 장래는 그들의 마음과 같이 되지 않는다.  〈보나르〉

❋

◇슬픈 일이 있을 때 따뜻한 잠자리에 눕는 것은 좋은 일이다. 그러나 이 보다 훌륭한 잠자리는 거룩한 향기가 가득히 베인 침대이다. 이것은 친절하면서도 깊어서 헤아릴 수 없는 우리의 우정이다.

〈프루스트〉

❋

◇성실하지 못한 친구를 가지는 것 보다 차라리 적을 가지는 편이 낫다. 성실하지 못한 것처럼 위험한 것은 없기 때문이다.

〈셰익스피어〉

❋

◇우정은 평등한 관계이다.  〈칸트〉

❋

◇우정은 다만 감정만이 아니라 무엇보다도 먼저 행동이 있어야 한다.  〈고호〉

❋

◇타인이 나를 소중하게 여기기를 바란다면 내가 먼저 타인을 소중하게 여겨야 한다.  〈증자〉

❋

◇ 취미는 바꾸어도 좋다. 그러나 친구는 바꾸지 말라.　　　〈볼테르〉

❋

◇ 나와 벗 사이는 내가 책을 대하는 것과 같다. 하지만 그것을 발견했을 때는 언제까지나 떼어 놓지는 않지만 그것을 이용하는 일은 지극히 드물다.　　　〈에머슨〉

❋

◇ 친구는 고통과 슬픔을 경감시킨다.　　　〈T. 플러〉

❋

◇ 한 사람의 참된 벗은 천 명의 적이 우리를 불행하게 만드는 그 힘 이상으로 우리를 행복하게 한다.　　　〈에센바흐〉

❋

◇ 내가 조금이라도 여유가 있는 한, 나의 친구는 한 사람이라도 궁색한 일이 있어서는 안 된다.　　　〈베에토벤〉

❋

◇ 우정은 성장이 늦는 식물이다. 우정이라고 불리우기 전에 그것은 많은 어려운 타격을 받고 참아내야 한다.　　　〈조지 워싱턴〉

❋

◇ 군자의 사귐은 맑기가 물과 같고, 소인의 사귐은 달기가 꿀과 같다.　　　〈명심보감(明心寶鑑)〉

❋

◇ 물이 지나치게 맑으면 고기가 없고 사람이 지나치게 비판적이면 친한 사람이 없다.　　　〈맹자〉

❋

◇ 소중한 벗의 선물은 아무리 사소한 것일지라도 매우 소중히 여겨진다. 이것은 친절한 마음씨만으로도 큰 선물이 되기 때문이다.

〈디오크리토스〉

❋

◇우정은 사랑받는 데에 있는 것이 아니라 사랑을 주는 데에 있다.
〈아리스토텔레스〉

❋

◇함께 우는 것만큼 하나로 묶어주는, 마음을 결합시키는 것은 없다.
〈루소〉

❋

◇벗이 누구인가? 정직하게 당신 자신을 드러내 보일 수 있는 사람이다.
〈F. 크레인〉

❋

◇좋은 벗을 얻는다는 것은 큰 재산을 얻는 것과 같다.
〈크리스토프 레먼〉

❋

◇친구의 본래의 임무는 당신의 형편이 나쁠 때 당신의 편이 되어주는 사람이다. 당신이 옳은 곳에 있을 때는 누구나 다 당신을 편들 것이다.
〈마크 트윈〉

❋

◇세상에는 세 가지 타입의 친구가 있다. 너를 사랑하는 친구, 너를 잊어 버리는 친구, 너를 미워하는 친구가 그것이다.
〈장 파울〉

❋

◇사람은 타인을 칭찬함으로써 자기가 낮아지는 것이 아니다. 오히려 상대방과 같은 위치에 자기를 끌어 올려 놓는 것이 된다.   〈괴테〉

❋

◇알랑거리는 잎을 가진 여름철 같은 우정이여, 번창할 때는 그늘을 주지만 역경의 가을에는 한 줄기 바람에도 떨어지는구나.
〈매신저〉

❋

◇벗이 우리에게 베풀어 주기를 바라는 행동을, 우리는 벗에게 베풀어 주어야 한다.　〈아리스토텔레스〉

✽

◇오랫동안 찾아야 하고, 찾을 수 없으며, 유지하기도 어려운 것이 우정이다.　〈성 제롬〉

✽

◇중용의 덕을 가진 사람을 사귈 수 없을 때에는 적어도 열성(熱誠)이 있는 사람이나 결벽이 있는 사람과 사귀어라. 열성이 있는 사람은 진취적(進取的)이고, 결벽이 있는 사람은 마구 타협하지 않기 때문이다.　〈공자〉

✽

◇사나운 날씨가 되어도, 진눈깨비가 와도, 눈이 와도, 바람이 세차게 불어도 우리는 서로 의지하며 견딜 것이다.　〈S. 다하〉

✽

◇같은 직업에 종사하는 사람이 참다운 벗이 되는 일은, 다른 직업을 가진 사람보다 훨씬 어렵다.　〈미키키요시〉

# 7
## 말(언어) · 웅변 · 침묵에 관한 격언

✿

◇언어는 인류의 축적된 기억이다. 언어는 모든 시대를 통해 각 시대를 하나의 공통되고 연장되며 전진하는 존재로 연결시키는 생명의 실오라기나 신경과도 같은 것이다.　　　　　　　　〈W. 스미드〉

✿

◇말에도 아름다운 꽃과 같이 그 색깔이 있다.　　　　　〈E. 리스〉

✿

◇누군가 결론의 말을 해야 한다. 결론의 말(結語)이 없으면, 모든 의논(議論)은 다른 사람에 의해 뒤집힐 수 있고, 우리들은 의논을 결코 끝낼 수 없을 것이다.　　　　　　　　　　　　〈까뮈〉

✿

◇통렬한 농담이 너무나 진실에 가까울 경우 그 배후에는 날카로운 가시가 있다.　　　　　　　　　　　　　　　　〈타키투스〉

✿

◇언어는 셀 수 없을 만큼 많은, 귀중하고 치밀한 사상이 온전하게 파묻혀 보존되어 온 호박(琥珀)이다.　　　　　　〈R.C. 트렌치〉

✿

◇가장 좋은 말이란 가장 조심스럽게 절제된 말이다. 가장 좋은 말이란 가장 조심스럽게 다루어진 말일 뿐이다.　　〈아라비아 격언〉

❋

◇대화는 항상 겸손하고 부드럽게 하라. 그리고 부탁하건데 말 수를 적게 하라. 그러나 말을 할 때는 항상 요령 있게 하라. 〈W. 존슨〉

❋

◇어떤 대화이든 진지하게 하라. 〈T. 캔〉

❋

◇눈에 띄게 말이 없는 사람들 대부분은 자신을 가장 높게 생각한다. 〈W. 해즐리트〉

❋

◇삶에 있어서 가장 훌륭한 것은 대화이다. 〈에머슨〉

❋

◇진실한 말은 꾸밈이 없고, 꾸미는 말은 진실이 없다. 〈노자〉

❋

◇참된 웅변은 칭찬에 대하여 철저히 침묵을 지키는 일이다. 〈불워 리튼〉

❋

◇말하는 사람은 씨를 뿌리고, 침묵하는 사람은 거두어 들인다. 〈J. 레이〉

❋

◇불평을 하는 사람에게 돌아가는 것은 일반적으로 동정이 아니라 경멸이다. 〈S. 존슨〉

❋

◇마음이 슬픈 사람에게 농담을 적용시키기란 무척 어렵다. 〈A. 티블루스〉

❋

◇유우머는 마음과 하모니를 이룬다. 〈제롤드〉

❋

◇쓸 데없는 잡담만큼, 태만(怠慢)을 화려하게 꾸미는 것은 없다. 사람들은 잠자코 있을 수가 없는 법이다. 태만으로 인해 생기는 답답증을 풀기 위해서는 잡담이라도 해야지, 그렇지 않고는 견디지 못하는 것이다.　　　　　　　　　　　　　　　　　　〈톨스토이〉

❋

◇말이 많은 사람은 실행어 적다. 성자(聖者)는 언제나 자신의 말에 실행이 따르지 않을까 걱정한다. 행동이 그 말과 일치되지 않음을 두려워 하기 때문에, 성자는 결코 헛소리(室言)를 하지 않는다.　　　　　　　　　　　　　　　　　　〈중국 격언〉

❋

◇말은 마음의 열쇠이다. 아무 짝에도 쓸모 없는 대화는 모두 부질없는 낭비이다. 홀로 있을 때에 자신의 죄를 생각하라. 그러나 사람들과 함께 있을 때에는 다른 사람의 죄를 잊으라.　　〈중국 격언〉

❋

◇성자(聖者)는 어떤 사람의 말에 의하여 그 사람의 가치를 판단하는 일이 없다. 그리고 보잘 것 없는 사람이 이야기 했다고 해서 그 말을 가벼이 하는 일도 없다.　　　　　　　　〈중국 격언〉

❋

◇인간의 말은 그의 두뇌 속에 일어나는 사상(思想)을 번역하는 데는 효과있는 무기(武器)이다. 그러나 진정으로 깊은, 감정의 영역에 있어서 그 번역은 너무도 미약하다.　　　　　　　　〈코시우트〉

❋

◇인간은 말하는 것에 의해서 보다는 침묵하는 것에 의해서 더욱 인간답다.　　　　　　　　　　　　　　　　　　〈까뮈〉

❋

◇당신의 인생에 있어서 말이나 생각 따위는 한낱 사치스런 수단에 지나지 않는다. 모든 번잡을 잊고 명상에 잠겨 보라.　　〈브하그완〉

❈

◇가장 철저한 거짓말은 때때로 침묵 속에서 말해진다. 〈스티븐슨〉

❈

◇어린이와 바보는 거짓말을 할 줄 모른다. 　　　　　〈헤이우드〉

❈

◇아부하며 찬사를 보내는 사람은 돈이 들지 않지만, 대다수의 사람은 아부와 찬사에 대하여 대금(代金)을 지불한다. 　　〈T. 플러〉

❈

◇소리가 없는 사람은 위험한 사람이다. 　　　　　〈라 퐁테이느〉

❈

◇아부, 그것은 악덕의 시녀이다. 　　　　　　　　　〈키케로〉

❈

◇훌륭한 사람일수록 말수가 적은 법이다. 　　　　　　〈헤세〉

❈

◇말은 인간적이다. 그러나 침묵은 신성하고 야수적이면서 죽은 것이다. 그러므로 우리는 양쪽 기술을 모두 배워야 한다. 〈카알라일〉

❈

◇인간은 말을 너무 적게 한 것에 대해 후회하는 일은 없지만, 말을 너무 많이 해서 후회하는 일은 흔히 있다. 　　　　〈P.D. 코민〉

❈

◇지상에서 제일 어려운 것은 모든 사람이 생각하지 않고 말하는 것을 생각하면서 말하는 것이다. 　　　　　　　　　　〈알랭〉

❈

◇사람의 인격은 항상 그 사람의 언어에서 드러난다.

〈메난드로스〉

❈

◇귀 기울이려고 하지 않는 사람에게 말하는 것을 좋아할 사람은

아무도 없다. 화살은 결코 돌에는 꽂히지 않는다. 때로 그것은 그것을
쏜 사람에게로 도로 튀어 간다.　　　　　　　　　　　〈성 제롬〉

✻

◇뱀은 풀 속에 숨어 있고 달콤한 말 속에는 무서운 독이 숨어
있다.　　　　　　　　　　　　　　　　　　　　　〈E. 홀〉

✻

◇발은 한번 헛디뎌 바로 일어설 수 있지만, 한번 헛나온 말은 결코
돌이킬 수 없다.　　　　　　　　　　　　　　　　〈T. 플러〉

✻

◇누구든 자신이 하는 말에 다 의미가 있는 것은 아니다. 그럼에도
불구하고 마음에 담고 있는 생각을 전부 말하는 사람은 거의 없다.
왜냐하면 말은 매끄럽고, 생각은 끈적끈적하기 때문이다.　　〈애덤즈〉

✻

◇손을 가지지 못한 사람은 할 수 없이 혀를 사용해야 한다. 여우는
강하지 않기 때문에 그렇게 교활한 것이다.　　　　　　〈에머슨〉

✻

◇거짓말로 사람을 속이는 것은 악의(惡意)의 천성이다.

〈키케로〉

✻

◇나쁜 소문은 좋은 소문보다 훨씬 더 빨리 퍼진다.　　〈T. 키드〉

✻

◇단순한 말이 이따금 많은 지혜를 내포한다.　　　〈소포클레스〉

✻

◇침묵은 진실의 어머니이다.　　　　　　　　　〈디즈레일리〉

✻

◇훌륭한 말을 하기 전에 그 말을 할 장소를 물색하라.　·〈쥬베르〉

✻

◇말은 행위의 거울이다. 〈스피노자〉

✿

◇군자는 말이 적은 것을 귀중히 여길 것이며 반드시 타인의 길고 짧음을 말하는 것에 대해 조심해야 한다. 〈명심보감〉

✿

◇우리가 진실로 영원히 이별해야만 한다면, 단 한 마디라도 친절한 말을 해 주세요. 그래서 내 가슴이 찢어지도록 아플 때면, 언제나 그 말을 생각하고 내 마음을 위로할 수 있도록 말입니다.

〈T. 오트웨이〉

✿

◇말이 많은 사람은 어리석은 말도 많이 한다. 〈코르네이유〉

✿

◇바른 말은 듣기에 좋지 않은 법이다. 〈한비자〉

✿

◇개는 잘 짖어야 좋은 개이고, 사람은 말을 잘해야 똑똑한 사람이다. 〈장자〉

✿

◇우리가 말을 할 때 말하는 이유가 필요하지만, 침묵을 지킬 때는 침묵해야 할 이유가 필요없다. 〈P. 니콜〉

✿

◇타인을 헐뜯거나 비방하려거든 차라리 침묵을 지키라. 타인에게 욕설을 하지 말라. 그리고 주정뱅이가 술을 끊었을 때, 또는 담배 중독자가 담배를 끊었을 때의 그러한 감정을 경험하라. 그것은 특별히 정결한 감정이다. 그리하면 비로소 여러 가지 악습(惡習)으로 되돌아가는 일이 없어질 것이다. 〈톨스토이〉

✿

◇언제나 자기 자신을 조심하라. 침묵을 생활화하라. 타인에 대한

말을 꺼낼 때에는 침묵 속에서 거듭 생각한 후에 좋은 말만 골라서
하라. 그러나 그 말도 침묵보다는 못하다는 것을 느끼게 되리라.

〈드라이든〉

✳

◇가장 무서운 자는 침묵을 지키는 자이다.　　　　〈호라티우스〉

✳

◇후회하지 않는 방법, 그것은 바로 침묵을 지키는 것이다.

〈중국 격언〉

✳

◇웅변가란 어떤 사람을 말하는가? 보잘것 없는 저급한 문제일지
라도 유쾌하고 아름답게 다루는 사람이다. 그리고 온건한 사건은
온건한 대로 적당히 다루는 사람이다.　　　　　　　　〈시세로〉

✳

◇주의깊게 듣고, 현명하게 질문하고, 조용히 대답하고, 그리고
그 이상 말이 필요없을 때에 입을 열지 않는 사람은 인생에서 가장
필요한 의의(意義)를 깨달아 지닌 사람이다.　　　　　〈라하테르〉

✳

◇말을 많이 들으면 들을수록 당신은 더욱 더 약해진다.

〈디즈레일러〉

✳

◇말하는 것은 지식의 영역이고, 듣는 것은 예지의 특권이다.

〈홈즈〉

✳

◇타인이 말하는 것에 대해 세심한 주의를 기울이면서 듣고 되도록
말하는 상대의 마음 속으로 파고 들도록 그대 자신을 길들여라.

〈아우렐리우스〉

✳

◇좋은 말이든 나쁜 말이든 사람들의 입에 가장 적게 오르는 사람이 가장 행복하다.　　　　　　　　　　　　　　　〈제퍼슨〉

❋

◇모든 사람들의 말에 귀를 기울여라. 누구를 위해서도 입을 열지 말라.　　　　　　　　　　　　　　　　　　　　　〈세익스피어〉

❋

◇사람의 눈은 둘이지만 입은 하나이다. 그것은 말하는 것의 두 배를 보기 위해서이다.　　　　　　　　　　　　　　　〈콜튼〉

❋

◇입은 곧 마음의 문이니 입 막음을 주의하지 않으면 모든 진정한 비밀이 새어 나가리라. 뜻은 마음의 발이다. 뜻 막기를 엄격히 하지 않으면 그릇된 길로 달아나 버리리라.　　　　　　　〈채근담〉

❋

◇사람은 침묵하고 있어서는 안 될 경우에만 말해야 한다. 그리고 자신이 극복해 온 일에 대해서만 말을 해야 한다. 그 이외의 것은 모두 쓸데 없는 것들이다.　　　　　　　　　　　　〈니이체〉

❋

◇마땅히 말해야 할 때에 말을 하지 못하는 사람은, 전진할 수 없는 사람이다. 그 대신 침묵해야 할 때 그것을 참지 못하는 사람은 처세(處世)의 요결(要訣)을 모르는 사람이다. 마땅히 말해야 할 때 말하는 사람은 용기를 가진 사람이요, 침묵해야 할 때 참지 못하는 사람은 바보나 다름없다.　　　　　　　　　　　　　〈스마일즈〉

❋

◇먼저 생각하라! 그 다음에 말을 하라! 그러나 사람이 싫증을 내기 전에 그쳐라! 인간은 말을 하기 때문에 동물과 다르다고 한다. 그러나 만약 그 말이 도움을 주지 못하면 동물보다도 못한 것이다.

〈페르샤 격언〉

✳

◇말은 혀로 하는 것이 아니다. 머리로 해야 한다.  〈아메브리〉

✳

◇위트를 지녔다면, 타인을 기쁘게 하기 위해서 사용하고, 타인의 마음을 손상시키기 위해서는 사용하지 말라.  〈체스터피일드〉

✳

◇잡담이란 마치 담배를 피우는 사람들의 불결한 담뱃대에서 나오는 연기와 같은 것이다. 그것은 흡연자의 고약한 취미를 드러내는 것과 다름없다.  〈엘리어트〉

✳

◇비통한 사람을 괴롭히는 모든 요인 가운데 가장 가슴 아픈 것은, 모욕적인 농담이다.  〈존슨〉

✳

◇고통을 가져다 주는 농담은 이미 농담이 아니다.  〈세르반테스〉

✳

◇농담이 번성하는 이유는 그것을 지껄이는 사람의 혀에 그 원인이 있는 것이 아니다. 그것을 들어 주는 사람의 귀에 원인이 있는 것이다.  〈셰익스피어〉

✳

◇사람의 첫번째 의무는 말을 하는 것이다. 그것은 이 세상에 태어난 인간이 해야할 중요한 일이다.  〈스티븐스〉

✳

◇지혜로운 사람은 위험한 순간에 아무런 말도 하지 않는다.

〈J. 셀든〉

✳

◇강한 사람이 되려면 말의 기술자가 되라. 사람의 힘은 혀에서 나오며 연설은 그 어떤 전투보다 위력이 있기 때문이다.〈이집트 격언〉

✻

◇신이 인간에게 한 개의 혀와 두 개의 귀를 준 것은, 말하는 것보다 타인의 말을 두 배 더 많이 들으라는 이유 때문이다. 〈에픽테토스〉

✻

◇지혜롭지 못한 사람은 보편적으로 자신의 힘이 미치지 못하는 일에 대해서는 나쁘게 이야기한다. 〈라 로슈프코〉

✻

◇변명은 보호받기 위한 거짓말이다. 〈스위프트〉

✻

◇그 어떤 사람의 말에도 귀를 기울여라. 그러나 네 의견을 말하는 것을 삼가하라. 즉 타인의 의견을 주의깊게 들어 주되 시비 판단은 삼가하라는 말이다. 〈셰익스피어〉

✻

◇부자의 농담은 언제나 성공적이다. 〈스미드〉

✻

◇생각이 적은 사람일수록 말이 많다. 〈몽테뉴〉

✻

◇좋은 말을 하는 것은 하나의 선한 행동이긴 하지만, 말은 결코 행동이 아니다. 〈셰익스피어〉

✻

◇좋은 웅변은 필요한 것을 전부 말하지 않고, 필요하지 않은 것은 절대로 말하지 않는 데 있다. 〈라 로슈프코〉

✻

◇웅변가들은 공명심에 사로잡히기 쉽다. 왜냐하면 웅변은 그들 자신에게도 또한 타인들에게도 예지로 보이니까. 〈홉스〉

✻

◇웅변은 예지의 어린아이이다. 〈디즈레일리〉

❊

◇완고한 사람은 의견을 고집하는 것이 아니라 의견이 그를 사로잡고 놓아주지 않는 것이다.　〈포우프〉

❊

◇총에 맞은 상처는 치료할 수 있지만 말로 얻어맞은 치료가 어렵다.　〈페르시아 속담〉

❊

◇자신이 하는 말을 상대방이 듣게만 할 것이 아니라, 이해를 시켜야 한다. 즉, 기억력과 지성(知性)과 상상력이 동등하게 조화를 이루어야 한다.　〈쥬베르〉

❊

◇침묵은 재치 있는 임기 응변이다.　〈체스터톤〉

❊

◇말이 많고 생각이 많을수록 점점 더 어긋나고, 말이 없고 생각을 쉬면 어느 곳 어느 때나 이렇게 딱 들어맞는 것이니라.　〈청담조사〉

❊

◇모든 것을 정지시키는 침묵 속에서 행복은 꽃핀다.　〈브하그완〉

❊

◇사람이 잘 말할 수 있는 재주를 지니지 못했으면 침묵을 지킬줄 아는 지각이라도 있어야 한다. 만약 이 두 가지를 가지고 있지 않으면 그 사람은 불행한 사람이다.　〈라 브뤼에르〉

❊

◇침묵은 자신이 신용할 수 없는 사람에게 가장 안전한 처세이다.　〈라 로슈프코〉

❊

◇허영심은 말을 많이 하게 만들고, 자존심은 침묵하게 한다.

〈쇼펜하우어〉

✳

◇실수에 대해 변명하면 그 실수를 한층 더 돋보이게 할 뿐이다.
〈셰익스피어〉

✳

◇침묵은 어리석은 사람의 지혜요, 현명한 사람의 덕이다.
〈보나르〉

✳

◇최후의 침묵, 어떤 사람들은 보물을 발견한 사람과 흡사한 눈을 가진다. 그들은 우연히 다른 사람의 영혼에 숨겨져 있던 보물을 발견하고, 거기에서 때때로 짊어질 수 없을 만큼의 지식을 습득한다. 경우에 따라서는 살아있는 자나 죽은 자의 일에 대해서 너무나 잘 알고 있어 그 내면의 비밀이 통하기 때문에 그들의 일을 다른 사람에게 말하는 것이 고통스러워 진다. 했던 말만 경솔해지는 것이 아닐까 하고 신경이 쓰인다.——나는 가장 현명한 역사가의 침묵을 상상할 수 있을 것 같은 기분이 든다.
〈니이체〉

✳

◇음침하게 말없는 선비를 만나면, 마음을 열어 놓고 말하지 말라.
〈홍자성〉

✳

◇친구와 사귀면서 자신의 이야기를 하는 편이, 혼자서 자기자신의 정신을 연구하고 그것을 이용하는 것보다 더 많은 것을 정신에서 끄집어 낼 수 있다.
〈몽테뉴〉

✳

◇만약에 한 사람을 제외한 온 인류가 모두 똑같은 의견이고, 그 단 한 사람만이 반대 의견을 가지고 있다고 해서 모든 사람이 그 한 사람을 침묵시키는 것이, 그 한 사람이 권력을 잡았을 때 전 인류를 침묵시키는 부조리와 무엇이 다른가?
〈밀〉

※

◇사람에게는 무언가 말을 하지 않고는 견딜 수 없는 그런 때가 있다.　　　　　　　　　　　　　　　　　　　　〈대망경세어록〉

※

◇인간은 언어를 통해서만 인간이다.　　　　　　　　〈시타인〉

※

◇마음 없는 이야기를 하기보다는 말을 하지 않는 것이 오히려 사교성을 손상시키지 않는 것이다.　　　　　　　　　〈몽테뉴〉

※

◇말하는 사람의 마음은 하나이지만, 듣는 사람의 귀는 서로 다르다.　　　　　　　　　　　　　　　　　　　　　　〈지눌〉

※

◇필요 이상으로 말하지 말도록 하라.　　　　　　〈R.B. 세리틴〉

# 8
# 덕망 · 선(善) · 반성에 관한 격언

✻

◇덕(德)은 기쁨을 주는 가장 가치 있는 재산(財産)이다.

〈플루타르쿠스〉

✻

◇고난의 미덕을 가르치는 성직자의 말에 귀를 기울이지 말자. 왜냐하면 즐거움이야말로 선이기 때문이다.　　〈아나톨 프랑스〉

✻

◇죄를 짓고도 벌을 면하는 경우가 있다. 그러나 벌을 면했다 하여 죄가 없어진 것은 아니다. 선을 행하고도 칭찬을 받지 못하는 경우가 있다. 그러나 다른 사람이 알지 못한다 하여 선이 존재하지 않는 것은 아니다. 죄를 숨기는 곳에 죄가 커져 가고, 알려지지 않는 곳에 그 선은 더욱 참되게되는 것이다.　　〈법구경〉

✻

◇선(善)의 열매가 익기 전에는 선한 사람도 화를 만난다. 선의 열매가 익었을 때에는 선한 사람은 복을 받는다.　　〈법구경〉

✻

◇사람의 마음 속에 있는 덕성(德性)은 보석과 같다. 왜냐하면 사람의 덕성은 무슨 일이 생기든지 천연(天然)의 아름다움을 보존하기 때문이다.　　〈오비디우스〉

✻

◇힘은 정의다. 사회는 성장과 자기 보존의 법칙을 가진 유기체로서 한 편에 서고, 개인은 그 반대의 편에 선다. 사회에 이익이 되는 행동을 사회는 미덕이라 일컫고, 이익이 되지 않는 행동을 악덕이라 일컫는다. 선과 악이란 그 이상의 의미를 지니지 않는 것이다. 〈모옴〉

✻

◇도덕은 인간이 선이 무엇이라는 것을 알아서 실천하고, 선을 갈망하는 일에 있어서 이루어진다.　　　　　　　　　〈페스탈로찌〉

✻

◇당신의 얼굴은 짓밟히더라도 당신의 마음만은 무엇에도 짓밟히지 말아야 한다. 당신의 눈을 어디까지나 안으로 떠라! 당신이 찾는 것은 당신의 마음 속에 있다. 당신이 지금까지 발견하지 못한 새로운 것이 거기에 있을 것이다. 당신 마음 속에서 얻은 것이 진정 그대의 소유물이다.　　　　　　　　　　　　　　　　　　〈도글〉

✻

◇다른 사람이 알지 못하게 행한 선행이 가장 영예롭다. 〈파스칼〉

✻

◇선한 마음을 가지지 않은 악인이 없고, 악한 마음을 가지지 않은 선인도 없다.　　　　　　　　　　　　　　　　　〈에디슨〉

✻

◇모든 일에 대해서 너그러우면 그 복이 저절로 두터워진다.

〈명심보감(明心寶鑑)〉

✻

◇신은 마음이 약한 사람들로 하여금 튼튼하고 쇠기둥과 같은 군센 힘을 갖게 한다. 그 힘은 바로 선(善)이다.　　　　　　〈슐러〉

✻

◇이 사람은 악인이고 저 사람은 선인이니 하고 정할 때에는 반드

시 그 밑에 편견이 숨어 있다. 결국 자기편에서 유리하게 악인이라고 정한다. 〈대망경세어록〉

❋

◇어진 사람은 어려움을 먼저 처리하고 이익은 나중에 처리한다. 〈공자〉

❋

◇인간의 마음 속에는 언제나 선과 악이 대립된 형태로 갈등한다. 이때 현자의 선은 악보다 강하고 우자의 선은 악보다 약하다. 여기에서 사람의 차이가 나타난다. 〈브하그완〉

❋

◇사랑하는 사이에서도 그 사람의 악함을 알아야 하고, 미워하는 사이에서도 그 사람의 착함을 알아야 한다. 〈예기(禮記)〉

❋

◇선량하며 총명한 사람은 자기보다 타인을 더 훌륭하고 똑똑하다고 생각하고 있기 때문에 다른 사람과 구별되는 것이다. 〈톨스토이〉

❋

◇선한 일은 항상 노력에 의해서 이루어진다. 하지만 그 노력이 자주 반복되는 동안에 착한 일은 습관이 되어서 나타난다. 〈톨스토이〉

❋

◇악은 그늘에 숨기를 싫어 하고, 선은 겉에 드러나기를 싫어한다. 따라서 드러난 악은 재앙이 얕고, 숨은 악은 재앙이 깊으며, 드러난 선은 공이 작고, 숨은 선은 그 공이 크다. 〈채근담〉

❋

◇선은 하나밖에 없다. 그것은 자기 자신의 양심에 따라 행동하는 일이다. 〈보봐르〉

❋

◇덕이 있는 사람은 대부분 그 마음이 부끄럽지 아니하고 좁지도

아니하며, 자연히 넓고, 크고, 너그럽고, 평화로와 온 몸이 윤택해진
다.                                                          〈대학(大學)〉

＊

◇마음이 성스러운 사람은 언제나 덕을 쌓기 위해 마음을 괴롭히고
행동하는 데는 냉정하다. 즉, 마음이 성스러운 사람은 그 행동보다
먼저 덕을 닦기에 힘 쓰기 때문이다.                            〈노자〉

＊

◇덕은 아는 것 만으로 충분하지 않다. 우리는 그것을 가지고  그것
을 이용하기 위하여, 또한 선하게 만들어 줄 어떠한 방법을 강구해야
만 한다.                                              〈아리스토텔레스〉

＊

◇덕을 이루지 못하고, 배움을 다하지 못하며, 의로움을 듣고도
행하지 못하고, 착하지 못함을 고치지 못하니, 곧 이것들이 우리들의
걱정거리이다.                                          〈논어(論語)〉

＊

◇어진 사람은 자기 자신에 대해서 엄격하더라도 타인에게 무엇
하나 요구하는 법이 없다. 어진 사람은 스스로의 상태에 만족하는
법이다. 그리고 결코 자기 운명을 위해서 하늘을 원망하거나 타인을
비난하는 일이 없다.                                        〈공자〉

＊

◇인간은 모두 평등(平等)하게 태어나지만 오로지 덕망에 의하여
차별(差別) 지어진다.                                   〈라틴 격언(格言)〉

＊

◇덕이 높은 사람은 외롭지 않다. 반드시 그를 따르는 이웃이 있기
때문이다.                                                  〈공자〉

＊

◇도를 알기는 쉬워도 말하지 않기는 어렵다. 알고서 말하지 않는

것은 자연의 경지에 들어간 까닭이요, 안다고 하여 말하는 것은 인위
적이기 때문이다.　　　　　　　　　　　　　　　　　　　〈장자〉

※

◇선한 사람은 덕을 존중하기 때문에 악을 미워한다. 〈호라티우스〉

※

◇악한 생각을 품은 사람에게는 악이 떨어진다.　　〈토르리지아노〉

※

◇시냇물이 바다에서 보이지 않는 것처럼, 덕성도 사리 사욕(私利
私慾)에서는 보이지 않는다.　　　　　　　　　　　　〈라 로슈프코〉

※

◇덕망 있는 사람이 사람을 대할 줄 안다. 자신이 높은 대우를 받고
싶다면 말을 할 때에 겸손해야 한다. 또한 사람들을 이끌기 위해서는
앞에서 하는 것이 아니라 뒤에서 해야 한다. 덕망 있는 사람은 훨씬
앞서 있어도 사람들은 그리 거북하게 생각하지 않는다. 따라서 덕망
이 있는 사람은 누구와도 다투지 않는다.　　　　　　　　　〈노자〉

※

◇물은 가장 깊은 곳에서 가장 고요하게 흐른다.　　　　〈J. 릴리〉

※

◇높은 바람은 높은 산에 분다.　　　　　　　　　　　　〈T. 플러〉

※

◇깊은 물은 소리 없이 흐르고 출랑거리는 시냇물은 얕음을 드러내
는 것이라고 알고 있다.　　　　　　　　　　　　　　　〈R. 헤리크〉

※

◇덕(德)이 없는 사람은 다른 사람의 덕을 시기한다.

〈베이컨〉

※

◇운명(運命)의 여신은 한 사람을 존경할 만한 인물로 만들고

싶으면 그에게 덕(德)을 주고, 존경받게 만들고 싶으면 그에게 성공
(成功)을 준다.　　　　　　　　　　　　　　　　　〈쥬베르〉

◇자신의 결점을 반성하고 있는 사람에게는 타인의 결점을 보고
있을 틈이 없다. 그 사람의 입장에서 보지 않는 한 타인의 일에 대해
서 판단하지 말라.　　　　　　　　　　　　　　　　〈동양 격언〉

◇혼돈의 와중에서 가만히 그것을 견디고 겸허하게 기다릴 수 있는
것은 미덕이다.　　　　　　　　　　　　　　　　　　〈헤세〉

◇덕행(德行)은 세상의 지식보다 얻기가 더 어렵다. 그리고 젊은
사람이 이것을 잃게 되면 좀처럼 회복하기 어렵다.　　〈J. 로크〉

◇사람이 수양을 쌓을수록 뜻과 이상이 커지고 식견이 밝아져서
충성스럽고 의로운 선비가 된다.　　　　　　　　　　〈장자〉

◇당신이 가난하거든 덕행(德行)으로 이름을 얻으라. 당신이 부유
하거든 자산을 베풀어 이름을 얻으라.　　　　　　　　〈플레처〉

◇예지(叡智)란 다음에 무엇을 해야 할 지를 아는 것이며, 미덕은
그것을 실천하는 것이다.　　　　　　　　　　　　　　〈조르단〉

◇선한 행동이란 악한 행동을 조심하는 것이 아니라 악한 행동을
바라지 않는 것이다.　　　　　　　　　　　　　　　　〈버나드 쇼〉

◇모든 미덕의 실행에서 그 저변에 숨은 것은 쾌락이다. 인간이
행동하는 것은 그 행동이 자신에게 이익이 되기 때문이다. 그것이

타인에게도 이익이 되는 경우에 그것은 미덕이라 할 수 있다. 베푸는 것이 기쁘면 자비심이 있고, 사회를 위해서 봉사하는 것이 기쁘면 공공심이 풍부한 것이 된다.　　　　　　　　　　　　　　　〈모옴〉

❀

◇좋은 친구와의 충분한 논의(論議)는 덕행의 진정한 원동력이 된다.　　　　　　　　　　　　　　　　　　　　　　　〈윌튼〉

❀

◇선(善)은 초조하지 않다. 구김살이 없다. 움츠러들지 않는다. 그리고 유유(悠悠)하다. 명랑하다. 자유롭다.　　　　　　〈법구경〉

❀

◇감사하는 마음은 최대의 미덕일 뿐만 아니라 모든 다른 미덕의 부모다.　　　　　　　　　　　　　　　　　　　　　〈키케로〉

❀

◇회복될 수 없는 물건에 대해서 눈물 흘리지 말라.　〈아이소푸스〉

◇엎질러진 우유를 보고 울지 않는 법이다. 지나간 것은 다시 부를 수 없다.　　　　　　　　　　　　　　　　　　　　〈애른튼〉

❀

◇후회의 씨앗은 젊었을 땐 즐거움으로 뿌리지만, 늙었을 땐 눈물로 거두어 들이게 된다.　　　　　　　　　　　　　　〈콜튼〉

❀

◇잘못을 저지르고도 이것을 고치지 않는 것, 이것을 잘못이라 부른다.　　　　　　　　　　　　　　　　　　　　　〈공자〉

❀

◇반성은 나무와 같다. 싱싱할 때 심지 않으면 뿌리를 내리지 못한다.　　　　　　　　　　　　　　　　　　　　〈샌트 부브〉

❀

◇양심의 가책은 무력하다. 그것은 다시 잘못을 저지를 것이다. 오직 회개만이 강력하다. 그것은 모든 것을 끝낼 수 있다.    〈뮐러〉

❀

◇잘못을 저지르고도 반성할 줄 모르는 사람은 하등(下等)의 사람이요, 반성하면서도 고칠 줄 모르는 사람도 하등(下等)의 사람이다.
〈소학(小學)〉

❀

◇반성할 일은 무슨 일이든 시작하지 않도록 주의하라.
〈푸블릴리우스 시루스〉

❀

◇고결한 마음을 가진 사람은 후회하는 것을 싫어하지 않는다.
〈호메로스〉

❀

◇선행이란 다른 사람들에게 베푸는 것이 아니라 자신의 의무를 다하는 것이다.    〈칸트〉

❀

◇선행(善行)은 진공(眞空)에서 이루어지지 않으며, 타인과의 관계에서 사랑이 수반되어야 이루어진다.    〈S. 벨로우〉

❀

◇선행을 기억하는 가장 좋은 방법은 또 다른 선행으로 선행을 새롭게 하는 것이다.    〈카토〉

❀

◇하나의 선한 행동은 또 다른 선행을 부른다.    〈J. 헤이우드〉

❀

◇선량한 사람 가운데 벼락 부자가 된 사람은 없다.
〈푸블릴리우스 시루스〉

❀

◇선한 일을 하는 사람에게는 하늘이 복을 주시고, 악한 일을 하는 사람에게는 하늘이 재앙을 내려 주느니라.　　　〈공자〉

✻

◇선(善)이 작다고 하여 아니 행하지 말며, 악(惡)이 작다고 해서 행하지 말라.　　　〈명심보감〉

✻

◇선한 일을 보거든 목마를 때 물본 듯이 주저하지 말며, 악한 것을 듣거든 귀머거리 같이 하라. 선한 일은 모름지기 탐내야 하며, 악한 일은 즐겨하지 말라.　　　〈강태공〉

✻

◇악한 일을 하여 하늘에 죄를 얻으면 빌 곳이 없다.　　　〈공자〉

✻

◇하루 선한 일을 행하면 복은 마르지 아니하나 화(禍)는 스스로 멀어진다. 하루 악한 일을 하면 화는 마르지 아니하나 복은 스스로 멀어진다. 착한 일을 하는 사람은 봄 동산의 풀과 같아서 그 자라나는 것이 보이지 않으나 날로 더하는 바가 있고, 악을 행하는 사람은 칼을 가는 숫돌과 같아서 갈리어서 닳아 없어지는 것이 보이지 않아도 날로 이지러지는 것과 같다.　　　〈명심보감〉

✻

◇합당한 명분 앞에서는 약자가 강자를 굴복시킨다.　　　〈소포클레스〉

✻

◇대장부는 선을 분명히 알기 때문에 이유와 절개를 태산보다 무겁게 생각하고, 마음씀이 엄밀하기 때문에 죽고 사는 것을 홍모(鴻毛)보다 가볍게 여긴다.　　　〈경행록〉

✻

◇어린이들의 공경심은 모든 선행의 근본이다.　　　〈키케로〉

✻

◇시기와 질투는 항상 타인을 쏘려다가 자신을 쏜다.   〈맹자〉

❋

◇윗자리에 있어도 교만하지 않으면 지위가 높아져도 위태롭지 아니하며, 도리어 타인의 존경을 받게 된다.   〈소학(小學)〉

❋

◇자신의 위치를 정확히 알고 올바로 즐기는 방법을 아는 것이야말로 절대적인 신과 같은 완전을 가져올 수 있다.   〈몽테뉴〉

❋

◇선한 것은 실질적이며, 현실적인 문제이기도 하다. 인간에게 선한 마음과 행동이 깃들면 깃들수록 그의 생활이 편안해 진다. 그것은 마치 온화한 봄날, 화사한 꽃들의 모습과도 같다.   〈에머슨〉

❋

◇어려움에 처할수록 곧은 마음을 가져야 한다. 최악의 상태는 언제나 인간을 신의 곁으로 인도하는 강한 힘을 가지고 있다. 그 힘의 인도를 받는 길은 오직 곧은 마음(善) 뿐이다.   〈술러〉

❋

◇선한 사람은 그의 인생은 배로 연장한다. 추억 속에서 지난 날의 생활을 즐길 수 있다는 것은 사는 것이기 때문이다.

〈마르티알리스〉

❋

◇우리들이 모두 작은 예의 범절에 주의한다면 인생은 훨씬 더 살기 쉽게 된다.   〈채플린〉

❋

◇사람은 언제나 무엇을 하기 위한 그 무엇이 되어야 한다.

〈괴테〉

❋

◇자기 부모를 공경할 줄 모르는 사람과는 절대로 우정을 나눌

수 없다. 그러한 사람은 인간의 첫 걸음에서 벗어났기 때문이다. 뿐만 아니라, 이 세상에서 매우 고귀한 존엄과 사랑을 모르는 사람이 타인을 소중히 생각할 리가 없기 때문이다.　　　　　〈소크라테스〉

＊

◇저렇게도 작은 촛불이 어쩌면 이렇게 멀리까지 비쳐 올까? 험악한 세상에서는 선한 행동이 꼭 저렇게 빛날 거야.　　　　〈셰익스피어〉

＊

◇도(道)를 잃은 후에 덕(德)이 생기고, 덕을 잃은 후에 인(仁)이 생기고, 인을 잃은 후에 의(義)가 생기고, 의를 잃은 후에 예(禮)가 생기고, 예는 어지러움의 시작이다.　　　　　　　　　〈노자〉

＊

◇착한 사람에게는, 사후(死後)에도 결코 악한 일이 나타나지 않는다.　　　　　　　　　　　　　　　　　　　〈소크라테스〉

＊

◇도덕에 대한 복종은 노예적이며, 허영이며, 이기적이며, 체념이다. 그리고 음울한 광기이며, 사상을 버리는 것이며, 절망의 행위이다.　　　　　　　　　　　　　　　　　　　〈니이체〉

＊

◇널리 들어 기억하고 도(道)를 사랑하기만 한다면 도는 필시 얻기 어려울 것이다. 그러나 뜻을 지켜 도(道)를 받들면 그 도는 반드시 클 것이다.　　　　　　　　　　　　　　　〈법구경〉

＊

◇나 자신을 좋게 말해 주는 사람은 나의 적이요, 좋지 못한 것을 말해 주는 사람은 나의 스승이다.　　　　　　　〈명심보감〉

＊

◇타인의 지난 날의 행동과 말을 가지고 그의 일평생을 꺾어서 단정하기는 어려운 일이다.　　　　　　　　　　〈명심보감〉

❀

◇도덕이 인간을 위해 있는 것이지, 인간이 도덕을 위해 존재하는 것은 아니다.  〈코난도일〉

❀

◇당신이 선하기를 바란다면, 우선 당신이 악하다는 것을 믿으라.  〈에픽테토스〉

❀

◇지나치게 착한 것은 오히려 악한 것보다 못하다.  〈공자〉

❀

◇우리가 우리의 깨끗한 마음을 가지고 그에 따라 행동할 때, 신의 명령같이 부드럽고, 의롭고 자비로운 것은 이 세상에 없을 것이다.  〈법구경〉

# 9
# 문학 · 예술에 관한 격언

✻

◇예술가는 자기 자신의 예술을 위하여 자기 자신을 희생하여야 한다. 마치 벌들이 침을 쏘는 데 생명을 바치는 것과 같이.　〈에머슨〉

✻

◇인간이 생각할 수 있는 진리(眞理)치고 음악에서 나오는 진리보다 더 참된 것은 없다.　〈브라우닝〉

✻

◇평론가는 언제나 그 작가를 이해할 수 없다고 말한다. 그러면 그 작가는 이것이 내 잘못이냐고 곧잘 대답한다.　〈J.C. 헤어〉

✻

◇비평가가 되려는 사람이 반드시 시인(詩人)이 되어야 할 필요는 없다. 그러나 훌륭한 평론가가 되려면 서투른 시인이 되어서는 안 된다.　〈W. 해즐리트〉

✻

◇화가는 단순히 자연을 모방하거나 묘사하는 것만이 전부가 아니다. 자연 쪽에서 그림 쪽으로 움직여 오도록 진리의 이동을 진행시켜야 한다.　〈피카소〉

✻

◇음악(音樂)은 사나운 마음을 잠재우는 마력이 있다. 그러나 비음

악적인 것을 잠재울 수는 없다.　　　　　　　　　　〈A. 체이스〉

✻

◇비평이란 무엇인가? 그것은 비평가가 예술가의 명성에 자기자신
도 함께 참여하려는 예술이다.　　　　　　　　　　〈바이런〉

✻

◇신비로움이라는 것은 마치 분위기와 같은 것이며, 예술의 가장
아름다운 작품은 모두 그것을 지니고 있다.　　　　　　〈로댕〉

✻

◇음악이 천사(天使)의 언어라 함은 지당한 표현이다.　〈카알라일〉

✻

◇음악의 정서가 마른 사람, 음악의 감미로운 화음(和音)에 감동하
지 않는 사람, 그런 사람은 배신·음모·강도질을 하는 일에 적합하
다.　　　　　　　　　　　　　　　　　　　　　〈셰익스피어〉

✻

◇인간은 누구나 환경에 의해서 거짓말을 한다. 화가와 시인은
거짓말을 할 자유를 가졌다.　　　　　　　　　　　〈J. 레이〉

✻

◇훌륭한 화가는 자연에 도취되고, 어리석은 화가는 자연을 토해낸
다.　　　　　　　　　　　　　　　　　　　　　〈세르반테스〉

✻

◇모든 화가는 자신의 영혼에 붓을 적셔서 자신의 참 모습을 그림
으로 옮긴다.　　　　　　　　　　　　　　　　　〈H.W. 비처〉

✻

◇인간에게 있어 심금을 울리며, 모든 병을 치료하는 가장 좋은
것은 음악의 힘과 언어(言語)이다.　　　　　　　　　〈에머슨〉

✻

◇문학(文學)을 장사로 하지 말고 소중히 다스려라.〈S.T. 코울리지〉

※

◇재능 없는 인간이 예술을 추구하는 것처럼 비극적인 일은 없다.

〈모옴〉

※

◇예술은 하나의 허위이다. 그러므로 나는 이미 아름다움 속에 감추어진 허위를 사랑할 수 없다. 〈톨스토이〉

※

◇매우 우아하고 세련된 예술이라 하더라도 그것이 조금이라도 도덕적인 이념이나 이상(理想)에서 이루어진 것이 아니고 오직 그 자체의 만족에 빠져 버린다면 그러한 예술은 그저 하나의 예술에 불과하다. 〈칸트〉

※

◇참다운 예술 작품은 언제나 인간적인 척도에 머무는 것이다.

〈까뮈〉

※

◇진리는 매우 딱딱하다. 그러므로 진리로 인해서 우리는 예술을 갖는다. 〈니이체〉

※

◇나는 옛날부터, 예술이나 자연으로부터의 풍성한 내적(內的) 보물을 구해 왔다. 가는 곳마다 졸고 있는 미(美)를 발견하는 법을 익혔다. 〈헤세〉

※

◇예술가를 더욱 예술가답게 하는 것, 그것은 무엇인가? 예술가들에게 필요한 모든 것, 이것들은 모두 병적인 현상과 깊숙이 친근하면 깊이 맞물려 있다. 그러므로 예술가이면서 병자가 아니라는 것은 불가능처럼 보인다. 〈니이체〉

※

◇감정과 의지에서 나오지 않은 예술은 참된 예술이라고  할 수 없다.　　　　　　　　　　　　　　　　　　　　〈괴테〉

◇뱀, 또는 흉한 괴물의 모습도 예술적으로 그려지면 보는 사람의 눈을 즐겁게 한다.　　　　　　　　　　　　　　　〈보아로〉

◇모든 사물들을 아름답다고 생각하는 것은 바로 네 눈이다.　　　　　　　　　　　　　　　　　　　　　　　〈크세노폰〉

◇카메라의 장점은 사진가를 예술가로 전환시켜 주는 힘이 아니라, 그로 하여금 계속 소재를 찾으려는 충동을 느끼게 하는 것이다.　　　　　　　　　　　　　　　　　　　　　〈B. 애트킨스〉

◇문학의 진보, 다시 말하면 사고와 표현 기술의 완성은 자유의 건설과 그 보존에 필요하다.　　　　　　　　　　〈스탈 부인〉

◇예술은 정돈된 인생이다. 생명의 제왕이다.　　　〈로맹 롤랑〉

◇이 어려운 시대에 시인이 무슨 소용이 있느냐.　　〈횔더린〉

◇예술은 아무리 설명을 해도 더욱 인간을 놀라게 하는 것을 가지고 있다.　　　　　　　　　　　　　　　　　　〈지이드〉

◇문학은 나에게 있어서 유토피아이다. 나는 여기서는 권리의 침해를 받지 않는다. 다만 어떠한 감각이라 할지라도 장벽도 내 책 동무들의 향기롭고 우아한 이야기를 가로 막지 못한다. 그들은 아무런 거리낌이나, 어색함이 없이 나에게 이야기를 한다.　　　　〈헬렌켈러〉

✽

◇만약 좋은 생각과 좋은 펜과 좋은 잉크와 좋은 종이가 있다면 문제없이 걸작을 쓸 수 있다.　　　　　〈지이드〉

✽

◇예술가는 그 자신의 작품에 종속된다. 작품이 그 작가에 종속되는 것이 아니다.　　　　　〈노발리스〉

✽

◇시인이란, 그 마음 속에는 남이 알지 못하는 깊은 고뇌를 감추고 있으면서, 그 탄식과 비명이 아름다운 음악을 연주하면서 흘러나오게 되어 있는 입술을 가지고 있는 불행한 사람이다.　　　　〈키에르케고르〉

✽

◇세상에서 들을 수 있는 가장 숭고한 시가(詩歌)는, 어린이들의 입에 오르는 인간적 생기(生氣)가 도는 혀짜래기 말이다.　　〈V. 위고〉

✽

◇재능만으로는 작가가 될 수 없다. 책 뒤에 사람이 있어야 한다.　　　　　〈에머슨〉

✽

◇역사는 이루어진 소설(小說)이며, 소설은 만들어질 수 있는 역사이다.　　　　　〈공쿠르 형제〉

✽

◇정직(正直)한 이야기는, 솔직하게 말해야 가장 빨리 성공한다.　　　　　〈세익스피어〉

✽

◇예술가는 가령 천재라 하더라도, 교만한 생각에 빠져서는 안된다.　　　　　〈로맹 롤랑〉

✽

◇예술은 저항이 극복되는 시점에서 저항으로 다시 시작된다. 인간

이 만든 훌륭한 작품 가운데 커다란 노력 없이 창조된 것은 없다.

〈지이드〉

*

◇진정한 예술 작품은 신비롭게 태어난다. 예술가의 정신이 살아 있다면 그것은 계산이나 이론이 필요없는 것이다.  〈칸딘스키〉

*

◇장중하면서도 간결한 예술이란, 예술가에게도 대중에게도 최대의 발전이 있을 것을 전제로 하는 예술을 말한다.  〈이마엘〉

*

◇예술은 광고의 양식이 아니라 진리의 양식이라는 것을 잊어서는 안 된다.  〈케네디〉

*

◇아름다움을 사랑하는 것은 취미요, 아름다움을 창조하는 것은 예술이다.  〈에머슨〉

*

◇인생은 짧고 예술은 길며, 세월은 확실하고, 경험은 간사스럽고, 판단은 어렵다.  〈힙포크라테스〉

*

◇새로운 예술은 옛 것을 파괴한다.  〈에머슨〉

*

◇건축물을 볼 때는 세 가지를 주의 깊게 보아야 한다. 올바른 장소에 서 있는가? 안전하게 축조되었는가? 성공적으로 관리되고 있는가?  〈괴테〉

*

◇매우 세련된 예술이라 할지라도 그것이 조금이라도 도덕적 이념이나 이상에 의해 이루어진 것이 아니라, 오로지 그 자체의 만족에만 빠져 있다면 그것은 하나의 오락에 지나지 않는다.  〈칸트〉

❇

◇태양은 도덕적이지도 부도덕 하지도 않다. 그것은 그대로 존재하며 어둠을 정복한다. 예술 또한 이와 같다.　　　　〈로망 롤랑〉

❇

◇내가 희망하는 것은, 균형과 순수와 고요함의 예술이다.〈마티스〉

❇

◇예술은 언어를 가지고 있지 않은 시이다.　　　　〈호라티우스〉

❇

◇문학이나 예술 부분에서 실패한 사람이 평론가들이다.

〈디즈레일리〉

❇

◇예술이 건강하기 위해서는, 모든 사람들이 이해할 수 있는 말로 말해야 한다.　　　　〈로맹 롤랑〉

❇

◇마치 태양이 꽃을 물들이는 것같이 예술은 인생을 물들인다.

〈러버크 경〉

❇

◇예술이란 인간 생활에서 일어나는 일상적 의미를 예술적 의미로 승화시키는 인간 의식의 내면적인 갈등 속에서 아름다움, 즐거움을 찾아내는 노력이다.　　　　〈청담 조사〉

❇

◇인생은 살 가치가 있다. 그것은 모든 예술의 궁극적 내용이며 위안이다.　　　　〈헤세〉

❇

◇예술은 진리가 아니라, 우리에게 진리를 깨닫게 하는 거짓이다. 예술가는 거짓의 진실을 다른 사람에게 설득시키는 방법을 알아야 한다.　　　　〈피카소〉

❀

◇시의 한 가지 장점을 부정할 사람은 거의 없을 것이다. 즉, 그것은 산문보다 적은 말로써 보다 많은 것을 표현한다. 〈볼테르〉

❀

◇시(詩)는 역사보다 더 철학적이고 근엄하며 더 중요한 무엇이다. 역사가 말해 주는 것은 독특한 것들이지만, 시(詩)가 말해 주는 것은 보편적인 성격을 띠고 있기 때문이다. 〈아리스토텔레스〉

❀

◇시는 사물을 말하는, 가장 아름답고, 인상 깊고, 광범한 효력을 가진 양식이요, 여기에 그 중요성이 있다. 〈아놀드〉

❀

◇문학적(文學的) 감수성은 영원히 이어진다. 그것은 어느 시대든지 도달할 수 있는 것처럼 현재로 이어진다. 〈J. 시몬〉

❀

◇시인들은 자신도 이해하지 못하는 위대하고 현명한 말들을 한다. 〈플라톤〉

❀

◇분별(分別)이 있는 사람이라면, 발광하는 시인(詩人)과의 접촉을 두려워 한다. 〈호리티우스〉

❀

◇시인의 과제는 참으로 무겁고 신성하다! 그는 모든 것을 파괴로부터 구해내며, 죽어야만 하는 사람들에게 영생을 부여한다.

〈루카누스〉

❀

◇마치 화가가 붓과 물감을 가지고 생각하는 것처럼, 소설가는 이 이야기를 가지고 깊이있게 생각한다. 〈모옴〉

❀

◇시인(詩人)은 세상 무대에 나타나는 것을 싫어한다.〈디즈레일리〉

❀

◇밝고 건전한 정신(精神)에서만 참된 시(詩)가 나올 수 있다.
〈에머슨〉

❀

◇기술(技術)을 감추는 것이 참된 기술이 아니다.　　〈오뷔트〉

❀

◇아름다움(美)이라고 하는 것은 우리가 느낄 수 있고, 또 우리가
만들 수 있다. 하지만 그것의 기준을 정할 수는 없다.　　〈에머슨〉

❀

◇돈 가진 자의 노예가 되며, 가난한 자를 조롱하는 그러한 예술
은, 사멸(死滅)할 수는 있을지언정 번영해 나가리라고는 생각되지
않는다.　　〈톨스토이〉

❀

◇예술에 관한 논의(論議)가 가장 공허한 논의다. 예술을 이해하고
있는 사람은, 각각 예술은 제각기의 특별한 말로써 말하고 있는 것,
그리고 예술에 대하여 이러쿵 저러쿵 입으로 떠드는 것은 소용없는
일임을 알고 있다. 그러니까 즉 이렇다 저렇다 하며 예술에 대하여
수다스럽게 말하는 사람들은, 예술을 이해하지 못하는 사람이며, 예술
을 감득(感得)하지 못하는 사람이다.　　〈톨스토이〉

❀

◇그림은 미리 생각으로 결정되는 것이 아니다. 제작중에 사상이
변하면 그림도 따라 변한다. 그리고 완성 후에도 보는 사람의 마음
상태에 따라서 계속 변한다.　　〈피카소〉

❀

◇게다가 배우로서 다른 예술보다 먼저 익혀야 될 것은 관찰의
예술이다.　　〈브레히트〉

❋

◇예술은 '나'이다. 그리고 과학은 '우리'이다.    〈클로드 베르나르〉

❋

◇건축을 미술의 하나의 대상으로 생각한다면, 장식은 건축의 가장 중요한 부분이다.    〈J 러스킨〉

❋

◇예술이란 창작자가 그 자신의 작품에 도달하는 길이다. 〈에머슨〉

❋

◇자연이 예술을 부러워하는 일은 결코 없다. 예술은 자연의 복사물이기 때문이다.    〈아우렐리우스〉

❋

◇진정한 예술가는 자신의 아내를 굶주리게 할 것이며, 자기 자식들을 맨발로 나가게 하고, 자신의 어머니가 70세까지도 자식을 뒷바라지하도록 할 것이다. 그리고 그는 자기 예술 외에는 아무 것도 하지 않게 될 것이다.    〈버나드 쇼〉

❋

◇타인의 뒤를 따라가는 사람은 결코 전진하고 있는 사람이 아니다. 그리고 자기 자신 속에서 창조할 줄 모르는 사람은 타인의 작품 속에서도 어떤 이익을 찾아내지 못한다.    〈미켈란젤로〉

❋

◇예술이란 때로 아름다운 것을 추하게 만드는 경우가 있다. 하지만 패션은 추한 것을 아름답게 보이게 할 뿐이다.    〈콕도〉

❋

◇배고픈 인간은 음식을 가리지 않는다.    〈맹자〉

❋

◇인생은 진지하고, 예술은 쾌활하다.    〈쉴러〉

# 10
# 독서 · 희망에 관한 격언

❉

◇그 사람의 인격은 그가 읽는 책으로 알 수 있다.　　　〈스마일즈〉

❉

◇책은 인류의 저주다. 현존하는 책의 9할은 시시한 것들이고, 괜찮은 책은 대개 그 시시함을 논파한 것들이다. 인간에게 내려진 최대의 불행은 인쇄물의 발행이다.　　　〈디즈레일리〉

❉

◇우리 두 사람은 밤낮없이 성서를 읽었다. 그런데 내가 희다고 읽은 곳을 너는 검다고 읽었다.　　　〈브레이크〉

❉

◇집은 책으로 가득 채우고, 정원은 꽃으로 가득 채우라.　　　〈랭〉

❉

◇나쁜 책도 쓰려면 좋은 책을 쓰는 것만큼 힘들다. 왜냐하면 그것도 저자의 영혼으로부터 성실하게 나오기 때문이다.　　　〈헉슬리〉

❉

◇독서란 자기의 머리로 생각하는 것이 아니라 타인의 머리로 생각하는 것이다.　　　〈쇼펜하우어〉

❉

◇독자를 웃겨라. 울려라. 기다리게 하라.　　　〈C. 리드〉

✻

◇행복한 사람이 느끼는 불행이란 절망뿐이며, 불행한 사람이 느끼는 행복이란 희망뿐이다.　　　　　　　　　　　　〈루루〉

✻

◇나는 절실한 소원을 하나 가지고 있다. 세상 일이 조금이라도 좋아지는 것을 볼 때까지 사는 것이다.　　　　　　　〈링컨〉

✻

◇희망은 인간이 소유하는 땅과 같다. 해마다 수확이 늘어나고 결코 다 써 버릴 수 없는 확실한 재산이다.　　　　〈스티븐슨〉

✻

◇가난한 인간들의 빵은 오직 희망뿐이다.　　　　　〈탈레스〉

✻

◇희망, 그것은 그 자체가 일종의 행복이며, 이 세상이 베풀어 주는 행복일 것이다.　　　　　　　　　　　　　　　〈존슨〉

✻

◇아무것도 바라지 않는 사람은 행복하다. 왜냐하면 실망할 것이 없기 때문이다.　　　　　　　　　　　　　　〈스위프트〉

✻

◇지금부터 새롭게 꿈을 키우기 시작하라. 그리고 그 꿈을 되도록 크게 생각하라. 크고 위대한 일은 그런 생각을 갖고 있는 사람만이 이루어 낼 수 있다.　　　　　　　　　　　　　　〈슐러〉

✻

◇과거는 과거대로 묻어둬라. 오직 희망만을 가지고 새로운 목표를 향해 달려가야 한다.　　　　　　　　　　　　　〈마아샬〉

✻

◇행동을 낮추고 희망을 높게 가져라.　　　　　　　〈허버드〉

✻

❄

◇적어도 두 번 이상 읽혀져야 정평있는 좋은 책이라고 할 수 있다.  ⟨아놀도 벤네트⟩

❄

◇단지 도착하기 위한 여행이라면 불쌍한 여행이다. 마찬가지로 그 책이 어떻게 끝을 맺을 것인가 만을 알기 위한 독서라면 가련하기 짝이 없는 독서이다.  ⟨콜턴⟩

❄

◇중요한 것은 어떤 책, 어떤 경험을 사람이 가져야 하는가가 아니라, 책들이나 경험 가운데 자신의 어떤 것을 주입시키느냐가 문제다.  ⟨헨리 밀러⟩

❄

◇목적을 이루기 위해서는 악마도 성서를 인용한다.  ⟨셰익스피어⟩

❄

◇좋은 책을 선택해서 읽는 좋은 독자는 훌륭한 작가와 마찬가지로 드물다.  ⟨셰익스피어⟩

❄

◇책은 위대한 천재가 인류에게 물려 주는 유산이며, 아직 태어나지 않은 자손(子孫)들에게 주는 선물로써 한 세대에서 다른 세대로 전해진다.  ⟨에디슨⟩

❄

◇꿈과 책은 서로 다른 세계이다. 책은 우리가 알기로는 순수하고 선한 실질 세계이다. 이들 주위에서 살과 피가 강한 덩굴을 이루며 우리의 과거와 우리의 행복은 자랄 것이다.  ⟨워즈워드⟩

❄

◇고전이란, 읽기를 희망하면서도 그 어떤 사람도 읽지 않으려는 책이다.  ⟨마크 트윈⟩

❋

◇타인의 자아에 끊임없이 귀를 기울여야 한다——이것이야말로
참된 독서라고 할 수 있다.　　　　　　　　　　　　　　〈니이체〉

❋

◇나는, 책은 불행한 사람에게는 친절한 벗이요, 비록 책이 우리에
게 인생을 즐기도록 해 주지 못한다 하더라도 적어도 인생을 견디도
록 가르쳐 주리라는 것을, 그녀에게 말해 주고 싶었다. 〈고울드스네드〉

❋

◇강한 힘은 희망을 가지는 사람에게 있고, 용기는 그 속에 있는
의지에서 우러나는 것이다.　　　　　　　　　　　　　　〈펄 벅〉

❋

◇소망대로 행복을 얻지 못한 과거는 잊어 버리고, 진실로 자기를
위한 길을 찾고자 하는 희망을 가진 사람만이 재생할 수 있다. 〈모로아〉

❋

◇희망이 죽어가고 있을지라도, 아직 죽지는 않았다.

〈드라이든〉

❋

◇인간은 일을 할 수 있는 동물이다. 아무리 나약한 인간일지라도
의지만 있다면 어떠한 일이든지 해낼 수 있다는 사실을 믿어야 한
다.　　　　　　　　　　　　　　　　　　　　　　　　　〈고리키〉

❋

◇희망이란 우리가 믿는 것과는 반대로 체념과도 같은 것이다.
그러나 삶을 체념하지 않는 것이다.　　　　　　　　　　　〈까뮈〉

❋

◇오랫동안 불행하다면 그건 그 자신의 책임이다. 죽음에도 삶에도
견딜 용기가 없고, 덤벼볼 생각도 없고, 요령있게 피해볼 생각도 없는
이런 사람이야말로 희망이 없는 가장 가련한 사람이다.　　〈몽테뉴〉

❋

◇그대가 책 속에서 무언가를 알고자 한다면, 그 책이 쓰여진 갈색의 새벽 공기 속에서 그 책을 읽어야 한다. 만일 태양 아래서 펴면 빈 페이지가 있는 책처럼 굉장하게 보이기 쉽다.　　　　〈호돈〉

❋

◇많이 읽으라. 그러나 많은 책을 읽지는 말라.　　　　〈C. 플리우스〉

❋

◇과학에 관해서는 신간 서적을 읽어라. 그러나 문학에 관해서는 고전을 읽어라. 고전 문학은 항상 근대적인 것이다.　　　　〈리톤〉

❋

◇책은 갓난 아이처럼 세상에 나는데 시간이 걸린다. 수 주일 동안에 재빨리 씌어진 책은 저자를 의심하게 한다. 건강한 여성은 9개월이 되지 않으면 결코 아기를 낳지 않을 것이다.　　　　〈하이네〉

❋

◇처음에 책을 읽을 때는 한 친구를 만난 것이고, 두 번째 읽을 때는 옛 친구를 만난 것이다.　　　　〈중국 격언〉

❋

◇우리의 인생은 저급한 책을 읽기에는 너무도 짧다.　〈J. 브라이즈〉

❋

◇책을 많이 읽은 사람에 대한 우리들의 높은 존경심은, 문학(文學)에 대한 충분한 찬양이다.　　　　〈에머슨〉

❋

◇어떤 책은 맛만 보면 되고, 어떤 책은 통채로 삼켜 버려야 하고, 또 어떤 책은 씹어서 소화시켜야 한다.　　　　〈베이컨〉

❋

◇단 한 권의 책밖에 읽지 않은 사람을 경계하라.　　　〈디즈레일리〉

❋

◇큰 서재를 가진 것으로 자신이 학식이 많다고 세상 사람에게 말하는 사람은 일종의 허영꾼이다.　　　　　　　　　　〈T. 플러〉

◇보기 드문 지식인을 만났을 때에는 그가 어떤 책을 읽었는지 물어 보아야 한다.　　　　　　　　　　　　　　　　〈에머슨〉

◇내 판단으로는 기억하려고 애쓰지 말고 다만 기분 전환식으로 독서하는 것이 훌륭한 독서법인 것 같다. 그런데 이 방법을 알고 있는 사람은 별로 많지 않다. 이런 독서 방법은 우리들의 정신을 부드럽고 온화하게 한다.　　　　　　　　　　　　　　　　〈알랭〉

◇나는 독자를 두 가지 범주로 나눈다. 암기하기 위해서 읽는 사람 과 잊기 위해서 읽는 사람이 그것이다.　　　　　　　　〈펠프스〉

◇책이란 잘 활용하면 가장 좋은 것이고, 악용하면 나쁜 것 가운데 에서도 가장 나쁜 것이다.　　　　　　　　　　　　　〈에머슨〉

◇벗으로 삼을 수 있는 책은 그 숫자가 적어야 하고 내용 또한 좋아야 한다.　　　　　　　　　　　　　　　　〈스페인 격언〉

◇어느 큰 회합을 마치고, 학자는 조용히 집으로 돌아왔다.
"어땠어요?"
라는 질문을 받고 학자는 대답했다.
"그게 책이었다면 나는 읽지 않았을 거야."　　　　　　〈괴테〉

◇우리는 결코 절망하지 말아야 한다. 세상의 마지막이 왔다고 불안해 하는 사람들의 말은 귀담아 들을 필요도 없다.　　〈까뮈〉

❋

◇희망은 질병, 재앙, 죄악을 치료하는 특효약이다.    〈W. 라이스〉

❋

◇지나치게 큰 꿈은 완전히 실현되지 않을 수도 있다. 그 꿈들은 무한히 크기 때문이다.    〈화이트 헤드〉

❋

◇위대한 희망은 위대한 인물을 만든다.    〈T. 플러〉

❋

◇실망은 어리석은 사람이 내리는 판단이다. 현명한 사람은 실망이란 단어가 자기 머리 속에 떠오르는 것조차 두려워 한다.    〈니이체〉

❋

◇책은 무엇인가? 나의 벗, 나의 사랑, 나의 교회, 나의 술집, 나의 유일한 재산이요, 나의 정원이다. 그렇다. 나의 꽃이요, 벌이요, 비둘기이다. 그리고 나의 유일한 의사요, 유일한 건강이다.  〈R. 르 갤리엔〉

❋

◇천천히 읽는 법을 배우라. 그러면 모든 다른 장점들이 적당한 곳에서 따라올 것이다.    〈W. 워커〉

❋

◇어떤 책이든 하루에 다섯 시간 독서하라. 그러면 당신은 곧 박식해질 것이다.    〈S. 존슨〉

❋

◇책은 청년에게는 길잡이이며, 어른에게는 즐거움이다.  〈콜리어〉

❋

◇책은 이중으로 혜택을 준다. 우리에게 웃음을 자아내게 해주고 충언(忠言)으로 현명한 사람에게 사는 방법을 가르쳐 준다.

〈파에드루스〉

❋

◇아름다운 책을 읽는 것은, 책이 말을 걸어 오고 우리의 영혼이 그것에 답하는 끊임없는 대화이다.　〈모로아〉

✻

◇책, 그대는 성당(聖堂)의 황금 그릇이요, 언제까지나 손에 지니고 있어야 할 타오르는 등불이다.　〈R.D. 베리〉

✻

◇매우 중요한 책은 없다. 가장 중요한 것은 당신 자신이 무엇을 생각하느냐 하는 것이다.　〈허버드〉

✻

◇기분 좋은 잠과 부담 없는 독서 사이에는 밀접한 관계가 있다. 심장의 고동이 부드러워지고, 긴장이 풀리며, 마음은 냉정하게 된다. 최고의 독서법은 잠자리 곁에서 하는 독서이다.　〈임어당〉

✻

◇책, 그것은 축복된 클로르포름(마취제)이다.　〈챔버스〉

✻

◇아무리 유익한 책이라고 하더라도 그 반은 독자 자신이 만드는 것이다.　〈볼테르〉

✻

◇친구를 선택하는 것과 같이, 작가를 선택해야 한다.　〈W. 딜런〉

✻

◇책은 다음 네 가지 목적 가운데 하나를 달성해야만 한다. 이 네 가지는 지식과 신앙, 쾌락, 편익이다.　〈루소〉

✻

◇사전은 마치 시계와 같아서, 가장 나쁜 것이라도 없는 것보다 있는 것이 나으며, 가장 좋은 것도 완전히 옳다고 기대해서는 안 된다.　〈S. 존슨〉

✻

◇독서를 하는 것은 책 속에서 배우고, 책의 사상에 젖어들고 싶다는 욕구 때문이지, 자신의 생각을 그것들 속에서 찾아내기 위한 것은 결코 아니다. 〈러스킨〉

❋

◇입으로 읽지 말고 뜻으로 읽자. 뜻으로 읽지 말고 몸으로 읽자. 〈법구경〉

❋

◇양서(良書)란 설레임을 가지고 열고, 유익한 것을 습득하고 닫는 서적이다. 〈올코트〉

❋

◇우리들은 무엇을 읽었다는 것을 말하기 위해서 독서한다. 〈램〉

❋

◇현명한 사람은 책을 선택한다. 모든 책을 친구라는 신성(神聖)한 이름 아래 등급을 매기고 싶지 않기 때문이다. 몇 권의 책은 붕우지기(朋友知己)로 받아들일 수 있다. 모든 종류의 책 중에서 가장 훌륭한 책은 마음에 간직하고 가장 소중한 소유물로서 아낀다. 그 밖의 책들은 잠깐 동안의 잡담거리로 하고, 몇 시간 즐겁게 보내는 것으로 사용하고는 젖혀 놓는다. 그러나 결코 잊지는 않는다.

〈J.A. 랭포드〉

❋

◇책이란 넓디 넓은 시간의 바다를 항해하는 배이다. 〈베이컨〉

❋

◇나는 책을 읽을 때 타인들이 내 책을 그렇게 읽어주기를 바라는 것처럼 매우 천천히 읽는다. 〈지이드〉

❋

◇읽는 것은 빌리는 것을 의미하고, 창작하는 것은 진 빚을 갚는 것이다. 〈G.C. 리히텐베르흐〉

✻

◇읽고, 표시해 두고, 학습하고, 마음 속으로 소화시켜라.

〈영국 국교 기도서〉

✻

◇책을 열렬히 읽고 싶어 하는 사람과, 읽을 책을 필요로 하는 싫증
난 사람 사이에는 많은 차이가 있다.　　　〈G.K. 체스터튼〉

✻

◇같은 책을 읽었다는 것은, 그 사람과의 관계를 이어주는 끈이
된다.　　　〈에머슨〉

✻

◇돈이 가득 들어 있는 지갑보다 책으로 가득찬 서재를 갖는 편이
훨씬 좋다.　　　〈J. 릴리〉

✻

◇독서는 이따금 사고(思考)를 피하는 현명한 방법이다. 〈헬프스〉

✻

◇나는 한 시간의 독서로 누그러지지 않는 그 어떤 슬픔도 알지
못한다.　　　〈몽테스키외〉

✻

◇희망은, 이를 실현하고자 노력하는 사람을 결코 버리지 않는다.

〈J. 플래처〉

✻

◇희망은 끊임없이 우리들에게 '나아가라, 나아가라'고 요구한다.
그러다보면 우리들은 무덤으로 들어간다.　　　〈맹트농 부인〉

✻

◇희망이란 아이들이 비를 맞으면서도 따라가는 웃음 띤 무지개와
같다.　　　〈카알라일〉

✻

◇진실에 대해서 희망은 결코 자기 이름을 잃지 않는 만능의 거짓말쟁이다.　　　　　〈잉거솔〉

✽

◇희망은, 인생길의 꽤 근사한 길동무이기는 하지만, 일반적으로 보면 그릇된 안내자다.　　　　　〈핼리팩스 경〉

✽

◇언제나 현재 행복하지 않고, 앞으로 행복해지는 것이다.〈포우프〉

✽

◇희망과 불안은 동전의 양면과 같다. 희망이 없는 불안도 없고, 불안 없는 희망도 없다.　　　　　〈라 로슈프코〉

✽

◇이 세상에서 희망이 결여된 사람이 가장 가련한 사람이다.

〈T. 플러〉

✽

◇내 희망은 언제나 실현되진 않지만, 나는 늘 희망을 바란다.

〈오비디우스〉

✽

◇인생은 피어나기 전의 장미꽃과 같은 희망이다.

〈키이츠〉

✽

◇인간이 늙으면 젊을 때의 행복보다도 그때 품었던 소망이 한층 더 그리워지는 법이다.　　　　　〈예센바흐〉

✽

◇보다 많이 가지려고 하기 보다는 언제나 적게 바라는 마음을 가져라.　　　　　〈토마스 아 켐피스〉

✽

◇희망은 영원히 인간의 마음 속에서 솟아나지만 그렇다고 당장

행복을 주지는 않는다. 인간의 행복이란 항상 앞으로 전진하며 탐구
하는데 있다.                                              〈포드〉

✿

◇행복은 희망만 있으면 싹이 튼다.                         〈괴테〉

✿

◇이상은 우리 자신 속에 있다. 그리고 이상 실현에 방해되는 모든
장해 역시 우리 자신이 가지고 있다.                      〈카알라일〉

✿

◇희망이 없는 곳에서는 노력도 있을 수 없다.              〈존슨〉

✿

◇조그만 닻으로 우리의 배를 묶어 두지도 말고, 우리의 인생을
단 하나의 희망에 묶어두지도 말아야 한다.              〈에픽테토스〉

✿

◇모든 사람들은 그 종류는 다르지만 희망을 가지고 있다.

〈브하그완〉

✿

◇희망을 가지고 보다 나은 그날을 위해서 힘을 길러 두어야 한
다.                                                    〈베르릴리우스〉

✿

◇절망보다는 희망이 낫다.                                 〈괴테〉

✿

◇절망은 무한한 장점일 수 있다. 그러나, 현실에 있어서 절망은
최대의 불행이며, 비참함일 뿐만 아니라, 실로 최대의 타락이다.

〈키에르 케고르〉

✿

◇신(神)은 희망이 없는 사람을 결코 돕지 않는다. 크고 원대한
꿈과 결코 흔들리지 않는 군은 희망을 가져라.          〈에델 위더스〉

❋

◇작고 사소한 희망을 버려라.　〈S. 스미드〉

❋

◇희망은, 이것을 갈망하며 추구하는 사람을 결코 외면하지 않는다.　〈J. 플레처〉

❋

◇희망을 너무 높이 갖지 말아라! 실현될 수 없는 희망을 너무 높게만 가지면 눈앞의 할 일마저 놓쳐버린다.　〈에머슨〉

❋

◇희망이란 아침마다 빛나는 태양의 빛을 받으며 나갔다가도 저녁에 비에 흠뻑 젖어 돌아올 수 있다.　〈스티븐슨〉

❋

◇사람에겐 바라지 않는 일들이 바라는 일보다 더 많이 일어난다.　〈렉플라우투스〉

❋

◇희망이란 사람의 마음 속에서 영원히 사라지지 않는다. 그래서 사람들은 당장 행복하지 않지만 희망을 버리지 않는다.　〈보브나르그〉

❋

◇희망은 우리가 가지고 있는 재산 가운데 가장 유익하거나 아니면 가장 해롭거나 어느 한 편에 속하기 마련이다.　〈보브나르그〉

❋

◇모든 일 가운데 가장 중요한 일은 '희망'을 버리지 않는 일이다.　〈슐러〉

❋

◇원래 가진 터전에 내 힘이 미치는 한도 내에서 크든 작든 희망은 결실을 맺는다. 그러나 우리는 이 한도 밖에서 희망을 찾기 때문에 환멸의 결과를 만나게 된다.　〈채근담〉

✳

◇어떠한 일에든 희망은 실망보다 낫다. 이것은 어떠한 일이든지 반드시 가능하다고 믿을 수가 없기 때문이다.　　　　　〈괴테〉

✳

◇사상(思想)과 더불어 이상(理想)을 갖는 것은 영원의 기쁨이며 풍성한 즐거움이다.　　　　　〈에머슨〉

✳

◇희망은 사상(思想)이다. 희망이 있기 때문에 노력도 생긴다.

〈셰익스피어〉

✳

◇항상 모든 일의 첫걸음은 뜻을 세우는 일이다. 뜻만 있으면 무엇을 어떻게 할 것인가, 그 방법이 자연히 머리에 떠오른다.〈서양 격언〉

✳

◇사람은 희망(希望)을 가슴에 품었을 적에는 편안히 잘 수 있다.　　　　　〈발자크〉

✳

◇그 마음에 지닌 뜻이야말로 그 사람의 행복이며 천국(天國)이다.　　　　　〈쉴러〉

✳

◇보다 많이 구하면 많이 얻을 것이며, 보다 많이 노력하면 좋은 결과를 얻을 것이다.　　　　　〈카네기〉

# *11*
# 결혼 · 새생명의 탄생에 관한 격언

❋

◇이상적인 결혼이란, 서로가 상대방을 자신의 고독에 대한 보호자로 임명하는 그러한 결혼이다.　　　　　　　　　　　〈릴케〉

❋

◇육체가 아닌 정신이 결혼 생활을 계속 유지시킨다.

〈푸블릴리우스 시루스〉

❋

◇진실하게 맺어진 부부는 젊음의 상실이 불행으로 느껴지지 않는다. 같이 늙어가는 즐거움이 나이 먹는 괴로움을 잊게 해준다.

〈모로아〉

❋

◇부부 사이는 항상 같이 있으면 오히려 소원해진다.　　〈몽테뉴〉

❋

◇여자는 남편을 고르는 데 있어서 절대적인 권리를 소유하고 있다.　　　　　　　　　　　　　　　　　　　　　　〈톨스토이〉

❋

◇결혼 생활이 평화로우면 이 세상이 낙원이요, 싸움이 잦으면 평생 지옥이다.　　　　　　　　　　　　　　　　　　〈작자미상〉

❋

◇결혼은 지혜로운 사람이나 어리석은 사람이나 모두 한 번씩 '동경'과 '후회'를 경험하는 코스이다.  〈서양 속담〉

✻

◇숨쉬는 사람은 고통이 있고, 생각하는 사람은 비통이 있고, 오로지 태어나지 않은 사람만이 복이 있다.  〈M. 프라이어〉

✻

◇우리는 태어나면서 동시에 죽기 시작하고, 그 끝은 처음과 연결되어 있다.  〈마닐리우스〉

✻

◇우리는 태어날 때 울면서 태어난다. 그러나 죽을 때는 울지 않는다.  〈울드리치〉

✻

◇아내는 끊임없이 남편을 섬기는 것으로써 남편을 지배한다.  〈T. 플러〉

✻

◇결혼을 하면, 귀여운 약혼자가 무서운 아내로 변한다.  〈러시아 속담〉

✻

◇애정이 없는 결혼 생활은 신앙이 없으면서도 하나님께 예배하는 인간처럼, 인간으로서는 더할 나위 없이 비열하고 무의미한 생활이다.  〈체흡〉

✻

◇남자는 결혼해서 여자의 지혜로움을 알고, 여자는 결혼해서 남자의 어리석음을 안다.  〈하세가와 죠세깐〉

✻

◇정확히 결혼이란, 서로의 오해로 인해 이루어지는 것이다.  〈와일드〉

❊

◇어쨌든 결혼을 하라. 당신이 착한 아내를 얻는다면 당신은 무척 행복하리라. 만약 당신이 악한 아내를 얻는다면 당신은 틀림없이 철학자가 될 것이다. 그리고 그것은 어떤 사람에게도 좋은 일이다.

〈소크라테스〉

❊

◇결혼이 행복하지 못한 이유는 아내가 울타리를 만들어, 남편을 붙들어 매는 데에 정신을 쏟기 때문이다.　　　　〈스위프트〉

❊

◇부부가 싸움을 하는 이유는, 서로 할 말이 없기 때문이다. 그것은 두 사람이 시간을 보내는 하나의 방법이다.

〈몽테롤랑〉

❊

◇여성은 그 남성의 심혼(心魂)이 된다. 그 여성을 아내라고 한다.

〈히도파테스〉

❊

◇여성에게 있어서 만족할 만한 단 하나의 소원이 있다면 그것은 행복한 결혼이다.　　　　　　　　　　　　　　〈몽테롤랑〉

❊

◇남편에게는 지혜, 아내에게는 정숙.　　　　　　〈허버트〉

❊

◇결혼을 하기 전에는 두 눈을 크게 뜨고, 결혼을 하고 난 후에는 한 쪽 눈을 감는다.　　　　　　　　　　　　　　〈T. 플러〉

❊

◇남자는 심심하기 때문에 결혼을 하고, 여자는 호기심에 이끌려 결혼을 한다. 그리고 둘 다 실망한다.　　　　　　　〈와일드〉

❋

◇부유해지기 위하여 결혼하는 사람만큼 악한 사람은 없으며, 연애를 위해서 결혼하는 사람만큼 어리석은 사람은 없다.  〈사무엘 존슨〉

❋

◇세상에는 남편과 아내가 서로 진절머리를 내면서도 옛날부터의 생활 상태를 몇 년이나 몇 십 년이나 계속하고 있는 부부가 많이 있는데, 이것은 그들 사이에서 완전한 파탄도 완전한 합치도 없었다는 것이다.  〈톨스토이〉

❋

◇결혼 생활은 끊임없는 대화이다. 그러므로 참을성이 필요하다.  〈니이체〉

❋

◇남자들은 새색시를 만나면 먼저 그녀의 얼굴을 본다. 그러나 여자들은 그녀가 입은 옷을 본다.  〈포우〉

❋

◇남자는 많이 알면 알수록, 또 여행을 하면 할수록 시골 소녀와 결혼하고자 한다.  〈버나드 쇼〉

❋

◇결혼──그것은 두 개를 하나로 만들려는 두 사람의 의지이다. 단지 그 하나는 그것을 만드는 두 개의 것 이상의 것이다. 이와 같은 의지를 의지하는 사람으로서 서로가 어려운 환경을 지불하는 것을 나는 '결혼'이라고 부른다.  〈니이체〉

❋

◇사랑이 없는 결혼은 결혼이 아니다. 사랑만이 결혼을 신성화하는 것이며, 사랑에 의해서 신성화된 결혼이 진정한 결혼이다. 〈톨스토이〉

❋

◇부부나 연인끼리의 문제에는 결코 말 참견을 해서는 안 된다.

거기에는 세상 어느 누구도 알지 못하는 둘만의 비밀이 있는 것이
다.　　　　　　　　　　　　　　　　　　　　　　〈도스토예프스키〉

✾

◇냉정한 여성은 현명한 남성을 다룰 수 있다. 그러나 어리석은
남성을 다루는 것은 현명한 여성이다.　　　　　　　　　　〈키플링〉

✾

◇가끔 멋있는 것을 말하는 것보다는 항상 재치있게 말하기가 더
어렵다는 단순한 이유에서 남편보다는 남편이 되기가 더 어렵다.

〈발자크〉

✾

◇모든 남성은 그 생애 중 한 번은 우행(愚行)을 저지르기 마련이
지만 긴긴 전 생애를 통한 우행(愚行), 그것이 결혼 생활이다.

〈콩그레브〉

✾

◇결혼 생활에 있어서 고통보다 기쁨이 많다고 결코 말하지 말라.

〈에우리피데스〉

✾

◇결혼이 다른 어떤 결합의 형식보다도 뛰어난 것은 그것이 남녀가
서로 생애를 마칠 때까지 동화(同化)하는 시간을 주기 때문이다.

〈모로아〉

✾

◇결혼에 당신들의 온 정신을 기울여야만 한다.　　　　　〈입센〉

✾

◇고독이 두려우면 결혼하지 말라.　　　　　　　　　　〈체홉〉

✾

◇교양이 있는 풍부한 사람은 타인을 한 번 보고 자신의 뜻에 맞는
지 안 맞는지를 금방 구분할 수가 있다.　　　　　　〈체스터필드〉

✳

◇행복한 결혼은 약혼 때부터 죽을 때까지, 결코 지루하지 않은 긴 대화와 같은 것이다.　　　　　　　　　　　　　　　〈모로아〉

✳

◇결혼한 남성의 일생 중 가장 좋은 날은 이틀 뿐이다. 즉, 결혼하는 날과 아내를 매장하는 날이다.　　　　　　　　　　〈합포낙스〉

✳

◇결혼은 과학이다.　　　　　　　　　　　　　　　　　〈발자크〉

✳

◇결혼에 성공하는 가장 중요한 조건은 영원한 결합을 맺고 싶다는 진정한 의지이다.　　　　　　　　　　　　　　　　〈모로아〉

✳

◇연애는 누구나 좋아하는 사람과 할 수 있다. 그러나 결혼해도 좋은 상대란, 후에도 같이 보조를 맞추어 갈 수 있는 사람이다.〈헤세〉

✳

◇모든 경계를 지워 버리고 성급하게 하나의 공동 생활을 만드는 것이 결혼의 목적이 아닙니다. 오히려 각자가 서로 상대에게 스스로의 고독의 감시인일 것을 요구하며, 그를 위해 부여하지 않으면 안될 최상의 믿음을 서로 증명하는 것이야말로 훌륭한 결혼이 아닐까 라고 나는 생각합니다.　　　　　　　　　　　　　　　　〈릴케〉

✳

◇구애할 때는 꿈을 꾸지만, 결혼하면 잠에서 깨어 난다. 〈포우프〉

✳

◇아내란 자기 자신이 만들어낸 작품이란 것을 남편은 알아야 할 것이다.　　　　　　　　　　　　　　　　　　〈발자크〉

✳

◇훌륭한 남편이 훌륭한 아내를 만든다.　　　　　　〈R. 버튼〉

✤

◇정열을 불태우라. 그러나 순결하라. 요염하라. 그러나 정숙하라.
〈바이런〉

✤

◇결혼은 남녀가 서로 즐기기 위해 만들어낸 것이 아니다. 이것은
오로지 창조하고 건설하기 위해 만들어진 결합이다.　　　〈알랑〉

✤

◇사랑하는 여자와 행복하게 살기 위한 한 가지의 비결이 있다.
그것은 그 여자를 있는 그대로 받아들이는 것이다. 참을 수 없는 버릇
을 고쳐 주려고 하면, 행복이 당장 무너지고 만다. 그 결점이 그 여자
의 천성에서 유래되었다는 것을 알아야 한다.　　　〈샤르돈느〉

✤

◇가정이야말로 고달픈 인생의 안식처요, 모든 싸움이 자취를 감추
고 사랑이 싹트는 곳이다. 큰 사람이 작아지고 작은 사람이 커지는
곳이다. 가정은 안심하고 모든 것을 맡길 수 있으며 서로 의지하고
사랑하며 사랑을 받는 곳이다.　　　〈H.G. 웰즈〉

✤

◇나는 사람들이 물건을 선택할 때 신중하고, 교활하다는 것을
알고 있다. 그러나 이 가장 교활한 사람들조차도 자기 아내는 살펴
보지도 않고 봉지에 든 채로 사고 있다.　　　〈니이체〉

✤

◇좋은 결혼이 아주 적은 이유는, 그것이 얼마나 귀중하고 위대한
것인가를 알려 주는 증거이다.　　　〈몽테뉴〉

✤

◇결혼하기 전에 열 번도 스무 번도 백 번도 생각해 보는 것이
좋다. 성적 교섭으로 자신의 인생과 타인의 인생을 연결한다는 것은
매우 중요한 일이기 때문이다.　　　〈톨스토이〉

❀

◇아내 없는 남자는 몸이 없는 머리통이고, 남편 없는 여자는 머리통 없는 몸과 같다. 〈독일 격언〉

❀

◇어진 아내는 그 남편을 귀하게 만들고, 악한 아내는 그 남편을 천하게 만든다. 〈명심보감〉

❀

◇혼인의 예의(禮儀)는 모든 예(禮)의 근본이다. 〈내훈〉

❀

◇세상에는 나쁜 남편이 아주 좋은 아내를 가지고 있는 것을 흔히 볼 수 있다. 이것은 이러한 남편의 친절이 어쩌다가 보여지기 때문에 그것이 높이 평가되어서 그런 것일까? 혹은, 아내가 자기의 인내를 자랑으로 삼기 위해서일까? 아내가 이 나쁜 남편을 주변의 반대에도 불구하고 선택했을 때는 반드시 후자(後者)일 것이다. 이 경우, 그녀는 스스로의 어리석음을 반드시 관철하려고 원하기 때문이다.

〈베이컨〉

❀

◇결혼—어느 나침반도 일찍이 항로를 발견한 적이 없는 항해.

〈하이네〉

❀

◇성실한 결혼 생활을 영위하는 것은 좋은 일이다. 그러나 보다 더 좋은 일은 아주 결혼을 하지 않은 것이다. 그렇게 할 수 있는 인간은 좀처럼 드물다. 그러나 그런 인간은 행복하다. 〈톨스토이〉

❀

◇부자인 여자와 결혼하는 가난한 남자는, 아내가 아니라 지배자를 얻는다. 〈아낙산드리데스〉

❀

◇외로이 혼자 사는 사람은 지금까지 알려진 사람중 가장 초라하게 사는 것이다.  〈뮐밀러〉

❊

◇좋은 아내를 얻으려면, 화려하게 춤추는 곳에서 택할 것이 아니라, 밭에서 일하는 여자 중에서 택해야 할 것이다.  〈프리보이〉

❊

◇여성이 세 사람의 구혼자를 거부하면, 그 후에는 스스로 나서서 구혼을 해야 한다.  〈스웨덴 격언〉

❊

◇여자는 어쩌면 착한 남편을 만들어 내는 천재인지도 모른다.  〈발자크〉

# 12
## 자유 · 평화 · 전쟁에 관한 격언

❋

◇자유롭고자 한다면 자기의 욕망을 누를 수 있도록 자신을 훈련시
켜라.　　　　　　　　　　　　　　　　　　　　　　〈톨스토이〉

❋

◇자신의 양심을 따름으로써 사람은 자유인일 수 있다.　〈러스키〉

❋

◇자유는 국민이 정부에 관심을 가지는 곳에서만 존재한다.
　　　　　　　　　　　　　　　　　　　　　　　　〈W. 윌슨〉

❋

◇금전으로 얻은 자유는 금전이 나가면 같이 나가고, 권세와 지위
와 미모로 얻은 자유는 권세와 지위와 미모가 다하면 그 또한 따라
나가나니, 이것은 허망한 자유에 불과하다.　　　　　　〈법구경〉

❋

◇자기 자신의 양심에 성실함으로써 비로소 인간은 자유인이 된
다.　　　　　　　　　　　　　　　　　　　　　　　　〈페인〉

❋

◇만일 자유가 없었다면, 우리는 자유를 원하지 않았을 것이다.
'영원'이 없었다면, 또한 영원의 추구가 우리에게 있을 수 없을 것이
다.　　　　　　　　　　　　　　　　　　　　　　　〈법구경〉

❋

◇평화로운 세상의 인간은 힘보다도 이성과 지혜로 조립된 질서에 의하여 지탱되어야 하는 것이다.　　　　〈대망경세어록〉

❋

◇진정으로 역설적인 문제는 모든 국민의 대다수가 열망하는 평화를, 그들은 국민의 정부가 체면을 잃었다는 인상을 여러 국민들에게 주는 일 없이, 모든 국민에게 수락시키는 일이다.　　　　〈모로아〉

❋

◇평화시에, 전시에 필요한 것을 대비해야 한다.

〈푸블릴리우스 시루스〉

❋

◇평화의 달성은 신을 두려워하는 사람에게 있어서 가장 고귀한 작업이다. 이것은 정의의 길이며, 그리고 국민을 고양하는 것이다.

〈케네디〉

❋

◇평화는 모든 세상을 치료하고 향상시키는 원동력이다. 〈W 윌슨〉

❋

◇마음의 평정이 무엇보다도 좋다.　　　　〈J.G. 홀런드〉

❋

◇평화와 자유는 쉽게 얻어지는 것이 아니다. 그리고 오늘날 여기에 있는 우리들 모두는 불안과 시련과 위기 속에서 우리들 인생의 전부는 아니더라도, 그 태반을 살지 않으면 안될 운명에 놓여 있는 것이다.　　　　〈케네디〉

❋

◇함께 괴로와하고, 함께 울고, 함께 웃는 곳에 모든 것을 함께 할 수 있는 영원한 평화가 깃들어 있다.　　　　〈청담조사〉

❋

◇평화를 위해서——세계 평화가 위기에 처해 있을 때는, 인내와 참을성을 조금도 아껴서는 안 된다.　　　　　　　　〈처어칠〉

✻

◇각자가 자기 자신의 분수를 알고, 타인에게 그들의 이익을 인정한다면, 영원한 평화는 즉시 이루어지리라.　　　　　〈괴테〉

✻

◇진정한 평화는 많은 나라가 협력해서 산출한 것이며, 많은 조치가 거듭된 다음 비로소 만들어지는 것이다. 그것은 정적인 것이 아니라 동적이며 각 시대의 도전에 응하기 위해서 변화하지 않으면 안된다. 평화는 하나의 과정이고, 문제를 해결하기 위한 하나의 방법이기 때문이다.　　　　　　　　　　　　　　　　〈케네디〉

✻

◇평화는 이상이다. 평화는 말할 수 없이 복잡한 것, 불안정한 것, 위협받고 있는 것이다.　　　　　　　　　　　　　〈헤세〉

✻

◇평화가 명예스럽게 유지될 수 있다면, 이미 평화가 아니다.

〈J. 라셀 경〉

✻

◇평화는 언제나 아름답다.　　　　　　　　　〈W 휘트먼〉

✻

◇자유는 책임을 뜻한다. 그러므로 대부분의 인간이 자유를 두려워한다.　　　　　　　　　　　　　　　　　　〈버나드 쇼〉

✻

◇내가 자유라고 지칭하는 것은 질서가 있는 자유이다. 그러므로 질서없이는 존재할 수 없는 자유만이 진정한 자유라 할 수 있겠다.

〈워즈워드〉

✻

◇'할 수 있다'는 신념은 당신에게 참된 자유를 가져다 줄 것입니다. 〈슐러〉

※

◇자유인이란, 죽음보다 삶에 대해 더 많은 것을 생각하는 사람이다. 〈스피노자〉

※

◇삶이 자유이듯 죽음도 자유이다. 죽음은 오히려 삶보다도 더 많은 자유를 가져다 줄 것이다. 왜냐하면 참된 자유는 영혼의 세계에서만 가능하기 때문이다. 〈브하그완〉

※

◇자유 속에서 콩을 먹는 것은 속박 속에서의 달콤한 과자를 먹는 것 보다 낫다. 〈허버트〉

※

◇나는 자유를 증오했던 것은 아니다. 나는 오히려 자유의 관념으로 길러졌다. 나는 자유와 동시에 평화를 목말라 한다. 그러나 그것을 위해서 승리의 길을 걷지 않으면 안 된다. 〈나폴레옹〉

※

◇자유는 쟁취하는 것보다 간직하는 것이 더 어렵다. 〈컬훈〉

※

◇자유를 위하여 깨끗이 죽는 것은 하나의 승리이다. 〈토마스 캰벨〉

※

◇자유 · 정의 · 진리, 이것을 뺀다면 인간은 다른 동물과 다를 것이 없다. 이 세 가지는 서로 유기적인 톱니 바퀴에 의해 굴러간다. 〈브하그완〉

※

◇자유는 사람이 희망하는 것을 행하는 데 존재한다. 〈밀〉

※

◇자유란 정착하면 빨리 자라는 식물이다.　　　　　〈워싱톤〉

❈

◇우리는 모든 면에서 자유를 누리고 있다. 그러나 자유의 고마움을 진실로 깨닫는 사람이 과연 몇 명이나 될 지 의문이다. 그래서 많은 사람은 방종하기 쉽다. 이 방종이야말로 자유의 커다란 적이다.　　　　　〈아나톨 프랑스〉

❈

◇서로의 자유를 해치지 않는 한도 내에서 나의 자유를 확장하는 것, 이것이 자유의 법칙이다.　　　　　〈칸트〉

❈

◇사람의 자유를 뺏는 것은 폭군보다도, 악법보다도, 실제로는 사회의 습관이다.　　　　　〈밀〉

❈

◇자유와 평등을 약속하는 사람은 입법자이건, 혁명가이건, 공상가가 아니면 사기꾼이다.　　　　　〈괴테〉

❈

◇전쟁도 필요한 인간들에게는 정당하다.　　　　　〈B. 버크〉

❈

◇평화가 있는 곳에서 전투적인 사람은 자기 스스로를 습격한다.　　　　　〈니이체〉

❈

◇전쟁준비를 하는 것에 의해서만 평화 준비를 할 수 있다는 것은 참으로 유감스런 일이다.　　　　　〈케네디〉

❈

◇성질이 조급하고 마음이 조잡한 사람은 무엇을 하든지 결코 이 일을 성공시키지 못한다. 이와 반대로 마음이 항상 평화롭고 기상(氣象)이 평온한 사람은 백복(百福)이 저절로 돌아온다.　　〈채근담〉

❋

◇적(敵)에 대해서 가장 효과적인 대항책(對抗策)은 이쪽의 진실(眞實)에 있다. 진실하다면 적(敵)도 드디어 굴복할 것이다.

〈도스토예프스키〉

❋

◇땅 위에 그들은 동그라미를 그려놓고, 나를 그 동그라미 밖으로 몰아쳤다. 그들은 나를 업신여긴 것이었다. 그 후, 나도 이 땅 위에 하나의 동그라미를 그었다. 그러나 그 속에 나는 그들을 불러들였다.

〈에머슨〉

❋

◇전쟁으로 인하여 황망한 벌판이 생겼다. 육신(肉身)의 욕망(欲望)을 쫓는 사람들로 하여 더욱 황막해졌다. 그들은 생명의 환희(歡喜)를 쫓고 있는 것이 아니라, 스스로 생명을 파먹고 있었다. '여러분, 시간이 되었습니다! 나는 그들에게 이렇게 소리치지 않을 수 없다.

〈엘리어트〉

❋

◇참으로 중요한 자유는 오직 하나이다. 그것은 경제적인 자유이다.

〈모옴〉

❋

◇자신을 다스릴 수 없는 자는 자유롭지 못한 사람이다.

〈에픽테토스〉

❋

◇인간은 자유로운 존재로 태어났다. 그럼에도 불구하고 도처에서 쇠사슬에 묶여 있다. 타인의 주인이라고 생각하는 사람도 그 사람 이상으로 노예인 것이다.

〈루소〉

❋

◇자유는, 자신을 자유의 몸으로 이끌어 나갈 만한 사람에게 깃든

다. 그러므로 자유를 누릴 수 있는 사람이라면, 일생토록 반려자가 되어 준다. 〈칸트〉

✽

◇자유를 사랑하지 않는 인간은 존재하지 않는다. 그러나 정의를 사랑하는 사람일수록 만인을 위하여 자유를 필요로 하고, 부정한 사람일수록 자기 하나만을 위하여 자유를 요구한다.　〈베르네일유〉

✽

◇적을 만들지 못하는 사람은 친구도 만들지 못한다.　〈테니슨〉

✽

◇평화는 사람의 자연 상태이며, 전쟁은 사람의 타락이며, 치욕이다. 〈톰슨〉

✽

◇전쟁을 좋아하는 민족은 반드시 망한다. 그러나 전쟁을 잊은 나라 또한 망한다. 〈리렐 라하트〉

✽

◇평화는 풍요를 만들고, 풍요는 오만을 만들고, 오만은 싸움을 기르고, 싸움은 전쟁을 부른다. 전쟁은 약탈을 가져오고, 약탈은 빈곤을, 빈곤은 인내를, 인내는 평화를 부른다. 그리고 평화는 전쟁을 부르고, 전쟁은 평화를 부른다. 〈G. 푸트넘〉

✽

◇강하다고 생각하는 마음은 싸움에서는 금물이다.　〈대경세어록〉

✽

◇전쟁에는 준우승자를 위한 이등상이 없다.　〈O.N. 브래들리〉

✽

◇인간들은 일반적으로 평화의 성취보다는 전쟁에서 이기는 것이 더욱 중요하다고 믿는다. 그러나 그것은 잘못이다. 〈키케로〉

✽

◇몇 천 명이란 사람을 살해하는 것은 외견상으로 훌륭한 이름이 주어진다. 전쟁은 영광의 기술이며 불멸의 명성을 부여한다.　　〈영〉

❋

◇전쟁에서 대담성을 이용할 수 있다면 불가능한 것은 없다.

〈A. 아인시타인〉

❋

◇평화라는 것은 우주의 자연상태이며 본질이고, 전쟁은 우주의 표면에 일어나는 일반적인 동요에 지나지 않는다는 식으로 우리들은 아무런 증거도 없이 확신하고 있었다. 오늘날에 이르러서야 우리들은 우리가 잘못되었던 것을 인정한다. 전쟁이 끝났다고 하지만 그것은 요컨대 이번 전쟁이 끝났다는 의미일 뿐이다. 미래의 일은 보장되어 있지 않은 것이다. 즉 우리들은 일체의 전쟁이 끝나는 것을 믿고 있는 것은 아니다. ……만약 내일 또 어떤 새로운 사변이 돌발한 것을 알게 된다 하더라도 우리들은 체념한 듯이 어깨를 으쓱하며 '예정대로군!' 이라고 할 것이 뻔하다.　　　　　　　　　　　　　〈사르트르〉

❋

◇전쟁의 준비는 평화를 지키는 가장 유효한 수단의 하나다.

〈C. 워싱톤〉

❋

◇군대란 인간을 잡는 흉기요, 전쟁은 덕(德)을 거슬리는 것이며, 장수는 죽음을 내리는 관리이다. 따라서 전쟁은 부득이한 경우에만 하는 것이다.　　　　　　　　　　　　　　　　　　〈위료자〉

❋

◇인간, 그 누가 평화를 원치 않으랴.　　　　　　〈대망경세어록〉

❋

◇살아 남으려고 발버둥치는 순간까지 각자의 지혜와 노력에 따라 필사적으로 바둥거리는 것이 사람의 본성이다.　　　〈대망경세어록〉

❀

◇사람이 자유와 진리를 위해서 싸우러 갈 때에는 자신의 가장 좋은 바지를 입어서는 안 된다.　　　　　　　　　〈입센〉

❀

◇자유란, 신이 인간에게 내려 준 최대의 축복 중의 하나다.
　　　　　　　　　　　　　　　　　　　　　〈세르반테스〉

❀

◇우리들의 자유란, 오늘날 자유가 되기 위해서 싸우는 자유로운 선택 이외의 아무것도 아니다. 그리고 이 정식(定式)의 모순된 양상이야말로 우리들의 역사적 조건을 나타내는 것일 따름이다.
　　　　　　　　　　　　　　　　　　　　　　〈사르트르〉

❀

◇한 사람의 인간이 자신의 삶, 자신의 반항, 자신의 자유를 느끼되, 가능한 한 많이 느끼는 것이 삶이라는 것이다.　　〈까뮈〉

❀

◇냉담성 · 무력감은 자유에 있어서 가장 무서운 적이다.
　　　　　　　　　　　　　　　　　　　　　　　〈러스키〉

❀

◇자유가 없는 인간은 생명이 없는 인간으로 밖에 생각할 수 없다.　　　　　　　　　　　　　　　　　　　　〈톨스토이〉

❀

◇완전한 자유는 완전한 행복과 상통한다. 그리고 완전한 행복은 자기 자신만이 찾을 수 있다.　　　　　　　　　〈브하그완〉

❀

◇개인의 자유는 이와 같이 훨씬 제한되지 않으면 안 된다. 개인은 다른 사람에게 방해가 되어서는 안되는 것이다.　　　〈밀〉

❀

◇절제하지 못하는 사람은 자유인이 되지 못한다.

〈피타고라스〉

＊

◇자유에는 많은 벽이 있고, 민주주의는 결코 완전하지 않다. 그러나 우리들은 우리 국민을 가두어 놓기 위해서, 또는 그들이 우리들로부터 떠나는 것을 방지하기 위해서, 벽을 쌓아야 하는 일은 한 번도 없었다.

〈케네디〉

＊

◇자유에의 길은 명령하기를 바라는 사람들보다, 복종하기를 바라는 사람들 때문에 더 심하게 가로막혀 있다.

〈피터〉

＊

◇타인의 자유를 부정하는 사람에게는, 이 지구 위에서, 혹은 어떤 별나라에서도 결단코 자유가 주어지지 않는다.

〈허버트〉

＊

◇자유란, 법률이 허락하는 것은 무엇이나 할 수 있는 권리이다.

〈몽테스키외〉

＊

◇하느님은 자유를 사랑하고, 항상 그것을 보호하고 방어할 태세가 되어 있는 사람들에게만 자유를 허락한다.

〈웹스터〉

＊

◇매장(埋葬)된 황제보다는 거지가 더 낫다.

〈라 폰테이느〉

＊

◇어느 누구도 완전히 자유할 수는 없다. 모든 사람이 자유롭게 되기까지는.

〈스펜서〉

＊

◇자신의 자유를 포기하는 것은 인간으로서의 자격, 인간으로서의 권리, 아니 인간의 의무마저 포기하는 것이다.

〈루소〉

❊

◇사람은 자유롭게 태어나나 어디서나 속박을 받는다.　　　〈루소〉

❊

◇사람은 자유인으로 창조되었다. 비록 속박 속에서 태어난다 할지라도 자유롭다.　　　〈쉴러〉

❊

◇자유란, 그 무엇보다 나 자신으로부터의 자유이어야 한다.

〈로렌스〉

❊

◇미래의 적(敵)은 항상 바른 가장 훌륭한 사람들이다.　〈R. 라이〉

❊

◇현명한 사람은 적으로부터 많은 것을 배운다.　〈아리스토파네스〉

❊

◇약한 것도 뭉치면 강해진다.　　　　　〈T 플러〉

❊

◇적(敵)에게 네 힘껏 상해(傷害)를 입히지 말라. 왜냐하면 그가 이후에 네 친구가 될 수도 있기 때문이다.　　　〈사디〉

❊

◇군인이 갖추어야 할 가장 중요한 자질(資質)은, 철저하고 완전하고, 철저한 자신감이다.　　　〈G.S. 패튼〉

❊

◇총(銃)은 우리를 강하게 만들지만, 버터는 오직 살찌게만 할 것이다.　　　〈H. 괴링〉

❊

◇강자가 있고, 약자가 있는 한 약자는 구석으로 몰릴 것이다.

〈W.S. 모옴〉

❊

◇싸우지 않는 인간은 정복하지 못한다.　　　　　〈G. 넬〉

❋

◇우리의 적을 사랑하라. 그들은 네 결점을 말해 주기 때문이다.
　　　　　　　　　　　　　　　　　　　　　　〈프랭클린〉

❋

◇전쟁을 끝내는 가장 신속한 길은 그 전쟁에 지는 것이다.
　　　　　　　　　　　　　　　　　　　　　　〈G. 오웰〉

❋

◇싸움에 끼어드는 사람은 이따금 피투성이 코를 닦아야 한다.
　　　　　　　　　　　　　　　　　　　　　　〈J. 게이〉

❋

◇먼저 너 자신 속의 평화를 지켜라. 그러면 다른 사람들에게도
평화를 가져다 줄 수 있다.　　　　　　　〈토마스 아 캠피스〉

❋

◇평화로운 두 힘이 있다. 즉 정의와 예절이다.　　　〈괴테〉

❋

◇세계의 평화는 지역사회의 평화와 마찬가지로 각자가 이웃을
사랑할 것을 요구하지 않고, 다만 단순히 그들이 서로 관용의 마음가
짐으로서 공존하며, 그 분쟁을 공정하고 평화적인 해결 방법에 맡길
것을 요구한다.　　　　　　　　　　　　　　　〈케네디〉

❋

◇평화가 보이지 않는다는 사람은, 보려고 하는 노력을 게을리한
사람이다.　　　　　　　　　　　　　　　　　　〈뮐러〉

❋

◇확실히 평화는 인간 심리의 가장 심오한 희망이다.　〈케네디〉

❋

◇지금도 과거와 같이 칼이 모든 것을 지배한다.　　〈쉴러〉

❀

◇전쟁은 인류가 존재하는 한 끊임없이 일어날 것이다. 신문을 읽지 않아도 그것은 알 수 있는 일이다. 정말이지 그건 슬픈 일이다. 그것은 사람이 아무리 발버둥쳐도 결국은 죽지 않으면 안된다는 그런 슬픔과 같은 것이다. 죽음과 싸우는 일은 매우 아름답고 고상하고 존경할 만한 일이다. 전쟁을 피하기 위해서 하는 싸움도 마찬가지이다.  〈헤세〉

❀

◇군인의 육체는 그 이상 자기의 소유물이 아닌 부속물이 된다.
〈생텍쥐페리〉

❀

◇전쟁도 비참한 평화보다는 낫다.  〈타키투스〉

❀

◇싸움이라는 것은 타산적인 계산 뿐만이 아니라 고집이니 체면이니 하는 감정을 수반하여 엉뚱한 방향으로 전개되어 가는 기괴한 생물이었다.  〈대망경세어록〉

❀

◇맞서게 되면 굽히라. 굽히면 정복하라.  〈오비디우스〉

❀

◇전쟁에서는 임기응변의 술책에 밝아야 한다. 임기응변의 술책을 밝게 알고 있으면 천하무적(天下無敵)이다.  〈관자〉

❀

◇싸움이 얼마나 두려운가를 모르는 사람만큼 다루기 힘든 것도 없다.  〈대망경세어록〉

❀

◇악한 사람일수록 훌륭한 군인이다.  〈나폴레옹〉

❀

◇전쟁을 결정하는 것은 재정(財政)이다. 〈프리드리히〉

※

◇전쟁의 교훈은 승리보다 패전(敗戰)에서 배울 바가 많다.

〈고사(古史)〉

※

◇훌륭한 전사(戰士)는 무용(武勇)을 버리지 않고, 싸움 잘하는 자(者)는 성내지 않으며, 적(敵)에게 가장 잘 승리하는 자(者)는 적과 대전(對戰)하지 않고, 사람을 잘 다룰 줄 아는 사람은 그 사람 앞에서 몸을 낮춘다. 〈노자〉

※

◇전쟁에는 확실히 도박적인 데가 있다. 싸움을 만들어 내는 것은 권태에서도 있다. 그 증거로 싸움을 가장 좋아하는 인간은 할 일이나 걱정거리가 적은 인간들이다. 이러한 까닭을 똑똑히 알아둔다면 이는 어느 누가 큰 소리를 치더라도 그리 당황하지 않을 것이다. 〈알랑〉

※

◇전쟁 준비를 위해서 국민으로부터 징집되는 세금은 군대가 지켜야 할 노동의 산물을 거의 삼켜 버린다. 〈톨스토이〉

※

◇우리들 시대의 전쟁이 얼마나 무서운 해악인가가 명백하게 되었으므로 그것을 저지하기 위해서는 여하튼 수단도 강구하지 않을 수 없다. 특히 이것은 윤리적인 이유에서도 하지 않으면 안 된다. 우리들은 최근 두 차례의 대전에서 실로 무서운 비인간성의 죄를 범했다. 만약 또 전쟁이 발발한다면 다시 더 죄를 범하게 될 것이다. 그런 것은 허용될 수 없다. 〈시바이쩌〉

※

◇평화를 수호하는 국제적인 능력을 쌓음과 동시에 각국은 각각 전쟁 수행 능력을 없애는데 협력하지 않으면 안되는가? 〈케네디〉

❋

◇태평 세상의 사람은 완력보다는 이성과 지혜로 조립된 질서에 의하여 지탱되어야 하는 것이다.  〈대망경세어록〉

❋

◇전쟁이 벌어지면 사람은 언제나 상식의 테두리 밖으로 뛰어나가 사물을 생각하게끔 된다. 애당초 원한도 없는 사람을 어떻게 죽이느냐 하는 점에 몰두하지 않으면 안되게 되는만큼 무리도 아니다. 하지만 그 살륙도, 사람을 그러한 기괴한 살의의 긍정에 이끌리기에 앞서 반드시 지나가야만 할 하나의 통로를 가지고 있다. 그것은 자기가 보다 조건이 나은 '사람'을 목표로 하고 있다는 것이다.〈대망경세어록〉

❋

◇작은 나라는 큰 나라 틈바구니에서 싸우지 않고, 두 마리의 사슴은 들소 곁에서 싸우지 않는다.  〈회남자〉

❋

◇반(反)군국주의자 이야기가 나왔다. 나의 생각으로는 평화 때는 누구나 모두 반 군국주의자지만 한 번 전쟁이 일어나면 누구 한 사람—혹은 거의 누구 한 사람—반 군국주의자가 되는 이는 없으리라고 생각된다.  〈보나르〉

❋

◇인류는 전쟁에 종지부를 찍지 않으면 안 된다. 그렇게 하지 않으면 전쟁이 인류에게 종지부를 찍게 될 것이다.  〈케네디〉

❋

◇대 승리만큼 두려운 것은 없다. 대 패(大敗)를 제외하고는.  〈웰링턴〉

❋

◇전쟁에는 네 가지 분위기가 있다. 위험, 육체적 고통, 불확실성, 우연이다.  〈나폴레옹〉

✻

◇전쟁은 가장 승산이 있다 해도 국가적 불행임에 틀림없다.

〈H.V. 몰트케〉

✻

◇철수하여 돌아가는 적을 막지 말라. 계획적인 철수는 오히려 가장 강력한 공격일 수가 있다.　　　　　〈손자(孫子)〉

✻

◇승리는 원한을 가져 오고, 패한사람은 괴로워 누워 있다. 이기고 지는 마음 모두 떠나서 다툼이 없으면 스스로 편안하다.　　〈법구경〉

✻

◇어떠한 전쟁이건 이기겠다는 각오 없이 뛰어드는 것은 어리석은 일이다.　　　　　〈D. 맥아더〉

✻

◇경쟁할 적이 없으면 인생을 살아갈 가치가 없을 것이다.

〈E.P. 던〉

✻

◇항상 약한 인간이 패한다.　　　　　〈헤이우드〉

✻

◇전쟁은 무식한 인간에게는 도박이요, 전문가에게는 과학이다.

〈폴라드〉

✻

◇전쟁의 근본(根本)은 정치다.　　　　　〈레닌〉

✻

◇언제 어떠한 경우에도 전쟁은 사려와 분별이 아니라 힘의 주장이다.　　　　　〈대망경세어록〉

✻

◇부녀자의 살해에 의해서, 또한 무력한 비전투원을 공포로 몰아넣

는 것으로써, 국가를 항복시킨다는 이 가증한 관념이 인류 사이에 용인되고 묵인되기 시작한 것은 20세기에 있어서다.　〈처어칠〉

❋

◇군인은 다른 모든 국민보다 평화를 기구(祈求)해야 한다. 그는 깊은 상처와 전쟁의 아픈 상처를 고통받고 견뎌야 하기 때문이다.

〈D. 맥아더〉

❋

◇전쟁은 인간을 위해서 있지 않고 짐승을 위해서 있다.

〈에라스무스〉

# 13
# 시간(과거 · 현재 · 미래)에 관한 격언

❉

◇과거에 우리에게는 깜박이는 불빛이 있었으며, 오늘날 우리에게는 타오르는 불빛이 있다. 그리고 미래에는 온 땅 위와 바다 위를 비추어 주는 불빛이 있을 것이다. 〈처어칠〉

❉

◇우리가 어느 날엔가 마주칠 재난은, 우리가 소홀히 보낸 어느 시간에 대한 보복이다. 〈나폴레옹〉

❉

◇우물쭈물하고 있는 것은 시간을 도둑맞고 있는 것이다. 〈영〉

❉

◇시간은 우리들 위를 비상하지만 그 그림자는 뒤로 남긴다. 〈호오돈〉

❉

◇시간을 지키고 안 지킴에 따라 사람의 품위가 결정된다. 〈브하그완〉

❉

◇시간은 모든 권세를 침식, 정복한다. 시간은 소중히 기회를 엿보고 있다가 포착하는 자(者)의 벗이며, 때가 아닌데 너무 서두르는 자(者)에겐 최대의 적이다. 〈플루타아크〉

✵

◇시간은 사람이 소비하는 것 중에서는 가장 가치있는 것이다.

〈데오프라스토스〉

✵

◇현재의 나를 과거의 나라고 독단하지 말라.  〈셰익스피어〉

✵

◇시간이 흐른다고 우리는 말하고 있다. 그것은 옳지 않다. 앞으로 나아가는 것은 우리들이지 시간이 아니다. 우리가 강을 배로 건널 때, 움직이는 것은 물이며, 우리가 탄 배는 아닌 듯하다. 시간도 이와 마찬가지이다.  〈톨스토이〉

✵

◇근면하고 성실하게 시간을 낭비하지 말라. 늘 유익한 일을 하고 무익한 일은 하지 말라.  〈프랭클린〉

✵

◇시간은 영혼의 생명이다.  〈롱펠로우〉

✵

◇오늘은 언제나 어제와 내일이 다르다.  〈A. 스미든〉

✵

◇자기 영혼의 자산을 향상시킬 시간을 가진 자는 진실로 휴가를 향락한다.  〈도라우〉

✵

◇어제는 돌이킬 수 없는 우리의 것이 아니지만, 내일은 이기거나 질 수 있는 우리의 것이다.  〈L.B. 존슨〉

✵

◇변명 중에서도 가장 어리석고 못난 변명은 '시간이 없어서……' 라는 변명이다.  〈에디슨〉

❋

◇아침 잠은 시간의 지출이다. 그러므로 이렇게 비싼 지출을 아껴 쓰도록 노력해야 한다.　　　　　　　　　　　　　　　〈카네기〉

❋

◇미래에 관한 무지(無知)는 신이 정한 영역을 배우기 위한 고마운 선물이다.　　　　　　　　　　　　　　　　　　　〈포우프〉

❋

◇시간에는 현재가 없다. 영원에는 미래가 없다. 영원에는 과거가 없다.　　　　　　　　　　　　　　　　　　　　　　　〈테니슨〉

❋

◇오늘을 열심히 살라. 되도록이면 내일에 의지하지 말고 그날 그날에 최선을 다하라.　　　　　　　　　　　　　　　〈에머슨〉

❋

◇진정으로 당신의 생명을 사랑한다면 시간을 낭비하지 말라! 시간이야말로 생명을 만드는 재료이다.　　　　　　　〈프랭클린〉

❋

◇시간은 옛 것을 낡게 하고, 모든 것을 먼지로 화하게 하는 기술을 가지고 있다.　　　　　　　　　　　　　　　　　〈브라운 경〉

❋

◇가장 현명한 사람은 허송 세월을 가장 슬퍼한다.　　〈단테〉

❋

◇시간을 잘 활용하는 인간은 이 세상의 모든 것을 가질 수 있는 능력이 있다.　　　　　　　　　　　　　　　　　〈디즈레일리〉

❋

◇시간이나 조수를 붙들어 놓을 수 있는 사람은 단 한 사람도 없다.　　　　　　　　　　　　　　　　　　　　　　　〈번즈〉

❋

◇시간——그것은 얼마나 기묘하고 불가사의한 것인가. 대체 누가 어느 때쯤 이 '시간'을 흘러 보내기 시작한 것일까……? 어쨌든 시간은 끝을 헤아릴 수 없는 영원한 과거로부터 영원한 미래를 향해 시시각각 한 순간의 게으름도 없이 흘러가고 있다.  〈대망경세어록〉

❋

◇어려울 때는 과거를, 즐길 때는 현재를, 어떤 일을 할 때는 미래를 생각하여라.  〈쥬베르〉

❋

◇나는 과거에 의거하는 것 이외에는 미래를 예측할 방법을 알지 못한다.  〈P. 헨리〉

❋

◇우리는 결코 시간에 얽매이지 않는다. 시간이 사람을 위한 것이지, 사람이 시간을 위한 것은 아니기 때문이다.  〈라블레〉

❋

◇휴식을 너무 많이 취하면 녹이 슨다.  〈W. 스코트〉

❋

◇결코 시간에 얽매이지 말라. 시간을 정복할 수는 없다.

〈W.H. 오든〉

❋

◇현재는 과거의 제자다.  〈프랭클린〉

❋

◇보통 사람은 시간을 소비하는 것에 마음을 쓰고, 재능 있는 사람은 시간을 이용하는 것에 신경을 쓴다.  〈쇼펜하우어〉

❋

◇짧은 인생은 시간의 허비로 인해 더욱 짧아진다.  〈사무엘 존슨〉

❋

◇서둘러라. 돌아오는 시간을 기다리지 말고 오늘에 시간을 준비

하지 못한 사람은 내일은 더욱 그러할 것이다.　　　　〈오비디오스〉

✽

◇너의 손에 닿는 물은 지나간 물의 마지막인 것, 다가올 물의 처음인 것이다. 현재도 바로 그런 것이다.　　　　〈다 빈치〉

✽

◇시간은 소리 없이 왔다가 간다.　　　　〈G. 허버트〉

✽

◇인생에 있어서 가장 소중한 것은 사랑이다. 그런데 사랑한다는 일은 과거에 있어서도 미래에 있어서도 불가능하다. 사랑한다는 것은 현재 이 순간에 있어서만 가능하다.　　　　〈톨스토이〉

✽

◇나이는 시간과 함께 달려가고, 뜻은 세월과 함께 사라져 간다. 드디어 말라 떨어진 뒤에 궁한 집 속에서 슬피 탄식한들 어찌 되돌릴 수 있으랴.　　　　〈소학(小學)〉

✽

◇즐거움과 활동은 시간을 짧은 것 같이 보이게 한다.〈셰익스피어〉

✽

◇빨리 지나가는 시간을 아껴라. 지루함을 느끼는 것들을 기품있게 배워라.　　　　〈오슬러 경〉

✽

◇시간의 가치는 모든 인간의 믿음 속에 있지만, 실천하는 사람은 드물다.　　　　〈체스터필드 경〉

✽

◇모든 시간은 한결같이 흘러간다.　　　　〈세르반테스〉

✽

◇시간은 흐르는 강이다. 유수(流水)에 거역하지 않고 운반되는 자는 행복한 자다.　　　　〈모올리〉

✳

◇시간을 헛되이 보내지 말라. 인생이란 시간을 차곡차곡 쌓아 올려라.　　　　　　〈프랭클린〉

✳

◇인생은 짧다. 그러므로 어떻게 인생을 살아 갈까 하고 이것 저것 생각하지 말고 더 많은 시간을 소비해서는 안 된다.　　〈S. 존슨〉

✳

◇현재 존재하는 사물을 보는 것은 바로 무한한 과거에 존재했던, 것들을 영원히 존재하게 될 것들을 보는 것과 같다. 왜냐하면 만물은 본질적으로 같은 것이며, 동일한 원리의 지배를 받기 때문이다.

〈아우렐리우스〉

✳

◇육체는 시간 속에 있지만, 마음은 공간 속에 있다.　　〈브하그완〉

✳

◇만일 인간들이 미래에 관심을 두지 않는다면, 그들은 곧 현재를 슬퍼해야 할 것이다.　　　　　　〈W.G. 베넘〉

✳

◇허전한 마음으로 과거를 되돌아 보지 말라. 그것은 두 번 다시 오지 않으니까 빈틈없이 현재를 이용하라. 그것을 할 사람은 곧 당신 이다. 그림자와 같은 미래를 향하여 전진하라. 두려워하지 말고 늠름 하게 나아가라.　　　　　　〈롱펠로우〉

✳

◇만약 우리가 현재와 과거를 서로 경쟁한다면 반드시 미래를 놓치 게 될 것이다.　　　　　　〈처어칠〉

✳

◇오늘 하루를 헛되이 보내지 말라. 그러면 커다란 손실이 따른 다. 하루를 유익하게 보낸 사람은 하루의 보물을 파는 것이다. 하루를

헛되이 보냄은 내 몸을 헛되이 보내고 있다는 것을 기억해야 한다.

〈아미엘〉

✳

◇어리석은 사람은 이렇게 말한다. 나는 내일에 살고, 현재도 너무 늦은 것이다. 현명한 사람은 과거에 산다.　　　〈마르티알리스〉

✳

◇현재가 너무나 빨리 변하기 때문에 우리들은 현재를 살고 있는 그 순간에는 우리의 인생을 깨닫지 못한다.　　　〈G. 무어〉

✳

◇상처는 쉽게 낫지만 그 흔적은 영원히 남는다.　　　〈J. 레이〉

✳

◇시간은 모든 것을 익어가게 한다. 시간의 힘에 의해서 모든 것이 명백하게 되며, 시간은 진리의 아버지인 것이다.　　　〈라블레〉

✳

◇시간은 돈이다.　　　〈서양 격언〉

✳

◇시간은 우정을 더욱 강하게 하지만, 연애는 약하게 만든다.

〈라 브뤼에르〉

✳

◇이 세상에서 가장 바쁜 사람이 가장 많은 시간을 갖는다.

〈알렉산도르 비네〉

✳

◇미래는 과거와 현재에 의해서 이루어진다.　　　〈S. 존슨〉

✳

◇내일은 노련한 사기꾼이다. 그의 사기는 항상 그럴싸하다.

〈S. 존슨〉

✳

◇과거는 지나간 장례식과 같고, 미래는 불청객처럼 온다.

〈E. 고스〉

❋

◇시간은 당신을 희망과 절망의 두 가지 물결 속으로 동시에 인도한다.

〈톨스토이〉

❋

◇오늘을 버리고 영원한 내일에 몸을 현존하는 것은 불행한 사람일 뿐만 아니라 고민이 있는 자이고, 약하고 겁이 많은 사람이다.

〈볼테르〉

❋

◇현재는 있을 수 없다. 이와같이 현재가 존재하지 않는다고 하면 무엇을 기준으로 해서 과거니 미래니 할 것인가? 과거다, 미래다 하는 말은 원칙적으로 성립할 수 없는 말이다. 다만 우리가 가정을 해서 하는 말에 지나지 않다.

〈청담조사〉

❋

◇현재는 과거보다 더욱, 미래는 현재보다 더욱 나의 관심을 끈다.

〈디즈레일리〉

❋

◇지나간 오늘은 잡을 수 없지만, 내일이란 희망이 존재할 뿐이다.

〈J. 레이〉

❋

◇우리는 이 짧은 시간을 즐기자. 사람에게는 항구가 없고, 시간에게는 연안이 없다. 그래서 시간을 지나 우리는 떠난다.   〈라마르틴〉

❋

◇영원 불멸이란 우리에게 지극히 중대한 관계를 가지고 있고, 극히 심각한 교섭을 지니고 있다. 모든 감정을 상실하지 않는 한 그것이 무엇인가를 알기 위해 무관심할 수 없다. 우리가 기대할 수 있는

164

영원한 행복이 있는가 없는가에 의하여 우리 일체의 행위와 사상은
다른 길을 취해야만 한다.　　　　　　　　　　　　　　〈파스칼〉

◇스스로 권태로와 하는 인간은, 권태로운 인간보다도 경멸해야
할 것이다.　　　　　　　　　　　　　　　　　　　　　　〈버틀러〉

◇미래를 알려거든 먼저 너 자신 스스로를 알라.　　〈명심보감〉

◇과거도 버리고 미래도 버려라. 그리고 현재의 이 내 몸을 생각지
도 말라. 마음에 걸리는 모든 것들을 버리면 생사(生死)의 괴로움은
받지 않으리라.　　　　　　　　　　　　　　　　　　　　〈법구경〉

◇우리 인간은 과거에 의해 사라진다. 그러므로 우리는 지난날로
인하여 마음을 괴롭혀서는 안 된다. 오직 내일은 무엇을 해야할 것인
가를 생각해야 한다.　　　　　　　　　　　　　　　　　　〈괴테〉

◇시간의 가르침을 잘 들어라. 시간은 가장 현명한 법률 고문이
다.　　　　　　　　　　　　　　　　　　　　　　　　〈페리클레스〉

◇전에 존재했던 시대가 지금 존재하는 시대보다 훌륭하다는 환상
이야말로 모든 시대에 보편적으로 흐르고 있는 환상이다. 〈시바이쩌〉

◇성인과 죄인 사이의 유일한 차이점은, 모든 성인은 과거를 가지
고 있고, 모든 죄인은 미래를 가지고 있다는 점이다.　　〈와일드〉

◇시시각각으로 변하는 시간은 이미 흘러가지만 흘러간 시간은
다시는 돌아오지 않는다.　　　　　　　　　　　　　　　〈키켈로〉

✳

◇태양 아래 영원한 것은 없다. 그러나 운명의 여신은 그 변화를 즐기려고 하고, 그래서 인간은 그녀의 힘을 잘 알고 있다.

〈마키아벨리〉

✳

◇신마저도 과거를 되돌릴 수는 없다.  〈아리스토텔레스〉

✳

◇과거를 되돌아볼 수 없는 사람은, 과거를 되풀이하는 운명을 가지고 있다.  〈산타야나〉

✳

◇시간을 전혀 소비하지 않으면, 시간에 있어서는 아무리 나이가 젊다 하여도 늙어 있을 때가 있다.  〈베이컨〉

✳

◇시간에 늘, 항상 충실하는 것, 이것이 바로 행복이다.  〈에머슨〉

✳

◇시간의 걸음에는 세 가지가 있다. 미래는 서서히 다가 오고, 현재는 화살처럼 날아가고, 과거는 영원히 정지해 있다.  〈쉴러〉

✳

◇결코 미래를 믿지 말라! 과거는 땅 속에 묻어 있나니 우리는 현재에 살고 현재에서 행동을 하라.  〈롱펠로우〉

✳

◇시간은 모든 것을 조용히 가져가 버린다. 뿐만 아니라 시간은 인간의 마음마저도 앗아가 버린다.  〈베르리리우스〉

✳

◇미래에 대해서 걱정하지 말라. 필요하다면 현재에 도움이 될 수 있는 지성(知性)의 검(劍)으로 충분히 미래와 맞서겠다.

〈아우렐리우스〉

❋

◇미래(未來)란 지금이다.　　　　　　　　　　〈마가렛 미드〉

❋

◇시간은 이 세상의 모든 것을 정복한다. 하지만 우리는 시간을 충분히 활용하여 같이 나아가야 한다.　　　　　　　　　　〈포우프〉

❋

◇우리는 미래에 대해서는 별로 생각을 하지 않는다. 왜냐하면 눈깜짝할 사이에 다가오고 있기 때문이다.　　　　　　　　　〈아인슈타인〉

❋

◇시간을 절대로 보지 말고 아껴 써야 한다. 이 말은 젊은이가 알아 두어야 할 말이다.　　　　　　　　　　　　　　　　　〈에디슨〉

❋

◇내일은 어떻게 되겠지 하는 바보는 오늘도 이미 때는 늦은 것이 다. 현재는 이미 어제 끝냈다.　　　　　　　　　　　　　〈쿠리〉

❋

◇시간을 짧게 하는 것은 무엇일까──활동. 시간을 참을 수 없이 길게 하는 것은 무엇일까──안일(安逸).　　　　　　　　　〈괴테〉

❋

◇과거의 일은 이미 지나간 일이라고 해서 처리해 버리면, 그것으 로서 우리는 미래도 포기해 버리는 것이 된다.　　　　　　〈처어칠〉

❋

◇시간이란 없다. 있는 것은 한 순간 뿐이다. 그리고 그 순간엔 우리의 전 생활이 있다. 따라서 우리는 이 순간에 모든 것을 발휘해야 한다.　　　　　　　　　　　　　　　　　　　　〈톨스토이〉

❋

◇내일은 생각하지 않는 것이 좋다. 그러나 내일을 생각하지 않기 위해서는 하나의 방법 밖에 없다. 이것은 오늘 하루를 훌륭하게 보냈

나, 이 순간의 일을 훌륭히 끝마쳤는가를 끊임없이 생각하고 반성해
야 할 것이다.                                              〈톨스토이〉

✻

◇시간을 잘 활용하는 것이 시간을 절약하는 것이다.    〈베이컨〉

✻

◇한가(閑暇)는 철학의 어머니다.                          〈홉스〉

✻

◇열심히, 열심히 노력해 보라. 시간은 매우 공평한 것으로 미지
(未知)의 내일이 당신에게만 나쁠 이유가 없을 것이다.      〈법구경〉

✻

◇시간의 참된 가치를 모르는 사람은 출생의 영광을 얻지 못하는
사람이다.                                               〈보브나르그〉

✻

◇모든 것은 과거로 흘러가 버린다. 그것을 나는 알고 있다. 그러나
나는 현재에만 관심을 가지고 있다.                          〈지이드〉

✻

◇미래를 위해서 무엇을 해야 한다는 것은 결코 알 수 없다. 그래서
인생은 멋진 것이다.                                       〈톨스토이〉

✻

◇우리는 지나간 시간을 찾을 길이 없다. 그러나 우리가 잠든 순간
에 잃어 버린 시간이 하나의 동그라미가 되어 우리 앞에 나타난다.

〈프로스트〉

✻

◇시간은 여러 가지 사건으로 형성된 강물과 같다. 특히 격류와
같다. 왜냐하면 하나의 물이 나타나는가 하면 곧 사라지고, 그 대신에
다른 사물이 오며, 이것 역시 곧 사라지기 때문이다.   〈아우렐리우스〉

✻

◇다만 오늘이 있을 뿐이다. 내일은 없다. 현재의 생활, 순간 순간을 바르게 사는 현재, 현재의 성(城)──인생의 참뜻은 실로 이것밖에 없다. 과거로 장사하라. 내일 일은 내일로 미루어 두라. '현재의 성'──오직 여기에서만 모든 것은 생명을 얻어 빛나는 것이다. 미래의 일을 약속하지 말라. 죽음의 배경을 그리지 말라. 생(生)의 실현은 오직 '현재의 성'에 있는 것이다.  〈법구경〉

✱

◇시간은 모든 것을 잊게 하는 하나의 영험있는 약이다.〈서양 격언〉

✱

◇시간을 가장 쓸데없이 소비하는 자(者)가 먼저 그것이 짧다고 불평한다.  〈라 브뤼에르〉

✱

◇세월은 양서에서 얻은 것보다 더 많은 것을 가르쳐 준다.

〈서양 격언〉

✱

◇현대인들은 자기가 일을 신속히 하지 못할 때는 무언가, 즉 시간을 잃는다고 생각한다. 그럼에도 자기가 얻는 시간으로 오직 시간을 죽일 뿐 무엇을 어떻게 해야 할지 알지 못한다.  〈E. 프롬〉

# 14
# 죄(罪) · 악(惡) · 용서에 관한 격언

❋

◇인생 그 자체가 시행 착오의 과정이다. 아무런 과오를 범하지 않는 사람은 아무 일도 하지 않는 사람이다. 과오가 플러스가 되는 것은, 우리가 실패에서 배웠을 때이다.　　　　　〈A.P. 슬로온〉

❋

◇용서를 받으려면 먼저 용서하라.　　　　　　　　〈세네카〉

❋

◇우리의 지혜가 깊으면 깊을수록 우리는 더욱 관대해진다.
　　　　　　　　　　　　　　　　　　　　　　〈스타르 부인〉

❋

◇너그럽게 용서하라. 그리하면 너 자신의 행복은 스스로 온다.
　　　　　　　　　　　　　　　　　　　　　　〈인도 속담〉

❋

◇관용이란 무엇인가. 그것은 인간애의 소유이다. 우리는 모두 약함의 과오로 만들어져 있다. 우리는 어리석음을 서로 용서한다. 이것이 자연 제일의 법칙이다.　　　　　　　　　〈볼테르〉

❋

◇복수할 때 인간은 그 원수와 같은 수준이 된다. 그러나 용서할 때 그는 그 원수보다 위에 서 있다.　　　　　　　〈베이컨〉

✽

◇악행은 덕행보다 언제나 쉽다. 그것은 모든 것에 있어서 지름길로 가기 때문이다.　　　　　　　　　　　　　　　　　〈존슨〉

✽

◇사람의 선과 악은 그 사람의 마음 안에 있다.　　〈에픽테토스〉

✽

◇악에 대해 굴복하지 말고, 더욱 더 용감하게 공격하라.

〈베르릴리우스〉

✽

◇악은 자기 자신이 보기 흉하다는 것을 알고 있다. 그래서 가면(假面)을 쓴다.　　　　　　　　　　　　　　　　　〈프랭클린〉

✽

◇죄악이 있기 전에는 어리석은 자(者)는 달다고 생각한다. 그러나 때가 되어 열매가 익으면, 그는 불행(不幸)의 쓴 맛을 맛본다.

〈법구경〉

✽

◇악으로부터의 해방은 참된 선의 시작이다.　　〈호라티우스〉

✽

◇악한 사람이 어진 사람을 해치는 것은 마치 하늘을 우러러 침을 뱉는 것과 같다. 침은 하늘에는 가지 않고 자기에게 떨어지는 것이요, 또 바람을 거슬러 티끌을 날리는 것과 같아서 티끌은 다른 사람에게 가지 않고 돌아와 자기에게 모일 것이니, 어진 자(者)는 해칠 수 없는 것이요, 화는 반드시 자기를 멸하는 것이다.　　〈법구경(法句經)〉

✽

◇악은 필요하다. 만약 악이 존재하지 않으면, 선도 역시 존재하지 않는다. 악이야말로 선의 유일한 존재이다.　　〈아나톨 프랑스〉

✽

◇우리가 흔히 악하다든지 선하다는지 하는 말을 자주 쓰고 있지만 그 기준은 뚜렷하지 않다. 이를테면 사람을 죽이는 것은 악이지만 전쟁터에서는 사람을 많이 죽여야 공로가 크다고 하는 것과 같이 선악의 구별은 분명하지 않는 것이다.　　　　　　　〈청담조사〉

✻

◇욕을 참는 것이 힘이 센 것이니 악한 마음을 품지 않을 까닭이며, 거기에 편안한 마음과 씩씩한 기상을 겸하는 것이다. 또 참는 사람은 악한 마음이 없어서 반드시 사람의 존경을 받는 것이다. 그리고 마음의 때(垢)가 멸해 깨끗해서 더러움이 없는 것이 가장 밝은 것이니 천지(天地)가 있기 전부터 오늘에 이르기까지 십방(十方)에 있는 것을 보지 않는 것이 없고, 모르는 것이 없으며 듣지 않는 것이 일체지(一切智)를 얻은 것이니 이것이 곧 밝음이니라.〈법구경(法句經)〉

✻

◇악인은 언제나 악하지만 성자(聖者)를 가장할 때가 가장 악하다.　　　　　　　　　　　　　　　　　　　　　〈베이컨〉

✻

◇지옥으로 가는 길은 여행하기 쉽다.　　　　　　　〈비온〉

✻

◇사람들은 자기 행위가 악하므로 빛보다 어둠을 더 사랑한 것이니라.　　　　　　　　　　　　　　　　　　　　〈신양성서〉

✻

◇악행은 자기 자신에게로 반드시 되돌아온다.　　〈밀턴〉

✻

◇악을 저지르는 사람은 자기 자신에 대해서 악을 저지르는 것이다. 불의를 행하는 사람은 자기 자신을 고약하게 만들기 때문에 불의를 행하는 것이다.　　　　　　　　　　　〈아우렐리우스〉

✻

◇백색(白色)이 흑색(黑色)을 변화시킬 수 없고, 인간의 선이 악을 보상하지도 용서하지도 못한다. 인간이 해야 할 일은 무서운 선택 뿐이다.　　　　　　　　　　　　　　　　　　　　　　　〈브라우닝〉

❋

◇악인의 행복은 시냇물과 같이 흘러 사라진다.　　　　　〈라신〉

❋

◇쓰러진 사람에게 짐을 얹는 것은 잔인한 일이다.　〈셰익스피어〉

❋

◇우둔함 이외에 죄악은 없다.　　　　　　　　　　　　〈와일드〉

❋

◇하나의 과오를 용서하는 것은, 많은 범죄를 북돋는다.

〈푸블릴리우스 시루스〉

❋

◇남이 고생하고 있는 것을 보면, 어떤 때는 무한한 동정심(同情心)이 샘솟는 때가 있으나, 또 어떤 때는 그것을 보고 가장 참혹한 기쁨을 느끼는 때도 있다.　　　　　　　　　　　　　〈쇼펜하우어〉

❋

◇성자(聖者)는 융통성이 없는 마음을 가지고 있지 않다. 성자는 모든 사람의 마음에 자신의 마음을 적용해 가는 것이다. 덕이 높은 사람에게는 덕으로써 대하고, 죄 깊은 자에게는 너그러움과 또한 미래에 높은 덕성(德性)을 가질 수 있는 사람으로서 대하는 것이다.

〈동양 격언〉

❋

◇모든 사람들이여, 다른 사람을 심판하는 자는 용서받을 수 없노라. 왜냐하면 아무리 재판한다 할지라도, 그 재판에 의해서 당신 자신도 비방되는 것이므로…… 다른 사람을 심판하는 자는 그 자신도 심판 받으리라.　　　　　　　　　　　　　　　　　　　〈톨스토이〉

❊

◇그대는 남의 결점을 알고 있다. 그러나 아마 그 사람의 어떤 하나의 행위가, 그대의 모든 생활보다 더 신에 가까운 것이라는 점은 모를 것이다. 그대는 그 사람을 비난한다. 그것은 그대의 마음 속에 무거운 죄를 범하고 있는 것이다. 그 사람이 벌써 불행을 깨닫고 후회를 느끼며 눈물을 흘리기까지 하는데, 당신은 그 눈물을 보려고도 하지 않는다. 그가 뉘우치고 슬퍼하는 것을 보고, 신(神)이 이미 그를 용서해 주시고 있다. 그런데 당신은 아직 그를 책(責)하고 있는 것이다.

〈톨스토이〉

❊

◇용서하는 것이 용서받는 것보다 낫다. 우리는 끊임없이 용서해야 한다. 그럼으로써 우리 자신도 누군가로부터, 또는 신으로부터 용서받을 수가 있는 것이다.　　　　　　　　　　　　　　　〈러셀〉

❊

◇범죄는 누구에게도 합법적일 수가 없다.　　　　　〈키케로〉

❊

◇이기주의는 유일한 진정한 무신론(無神論)이며, 대망(大望)과 이타주의는 유일한 진정한 종교다.　　　　　　　　　　〈장월〉

❊

◇세상의 모든 죄악은 한 개의 사과로 말미암아 초래되었다.

〈서양 격언〉

❊

◇어려서부터 누구나 배우면 그것은 성품의 일부가 되어 버린다.

〈오비디우스〉

❊

◇사람은 누구나 자기 등에 죄악의 다발을 지고 다닌다.

〈J. 플레처〉

✻

◇죄책감의 기원에는 두 가지가 있음을 알 수 있다. 하나는 권위에 대한 불안에서 생기는 것이며, 또 하나는 그보다 뒤에 초자아(超自我 : 부친과의 동일시에서 형성되어 있는 무의식적 양심이라고나 할 것)에 대한 불안에서 생기는 것이다.　　　　　〈프로이트〉

✻

◇모르고 악한 일을 하고, 즉시 이를 후회하고 새롭게 마음을 가진다면, 신은 그 사람을 용서하리라. 그러나　거듭　말 하건데 악한 일을 계속하는 자(者)는 반드시 그 벌을 받으리라.　　　　〈코란〉

✻

◇한 가지 범죄로 만족하는 사람을 본 적이 있는가?　〈유베날리스〉

✻

◇한 사람의 무고(無辜)한 자를 괴롭히는 것보다는 열 사람의 유죄인을 놓치는 것이 낫다.　　　　　　　　　〈블랙스턴〉

✻

◇인간이 호랑이를 죽이려고 하는 경우에는 그것을 자신의 위안으로 생각하지만 그 호랑이가 인간을 죽이려고 하면 사람들은 그것을 모질다고 한다. 죄악과 정의도 이런 것이다.　　　　〈버나드 쇼〉

✻

◇죄는 죄를 동반하고 있는 까닭에 어디까지나 죄는 계속되는 법이다.　　　　　　　　　　　　　　　　〈톨스토이〉

✻

◇범죄자의 이름이 클수록 죄상은 더욱 뚜렷해진다.　〈유베날리스〉

✻

◇자기 자신의 죄를 뉘우치는 사람은 무죄(無罪)와 다를 바 없다.　　　　　　　　　　　　　　　　　〈세네카〉

✻

◇죄는 신(神)도 인간도 용서해 줄 수 없는 것이다.   〈A.테니슨〉

＊

◇자기 자신의 죄악을 숨기기 위해서 거짓을 꾸미고, 자기의 주장을 세우기 위하여 거짓 진리를 억지로 우긴다. 그것은 하나의 죄 위에 하나의 죄를 더하는 것이다.   〈법구경〉

＊

◇죄는 금지되어 있는 까닭에 손상되는 것이 아니라, 손상되는 까닭에 금지되어 있는 것이다.   〈프랭클린〉

＊

◇죄는 탈 없이 보호될 수 있지만, 근심으로부터 해방될 수는 없다.   〈세네카〉

＊

◇도피는 죄의 자백이다.   〈J.C. 데이경〉

＊

◇죄는 미워하되 죄인은 미워하지 말라.   〈세네카〉

＊

◇우리들은 우리들의 죄가 우리들에게 알려져 있는 경우에 만은 곧 그것을 잊어버리고 만다.   〈라 로슈프코〉

＊

◇하나의 죄(罪)는 다른 죄(罪)에 이르는 문(門)으로 이어진다.

〈외국 속담〉

＊

◇천재지변(天災地變)은 피할 길이 있으나, 자기가 뿌린 재난은 피할 길이 없다.   〈맹자(孟子)〉

＊

◇많은 사람들은 상류 사회의 죄악은 엄격히 저울에 달지만 자기 개인적 생활 속에 묻힌 죄악은 불문에 부친다. 정부(政府)나 사회의

내부(內部)의 죄악은 알면서, 자기의 마음 속에 들은 죄악에는 뚜껑을 덮고 있다. 〈빌리 그래엄〉

✽

◇재판은 가끔 죄악의 노예가 된다. 죄를 바로 잡으려고 하는 것이 그만 죄로 끌려들고 마는 것이다. 〈톨스토이〉

✽

◇한 알의 능금이 썩으면 같이 있는 다른 능금도 함께 썩어 버린다. 〈외국 속담〉

✽

◇우리가 이성(理性)을 떠날 때 죄악을 범하기 쉽다. 우리가 이성(理性)에만 치우칠 때 역시 죄악을 범하기 쉽다. 〈파스칼〉

✽

◇만약 사람이 많은 허물이 있으면서도 스스로 뉘우치지 않고 그만 마음을 놓아버리면 모든 허물은 그 몸에 달려오기를 마치 냇물이 바다로 돌아가 점점 깊고 넓게 되는 것과 같은 것이다. 그러나 사람이 만약 허물이 있어 자신 스스로 그 잘못을 깨달아 악을 고쳐 착함을 행한다면, 죄가 스스로 없어지는 것은 마치 병자가 값진 땀을 내어 차차 나아가는 것과 같은 것이다. 〈법구경〉

✽

◇당신 자신이 죄를 범하고 악을 생각하고 또는 당신 자신이 죄를 피하고 깨끗한 생각을 갖는 일이다. 악과 청정(淸淨)은 당신 자신에 의해서 좌우된다. 다른 사람이 그대를 구할 수 없는 것이다.
〈잠파아타〉

✽

◇사람들은 자기들의 위신을 세우기 위해서는 얼마간의 엄청나게 비열한 짓도 해야만 한다. 〈버나드 쇼〉

✽

◇나는 죄를 저질렀다고 하기보다는 저질러진 편이 훨씬 인간다울 것이다.　　　　　　　　　　　　　　　　　　　〈셰익스피어〉

✻

◇사람마다 어찌 새롭고자 하는 양심이 없으리오마는 당신은 그 양심에 따라 악한 것을 버리고 착한 것을 행하고 예전 것을 버리고 새 것을 도모하라. 그러면 반드시 새로움을 찾으리라.　　〈대학(大學)〉

✻

◇죄를 저지르는 일은 사람이 하는 일이며, 자기의 죄를 정당화하려는 것은 악마의 일이다.　　　　　　　　　　　　　　〈톨스토이〉

✻

◇현명한 판사는 죄를 미워하되, 죄인은 미워하지 않는다.〈세네카〉

✻

◇악은 한 번 당당하게 직면하면 악이 아니게 된다.　　〈카알라일〉

✻

◇모든 범죄 행위는, 그 속에 천벌(天罰)과 사라지지 않는 고통의 씨앗을 남기게 한다.　　　　　　　　　　　　　　　　〈롱펠로우〉

✻

◇포식, 무위, 육욕은 그 자체가 나쁜 것이다. 그러나 더 나쁜 죄악은 남에 대한 악의와 증오가 죄를 낳게 하는 것이다.　　〈톨스토이〉

✻

◇게으른 사람이 이 세상에서 성공을 거둔 예는 한 번도 없다. 왜냐하면 게으름과 졸음은 이미 반 죽음이 된 상태와 조금도 다름이 없기 때문이다.　　　　　　　　　　　　　　　　　　　〈하라버어튼〉

✻

◇속인 자를 속이는 것은 이중의 기쁨이다.　　　　〈라 퐁테에느〉

✻

◇악의 근원을 우리의 마음 바깥에서 찾는 것은 위험하다. 그렇게

되면 참회를 쉽게 할 수도 없게 된다. 우리들의 악의 근원은, 마음 속에서 찾아야 한다. 그렇게 되면 참회도 쉽게 할 수 있다.

〈로벨트슨〉

✹

◇사람은 자기의 탓이 아닌 외부에서 일어난 죄악이나 잘못에 관해서는 크게 분개하면서도 자기의 책임하에 있는 자기 자신이 저지른 죄악이나 잘못에 관해서는 분개하지도 않고 싸우려고도 하지 않는다.

〈파스칼〉

✹

◇욕은 한 번에 세 사람에게 상처를 준다. 욕하는 사람, 욕을 전하는 사람, 욕을 듣는 사람이다. 그러나 이 중에서도 가장 심하게 상처를 입는 사람은 바로 욕설을 한 당신 자신이다.

〈몰턴〉

✹

◇악이 악이라는 것을 알거든 행하지 말라. 선이 선이라는 것을 알거든 행하라. 마음의 더러움은 차츰 없어져 갈 것이다.

〈법구경〉

✹

◇어리석은 사람은 악한 일을 하고도 깨닫지 못하고, 그대 자신이 지은 업(業)에 대해서 일어나는 불길에 그대 자신의 몸을 태우며 괴로워한다.

〈불경〉

✹

◇이기주의(利己主義)는 인류 최대의 화근이다.

〈글랫스턴〉

✹

◇악인 줄 알고 행하는 것은, 알지 못하고 악을 행하는 것보다 낫다. 왜냐하면 악이란 무기를 말하기 때문이다.

〈소크라테스〉

✹

◇죄는 주인을 찾는다.

〈공자〉

✻

◇한 번 용서받은 잘못은 다음에 두 번 저지른다.   〈G. 하비〉

✻

◇용서는 곧 사랑이다. 사랑이 없는 사람은 쉽게 용서하지 못한다. 용서하는 마음은 곧 참되게 받아들이는 마음이다.   〈브하그완〉

✻

◇성공의 영광을 동경하는 것을 책망해서는 안 된다. 다만 그 영광을 동경하여 그 날을 낭비하는 것은 책망 받아야 한다.   〈포앙카레〉

✻

◇장래를 두려워 하는 사람은 실패를 두려워하여 자기의 활동을 제한한다. 하지만 실패는 다시 더욱 좋게 하는 유일한 기회이다. 성실한 실패는 조금도 부끄러운 것이 아니다. 실패를 두려워하는 마음 속에 치욕이 있다.   〈헨리 포드〉

✻

◇남에게 관대한 생활을 할 수가 있다면 이미 그 사람의 앞길에는 발전만이 있을 뿐이다. 그러나 이와 반대인 경우는 항상 끝없는 어두움만이 되풀이 될 뿐이다.   〈대망경세어록〉

✻

◇용서하는 것은 좋은 일이다. 그러나 잊는 것은 더욱 좋은 일이다.   〈브라우닝〉

✻

◇남을 이해하고 관용을 베푸는 것, 그것은 곧 자연의 순리에 따르는 일이다. 이러한 사람의 일생은 강물이 스스로 흐르듯이 거침이 없다.   〈브하그완〉

✻

◇남에게는 많은 것을 용서하고 자기 자신에게는 무엇 하나 용서하지 말라.   〈시로스〉

＊

◇죄를 지을 수 없을 때 죄를 짓지 않은 것은 죄가 그를 피한 것이지 그가 죄를 피한 것은 아니다.　　　　　　　　　〈아우구스티누스〉

＊

◇죄를 범하는 것은 인간적이다. 그러나 확실히 끈질기게 죄를 저지르는 것은 악마의 장난이다.　　　　　　　　　　　〈초서〉

＊

◇어떠한 범죄의 원천도 약간의 사려 분별의 결여와, 약간의 이성(理性)의 착오, 혹은 정열의 폭발적인 힘 속에 있다.　　〈홉스〉

＊

◇자신의 힘으로 악을 구별하여 행할 수 있다면 자유를 얻을 수 있다.　　　　　　　　　　　　　　　　　　　　　〈세네카〉

＊

◇악은 일정한 형태를 가지고 있지 않아서 사람들 사이를 헤매고 다닌다.　　　　　　　　　　　　　　　　　　　　〈불경〉

＊

◇불은 불로서 끌 수 없고 물은 물로서 씻을 수 없는 것과 같이 원망을 원망으로, 악을 악으로 갚으면 안 된다.　　　　〈불경〉

＊

◇악행은 단순한 소유욕에서부터 빚어진다.　　　〈마르켈리누스〉

＊

◇악은 사랑의 결핍에서 생길 뿐만 아니라, 사상의 결핍에서도 생긴다.　　　　　　　　　　　　　　　　　　　　〈후드〉

＊

◇악임을 모르는 것이 아니다. 알면서 행하는 것이요, 선임을 모르는 것이 아니다. 알면서 행하지 않는 것이다.　　　〈법구경〉

＊

◇조그마한 악이라 할지라도 그것을 행하지 말라.  〈공자〉

❋

◇악은 아주 상냥한 태도의 녀석이어서……그것을 보면 볼수록 끌어당기는 힘이 있다.  〈둘리〉

❋

◇신은 우리들에게 악을 보냄과 동시에 악을 정복하는 무기도 같이 보낸다.  〈캐롤〉

❋

◇증오란 정당한 것이다. 부정을 미워할 줄 모르는 사람은 정의를 사랑하지 못한다.  〈로망롤랑〉

❋

◇누구도 단번에 몹쓸 인간이 된 적은 없다.  〈유베나리우스〉

❋

◇죄의식이 인간을 범행으로 밀어내는 경우가 있다.  〈프로이트〉

❋

◇게으름은 모든 악덕의 어머니이다.  〈서양 속담〉

❋

◇거짓말은 눈덩이와 같다. 그렇기 때문에 거짓말은 굴리면 굴릴수록 점점 커져만 간다.  〈루터〉

❋

◇악이란 무엇인가——약함과 어리석은 판단에서 생기는 모든 것이다.  〈니이체〉

❋

◇좋은 일을 하려고 마음 쓰기보다는 차라리 좋은 인간이 되려고 노력해야 한다. 빛나려고 생각하기보다는 차라리 더러움 없는 인간이 되려고 해야 한다. 인간의 영혼은 유리 그릇 속에 살고 있는 것 같은 것이다. 인간은 그 그릇을 더럽힐 수도 있고, 또 깨끗한 채 간직할

수도 있다. 그릇의 유리가 더럽지 않을수록 진리의 빛은 유리를 통해서 빛나고 있다. 즉 그 인간 자신을 위해서, 또는 남을 위해서 빛나는 것이다. 때문에 인간에 있어서 가장 중요한 것은 내면적인 것이면, 자기의 그릇을 더럽히지 않도록 하는 일이다. 언제나 자기를 더럽히지 않도록 하라. 그러면 당신 자신의 발뿌리도 밝아질 것이고, 또 남의 발밑도 비치게 된다.　　　　　　　　　　　　　〈톨스토이〉

❋

◇모든 악행 중에서 위선자의 악행보다 더 비열한 것은 없다. 그는 가장 위선적인 순간에 가장 고결한 체하려고 한다.　　　　〈로망롤랑〉

❋

◇가장 잘 알려진 악은 가장 잘 견딜 수 있는 것이다.　〈리비우스〉

❋

◇사람은 부정(不正)한 일을 해서는 안 된다. 또한 부정을 부정으로 갚아서도 안 된다.　　　　　　　　　　　　　〈소크라테스〉

❋

◇미움은 항상 부족함에서부터 비롯된다.　　　　　　〈톨스토이〉

❋

◇악인은 타인을 해치기 전에 자기 자신을 먼저 해친다.
　　　　　　　　　　　　　　　　　　　　　　　〈성 어거스틴〉

❋

◇하느님은 악을 만들어 내면서도 그 자신은 악에 물들지 않았다.
　　　　　　　　　　　　　　　　　　　　　　　　　〈간디〉

❋

◇신이 남자가 되었을 때 악마는 이미 여자가 되어 있었다.
　　　　　　　　　　　　　　　　　　　　　　　〈스페인 격언〉

❋

◇선(善)의 선(善)인 까닭은 승리의 결과가 그것이 아니다. 따라서

패배(敗北)속에서도 선은 있을 수 있다. 악의 악인 까닭은 패배의
결과가 그것이 아니다. 따라서 승리 속에서도 악은 있을 수 있다.

〈법구경〉

✻

◇사람은, 죄책(罪責)없이 악행을 하기 위해서는 이따금씩 선한
일을 한다.　　　　　　　　　　　　　　　　　　　〈라 로슈프코〉

✻

◇사람의 악을 책하는데 있어서 지나치게 엄격해서는 안 된다.
그 사람이 받아 짊어질 수 있을 만큼 하도록 해야 한다. 또한 착한
것을 가르치는데 있어서 지나치게 높은 이상을 표시해서는 안 된다.
그 사람이 반드시 실행할 수 있을 만큼 가르칠 필요가 있다.

〈홍자성〉

✻

◇용서받을 수 없는 유일한 악은 위선이다. 위선자의 후회는 그
자체가 위선이다.　　　　　　　　　　　　　　　〈W. 해즐리트〉

✻

◇한 사람이 행한 악은 그 사람의 마음을 상하게 하며, 그 사람의
행복을 앗아가고 만다. 그것은 언제나 그 악을 행한 사람 자신에게
갚음이 되어 되돌아오기 때문이다.　　　　　　　　　　〈불경〉

✻

◇악마는 인간을 유혹하지는 않는다. 오히려 악마를 유혹하는 것은
인간이다.　　　　　　　　　　　　　　　　　〈조오지 엘리어트〉

✻

◇당신에게 죄를 지은 사람이 있거든, 그가 누구이든 그것을 잊어
버리고 용서하라! 그 때에 당신은 용서한다는 행복을 알 것이다. 우리
에게는 남을 책망할 수 있는 권리는 없는 것이다.　　　〈톨스토이〉

✻

◇과실을 범하는 것은 인간적이다. 그러나 용서하는 것은 신(神)적이다.　　　　　　　　　　　　　　　　　　　　　　〈A. 포우〉

❋

◇다른 사람이 나를 속이고 있다는 것을 안다 할지라도 이를 탓하지 않고,나를 모욕하는 일이 있다 할지라도 이를 용서할 수 있는 사람의 마음은 말할 수 없이 깊고 넓다.　　　　　　　　　　　　〈채근담〉

❋

◇용서는 보복보다 낫다. 용서는 온화한 성격의 증거지만 보복은 야만적인 성격의 신호이기 때문이다.　　　　　　　　　　〈에픽테토스〉

❋

◇너그러운 마음씨는 사나운 마음을 고쳐 준다.　　　〈호메로스〉

❋

◇사람은 패배한 일을 통해서 교훈을 배운다. 이긴 게임을 통해서 배운 일이 없다.　　　　　　　　　　　　　　　　　　　〈보비 존스〉

# *15*
# 노동(근로) · 돈에 관한 격언

✵

◇인간의 가장 중요한 노동은 땅을 경작하는 것이다.　　〈웹스터〉

✵

◇두 가지 일을 두고 무엇을 먼저 할 것인가 하고 망설이는 사람은 결국 아무 일도 못한다.　　〈워즈워드〉

✵

◇세상 어느 곳에 가더라도, 그리고 동서고금을 막론하고 수고와 노동에는 보수와 기쁨이 따르는 법이다.　　〈라파아텔〉

✵

◇자기 자식에게 육체적인 노동을 가르치지 않는 것은, 그에게 약탈, 강도와 같은 짓을 가르치는 것과 마찬가지다.　　〈탈무드〉

✵

◇육체 노동은 정신적인 고통을 해방시킨다. 때문에 가난한 사람이 더 행복해진다.　　〈라 로슈프코〉

✵

◇둘째가는 악이 거짓이라면, 첫째가는 악은 빚지는 일이다.

〈프랭클린〉

✵

◇절약은 돈지갑의 밑바닥이 드러났을 때에는 이미 늦다. 〈세네카〉

❋

◇사람들은 재산이 쌓여도 사용할 줄을 모르고, 이로 인해서 마음을 졸이며 근심에 쌓여 있으면서도, 오히려 더욱 재산을 모으려고 애쓰고 있으니, 이를 사서 하는 근심이라 하겠다.　　　　〈장자〉

❋

◇어리석은 사람만이 다음과 같은 세 가지 물건을 빌린다. 그것은 책, 우산, 돈이다. 돈을 꾸어주는 사람은, 우정과 돈 두 가지를 잃는다.　　　　〈프랑스 격언〉

❋

◇황금에 집착하는 사람은 그로인해 생명을 잃는다. 옷에 집착하는 여자는 그로인해 불의를 저지르게 된다.　　　　〈대망경세어록〉

❋

◇돈을 빌려 준 사람이 빌려 쓴 사람보다 기억력이 좋다.

〈프랭클린〉

❋

◇돈은 돈의 씨앗이다. 맨 처음에 몇 푼을 얻는 것이 다음에 수백만 원을 얻는 것보다 어려울 때가 있다.　　　　〈루소〉

❋

◇돈은 돌고 돈다. 늘 나만 피해 가며 돌아다녀 얄밉지만, 돈이란 억지로는 빌어지지 않는다. 돈이란 비둘기와 같아서 날아 왔는가하면 곧 날아가 버린다.　　　　〈투르게네프〉

❋

◇돈은 바닷물과도 같이 마시면 마실수록 가증이 난다.

〈쇼펜하우어〉

❋

◇가난은 결코 부끄러운 것이 아니다. 단지 지독하게 불편할 뿐이다.　　　　〈시드니 스미드〉

✻

◇이것도 저것도 할 수 없다고 생각하는 사람이 아무것도 할 결심을 못한다.　　　　　　　　　　　　　　　　　　〈스피노자〉

✻

◇일을 언제부터 시작할까 하고 생각하면 그땐 이미 늦은 것이다.　　　　　　　　　　　　　　　　　　　　　〈퀸탈리우스〉

✻

◇절제와 노동은 인간에게 진정한 두 의사이다　　　　〈루소〉

✻

◇가장 편안하고, 순수한 기쁨은, 노동을 하고 난 뒤에 취하는 휴식이다.　　　　　　　　　　　　　　　　　　　　　　〈칸트〉

✻

◇사람은 꾸준히 일한 뒤가 아니고서는 쉴 수 없다.　　〈G. 에이드〉

✻

◇잠은 일어나기 위함이요, 휴식은 일하기 위함이다.

　　　　　　　　　　　　　　　　　　　〈토쿠토미 소호오〉

✻

◇앉아서 일하는 사람들이 서서 일하는 사람들보다 소득은 많다.　　　　　　　　　　　　　　　　　　　　　　　　〈나슈〉

✻

◇사람은 늘 일을 해야만 한다. 그래야만 살아간다는 의의도, 행복도 모두 발견할 수가 있다.　　　　　　　　　　　　　〈체홉〉

✻

◇일자리가 있는 사람은, 언제든지 기회가 있다.　　〈허버트〉

✻

◇노동은 모든 사람들에게 있어서 소중하다. 왜냐하면 사람들에게 혜택을 주는 것이니까. 아이들에게 아무 일도 가르치지 않고 또 시키

지 않는 것은, 그 아이들로 하여금 장래에 약탈할 준비를 시키는 것과 조금도 다름이 없는 일이다.　　　　　　　　　　　　〈탈무드〉

✻

◇이 일이 정말 필요한 일인가라고 의심하지 않을 때에만 일하는 것은 기쁨이 된다.　　　　　　　　　　　　〈톨스토이〉

✻

◇돈이 적은 것과 전혀 없는 것의 차이는 막대하며, 세계를 파괴할 수 있다. 또 적은 돈과 막대한 양의 돈의 차이는 매우 작으며, 이것 역시 세계를 파괴할 수 있다.　　　　　　　　　〈T. 와일더〉

✻

◇오늘날은 황금 만능 시대다. 우리가 모두 그에게 복종하니 황금 이야말로 폭군이다.　　　　　　　　　　　　〈졸라〉

✻

◇신(神)은 인간을 만들고, 옷은 인간의 겉모양을 꾸미지만 돈은 인간을 완성시킨다.　　　　　　　　　　　〈J. 데이〉

✻

◇쉽게 돈을 버는 사람은 많지만, 쉽게 돈을 쓰는 사람은 극히 드물 다.　　　　　　　　　　　　　　　〈고리키〉

✻

◇황금은 단순한 물질에 불과하다. 그러나 황금을 인간의 생활과 결부시키면 거기에서 이상 야릇한 신앙같은 마력이 싹튼다.

〈대망경세어록〉

✻

◇아무것도 없는 자는 노동의 질곡(桎梏)아래 있고, 재산을 가진 자는 근심 걱정의 질곡 아래 있다.　　　　　　　　〈쉴러〉

✻

◇인간에게 돈은 피요, 생명이다.　　　　　　　〈안티파네스〉

❀

◇경작하는 것은 기도하는 것이요, 심는 것은 예언하는 것이며, 추수하는 것은 해답하고 완성하는 것이다.  〈R.G. 잉거솔〉

❀

◇정성들여 부지런히 땅에 씨뿌리는 사람이, 수천 번 기도하는 사람보다 더 풍성한 종교적 결실을 맺는다.  〈조로아스터〉

❀

◇노동과 질서, 성실이 있는 곳에는 기쁨도 또한 아쉽지 않게 있다.  〈라파아텔〉

❀

◇거칠은 노동을 사랑하고, 그리고 빠른 것, 눈에 새로운 것, 진기한 것을 뒤쫓고 있는 그대들이여! 그대들은 새로운 모든 인내가 부족한 것이다. 그대들의 근면은 도피인 것이다. 자기를 잊으려고 하는 의지인 것이다.  〈니이체〉

❀

◇우리가 평생 멈출 수 없는 노동은, 죽음의 집을 짓는 것이다.  〈몽테뉴〉

❀

◇노동을 즐기면 가난은 즉시 달아나 버린다. 하지만 노동을 싫어하면 가난은 자꾸만 기어든다.  〈라이닉〉

❀

◇인간은 노동없이 휴식에 이를 수 없고, 투쟁없이 승리에 이를 수 없다.  〈토머스 아 캠피스〉

❀

◇인간은 늘 종사하고 있는 노동 속에서 세계관의 기초를 구해야만 한다.  〈페스탈로찌〉

❀

◇일이 즐겁다면, 일해서 얻은 것은 무엇이든 기분 좋은 것이다. 일의 고생이 크면 클수록 그 상쾌함도 한결 더하다.　　　　〈고리키〉

✻

◇고심하던 일의 성과는 최상의 감미로움이다.　　　　〈보브나르그〉

✻

◇일로 말미암아 인간이 죽지는 않는다. 하지만 빈둥거리며 놀고 지내면, 신체와 생명이 망가져 버린다. 이것은 마치 새가 날도록 태어난 것과 같이, 인간은 노동을 하도록 태어났기 때문이다.　　　〈루터〉

✻

◇씨를 뿌리고, 김을 매고, 거름을 주어 곡식을 거두는 것은 그 노력의 댓가뿐만 아니라, 훌륭한 명예도 되는 것이다.　　　　〈법구경〉

✻

◇태양 아래 모든 것은 일이다. 그러니 잠 잘 때까지 땀흘려 일하라.　　　　〈G. 뷔히너〉

✻

◇마음의 잠은 게으름이다.　　　　〈보브나르그〉

✻

◇인간은 일할 수 있는 동물이다. 인간은 일할수록 힘이 솟아난다. 그러므로 하려고 하기만 하면 어떠한 일이든지 해낼 수가 있는 것이다.　　　　〈고리키〉

✻

◇노동은 모든 일의 근본이니, 노동하는 사람은 문명과 진보와의 구조이며, 마치 화려한 둥근 지붕을 지탱하는 기둥과 같다.

〈R.G. 잉거솔〉

✻

◇누구든지 일하기 싫거든 먹지도 말라.　　　　〈신약성서〉

✻

◇노동이 대단하면 그 보수는 당당하다.　　　　　　　　〈괴테〉

＊

◇인간을 위대하게 하는 것은 노동이다. 문화란 바로 노동의 산물이다.　　　　　　　　〈스마일즈〉

＊

◇주라. 그러면 설령 돈을 잃더라도 벗은 잃지 않을 것이다. 빌려 주라. 그러면 설령 돈을 받는다 해도 벗을 잃을 것이다.　　〈벌워 리튼〉

＊

◇만약 적(敵)에게 돈을 꾸어 주면 그를 얻지만, 친구에게 꾸어 주면 그를 잃을 것이다.　　　　　　　　〈프랭클린〉

＊

◇돈이란 성실한 일꾼인 동시에 사악한 주인이기도 하다.

〈프랭클린〉

＊

◇갚을 방법이 없다면 아예 빌리지 말라.　　　　　　　　〈레싱〉

＊

◇사람의 정도 가난한 곳에는 끊어지고, 세상 인심은 돈있는 집으로 향하느니라.　　　　　　　　〈명심보감〉

＊

◇못난 사람도 돈만 있으면 잘나 보인다.　　　　　　　〈외국 속담〉

＊

◇인간은 돈을 벌기 위한 머리를 가지고 있고, 돈을 쓰기 위한 마음을 가지고 있다.　　　　　　　　〈G. 파커〉

＊

◇'돈 때문에……'라는 말은 단지 변명일 뿐이다.　　　　〈슐러〉

＊

◇돈은 동전화된 자유이다. 그래서 자유를 빼앗긴 사람에게 몇

배나 더 귀중하다. 돈이 그 사람의 주머니에서 댕그렁 소리를 내면
비록 그 돈을 쓸 수 없더라도 반쯤은 위로가 된다.　〈도스토예프스키〉

✳

◇나는 돈이 있어도 불성실한 사람보다 돈은 없지만 성실한 사람을
선택하겠다.　〈오비디우스〉

✳

◇돈이 말한다.　〈허버트〉

✳

◇아무리 추운 날씨라 하더라도 옷을 너무 많이 입지 말라. 옷을
많이 입으면 행동이 방해된다. 행동이 느리게 된다. 이와 같이 돈은
정신의 움직임을 방해할 수 있다.　〈떼모필〉

✳

◇만약 당신이 돈의 가치를 알고 싶다면, 지금 당장 돈을 빌려 보면
된다.　〈프랭클린〉

✳

◇황금이 말문을 열기 시작할 때부터 혀는 힘을 잃는다.

〈M. 구앗조〉

✳

◇돈을 벌고 싶다면, 돈을 써야 한다.　〈플라우투스〉

✳

◇가지고 있으면 공연한 물건같이 귀찮고, 가지고 있지 않으면
아쉽기 짝이 없는 것, 그것이 귀찮으면서도 얄미운 돈이다.　〈레싱〉

✳

◇돈은 절대적인 힘을 가진다. 그와 동시에 평등의 극치이기도
하다. 돈이 지니는 위대한 힘은 바로 그것이다. 돈은 모든 불평등을
평등하게 만든다. 돈, 그것은 아무리 되먹지 못한 인간이라도 가장
높은 지위까지 올려주는 단 하나의 길이다.　〈도스토예프스키〉

❋

◇일꾼이 노동의 대가를 받는 것은 당연하다.　　　　〈신약성서〉

❋

◇황금은 천국을 제외한 모든 문으로 들어갈 수 있는 신용카드다.
　　　　　　　　　　　　　　　　　　　　　　　〈J. 레이〉

❋

◇돈을 모아도 쓸 줄 모르는 사람이 있다. 이는 탐욕에 눈이 어두워, 돈을 모으기 위해서만 사는 사람이다.　　　　　〈유베날리스〉

❋

◇사람은 빈곤이 그렇게 괴로운 것이 아니라는 것을 깨달았을 때 비로소 자기의 부를 마음껏 즐길 수 있다.　　　　　　〈세네카〉

❋

◇형편이 좋을 때의 친구는 잃어버린 벗이다.　　　〈H. 아담스〉

❋

◇큰 돈을 버는 것은 용감한 일이다. 또 돈을 모아두는 데는 상당한 지혜가 필요하다. 그러나 돈을 많이 벌어 모아 둔 사람들 중에는, 돈을 가치있게 잘 쓸 줄 아는 도덕적인 인격을 갖춘 사람이 별로 없다.　　　　　　　　　　　　　　　　　　　〈어우에르 바흐〉

❋

◇자기 호주머니 속의 푼돈이 남의 호주머니 속의 큰 돈보다 훨씬 낫다. 티끌도 모으면 태산이 되기 때문이다.　　　　〈세르반테스〉

❋

◇지혜를 얻기 전에 돈을 얻은 사람은 돈 주인 노릇을 잠깐 밖에 하지 못하리라.　　　　　　　　　　　　　　　　　〈T. 플러〉

❋

◇돈의 가치를 알기 위해서는, 그 돈으로 살 수 있는 좋은 물건들을 알아듣는 대신에, 그 돈을 버는 고통을 체험해야 한다.　〈P. 에리아〉

❋

◇생활에 즐거움을 주는 것은 근로이다.　　　　　　　　　〈아미엘〉

❋

◇근심 걱정을 치료하는 데에는 위스키보다 일이 더 낫다.〈에디슨〉

❋

◇세상에 천한 직업은 없으며, 다만 천한 사람이 있을 뿐이다.

〈링컨〉

❋

◇근로는, 언제나 인류를 괴롭혀온 온갖 질병과 비참함의 치료법이
다.　　　　　　　　　　　　　　　　　　　　　　　〈카알라일〉

❋

◇일이 없을 때는 마음이 어두워지기 쉬우니 마땅히 고요하게 하여
서 밝은 지혜로써 비쳐야 한다. 그리고 일이 있을 때는 마음이 달아나
기 쉬우니 마땅히 마음의 밝은 지혜의 고요함으로써 주인을 삼아야
하느니라.　　　　　　　　　　　　　　　　　　　　　〈채근담〉

❋

◇국왕의 자랑은 격식이며, 우리의 자랑은 부지런한 두 손이다.
왜냐하면 그 두 손으로 일을 할 수가 있기 때문이다. 따라서 근면이야
말로 생활 수단을 부여할 뿐만 아니라, 생활에 유일한 가치를 부여한
다.　　　　　　　　　　　　　　　　　　　　　　　　〈쉴러〉

❋

◇근로는 몸을 살찌게 하고, 학문은 영혼을 살찌게 한다.

〈스마일즈〉

❋

◇근면은 덕과 의로운 일을 부지런히 한다는 말인데, 어떤 사람은
다만 그 만을 가리켜 빈곤을 구제하고 재물을 모으는 수단으로 아는
수가 있다. 또 겸손한 것은 재물과 이익을 탐내지 않는 것을 말한다.

그런데 어떤 사람은 단지 인색한 것을 변명하는 구실로 삼는 경우가
있다.                                                        〈채근담〉

✳

◇일 가운데 평화가 깃들고, 수고 가운데 안식이 깃든다.

〈퐁트넬〉

✳

◇근로는 하루를 풍요롭게 하며, 휴식은 피로한 나날을 더욱 값있
게 한다. 뿐만 아니라 근로 뒤의 휴식은 깊은 환희 속에 감사를 불러
일으킨다.                                                    〈보들레르〉

✳

◇수고가 많지 않은 자에게, 인생은 혜택을 베풀지 않는다.

〈호라티우스〉

✳

◇자기 일을 찾은 자에겐 복(福)이 있다. 그가 다른 복을 찾지
않게 하라.                                                    〈카알라일〉

✳

◇오직 열중하라, 그러면 마음이 달아오를 것이다. 시작하라, 그러
면 그 일은 완성될 것이다.                                      〈괴테〉

✳

◇한때의 기분으로 시작한 일은, 곧 멈추게 된다.              〈채근담〉

✳

◇일을 끝까지 매듭짓지 못해도 좋다. 다만 그 일을 중간에서 포기
할 생각만은 하지 말라. 당신에게 그 일을 맡긴 사람은 언제나 희망을
잃지는 않을 것이다.                                            〈탈무드〉

✳

◇무슨 일을 하든지 주의깊게 결말을 지켜보라.              〈미상〉

✳

◇정말로 바쁜 사람은 자기 몸무게가 얼마나 되는지 모른다.

〈하우〉

＊

◇백년을 살 것처럼 일하고, 내일 죽을 것처럼 기도하라.

〈프랭클린〉

＊

◇다같이 일어나서 일하세. 어떠한 운명에도 용기를 가지고 말일세.

〈롱펠로우〉

＊

◇하고 싶은 일은 그 일에 습관을 붙이고, 하고 싶지 않은 일은 그 일을 하지 말라.

〈에픽테토스〉

＊

◇결말을 시도하라. 결코 의심하여 서 있지 말라. 그렇게 어려운 것은 아무 것도 없다. 탐색은 틀림없이 결말을 찾아낼 것이다.

〈헤리크〉

＊

◇노력이 적으면 얻는 것도 적다. 재산은 그 사람의 노고에 달렸다.

〈헤리크〉

＊

◇겸손한 자만이 다스릴 것이요, 일하는 자만이 가질 것이다.

〈에머슨〉

＊

◇인간의 근로에는 일정한 조건이 있다. 그 하나는 다음과 같다. 목적이 먼 곳에 있을수록, 또 자기의 근로의 결과를 보고 싶다는 생각이 적을수록 성공의 정도는 더욱더 크고 넓은 것으로 성립된다는 것이다.

〈러스킨〉

＊

◇일을 한다는 것은 마치 우물을 파는 것과 같다. 비록 아홉 길을 팠다 할지라도 샘물이 나오지 않는다면 우물을 포기해야 한다.〈맹자〉

✳

◇일이 아무리 힘들더라도 어금니를 악물어라.  〈캐어리〉

✳

◇나는 해야 한다. 그러므로 나는 할 수 있다.  〈칸트〉

✳

◇먼저 시도하라. 그대가 시도하지 않는다면 결코 그 일을 완성할 수 없을 것이다.  〈슐러〉

✳

◇모든 일이란 어려운 고비를 넘겨야 쉬워진다.  〈T. 플러〉

✳

◇한 사람의, 혹은 몇 사람의 노예가 되지 말라. 당신이 하지 않으면 안될 일 그리고 당신이 할 수 있는 일에 있어서, 모든 사람들에게 소속되는 것이 좋다.  〈시세로〉

✳

◇일하는 고통이야말로 진정한 기쁨이다.  〈마리니우스〉

✳

◇일을 많이 하는 방법은 지금 즉시 한 가지 일이라도 시작하는 것이다.  〈스마일즈〉

✳

◇'내일 아침에 하자'라고 말해서는 안 된다. 결코 아침이 일을 해주는 것은 아니다.  〈크리소스툼〉

✳

◇일한 댓가로 얻은 휴식은 일한 사람만이 맛보는 쾌락이다. 일하고 난 뒤가 아닌 휴식은 식욕이 없는 식사와 똑같이 즐거움이 없다. 가장 유쾌하고, 가장 크게 보람되고 또 가장 돈이 적게 들고 좋은

시간의 소비법이란 언제나 쉬지 않고 일하는 것이다.　　　〈힐티〉

❉

◇당신이 할 일은 당신이 찾아서 해라. 그렇지 않으면 그 일은 끝까지 당신을 찾아다닐 것이다.　　　〈프랭클린〉

❉

◇일한 뒤에 갖는 휴식, 그것은 바로 인생에서 그리 흔하지 않은 행복의 순간이다.　　　〈러셀〉

❉

◇그대는 두 개의 손과 한 개의 입을 가지고 있다. 그 뜻을 잘 음미해 보아라. 두 개는 일을 하기 위함이요, 한 개는 힘을 얻기 위함이다.　　　〈라카아도〉

❉

◇이 세상에서 정말로 해야 할 일이 많다. 서둘러야 한다.

〈베에토벤〉

❉

◇일을 시작하면서 언제나 결과가 어떻게 될 지를 생각하라.〈원퍼〉

❉

◇게으름은 약한 마음의 유일한 피난처이며, 어리석은 사람의 휴식이다.　　　〈체스터필드〉

❉

◇근로는 게으름과 바르지 못한 행실과 빈곤의 이 세 가지 악에서 우리를 구해 준다.　　　〈볼테르〉

❉

◇한가한 때에는 인간의 마음은 잠자는 듯 어두워 인체의 모든 작용이 둔해지기 쉽다. 따라서 조용하고 침착하게 있으면서도 거울에 비친 것처럼 분명히 비칠 수 있도록 해야만 한다. 그렇지 않으면 어둠에 빠져 어려움을 당해도 즉시 그것을 맞을 도리가 없다.　　　〈채근담〉

❋

◇어떠한 직업이라도 자기가 지배하는 한 유쾌한 것이며, 반대로 그 직업에 복종하게 되면 불쾌할 것이다. 그러므로 인간에게는 직업의 선택이 가장 중요하다.　　　　〈알랭〉

❋

◇대단한 일 같아도 우선 착수를 해보라! 그 일에 손을 댄다면, 그것으로써 일의 반은 끝난 것이다. 한 번 더 착수해 보라! 그러고 나면 일이 모두 끝나버린다.　　　　〈아우소니우스〉

❋

◇일하는 것——자기의 온 힘을 쏟아서 일하는 것은 인생의 피치 못할 조건(條件)이다. 인간은 일하도록 외부에서 요구당하는 점에 있어서는 해방될 수도 있다. 자기에게 필요한 것을 남에게 강제로 시킬 수도 있다. 그러나 일하는데 대해서, 자기의 일하는 것이 인생이다.

〈톨스토이〉

❋

◇우리는 일하기 위해 태어났다. 자신의 일을 발견하고, 그 길'로 나가는 사람은 행복하다.　　　　〈워나메커〉

❋

◇미래는 일하는 자의 것이다. 그리고 권력(權力)도 일하는 자에게 맡겨진다. 게으름뱅이의 손에 권력이 맡겨진 일은 없다.　　　　〈힐티〉

❋

◇쓰지 않는 연장은 녹이 슨다. 그리고 흘러가는 물은 썩지 않는다.　　　　〈불혁자(不革子)〉

❋

◇부자는 자유롭지 못하다. 원수가 많아지고, 친구가 떨어져 나가고, 돈이 많으면 많을수록 고독해진다. 그래서 돈도, 권리도 얻을 것이

못 된다. 짐승처럼 벌었다가 나중에 죽을 때는 '지금 죽을 줄 알았으면 마음이나 곱게 쓰고 죽을 걸'이라고 후회해 봐도 아무 소용이 없다. 〈청담조사〉

＊

◇악의 근원은 돈, 그 자체가 아니라 돈에 대한 집착이다. 〈라블레〉

# *16*
# 어린이 · 청년 · 노인에 관한 격언

✻

◇아이는 태어나면서부터 여러 가지 성격과 기질을 지니고 있는 무서운 노인이다.　　　　　　　　　　　　　　　　〈모리악〉

✻

◇아이를 가진 사람도 행복하지만, 아이를 갖지 못한 사람도 불행하지는 않다.　　　　　　　　　　　　　　　　〈프랑스 격언〉

✻

◇아이는 교육을 받아야 하지만, 또한 자기 교육을 하도록 허용되어야 한다.　　　　　　　　　　　　　　　　〈E 딤네〉

✻

◇유년 시절을 갖는다는 것은, 한 생애를 살기 이전에 무수한 인생을 산다는 것이다.　　　　　　　　　　　　　　〈릴케〉

✻

◇젊은이가 희망을 바라보고 산다면, 노인은 추억을 바라보며 산다.　　　　　　　　　　　　　　　　〈프랑스 격언〉

✻

◇젊은이들은 노인을 모두 바보라고 여기지만, 노인들은 그들이 모두 바보라는 것을 알고 있다.　　　　　　　　〈G. 채프먼〉

✻

❈

◇노인은 혼자 중얼거리지만, 청년은 아무것도 말할 것이 없다. 그러나 싫증나는 것은 마찬가지이다.　　　　　　　　　　〈뱅빌〉

❈

◇젊은이는 여러모로 다르지만, 노인은 똑같이 보인다.〈유베날리스〉

❈

◇어른이 된다는 것은 외로워지는 것이다.　　　　　　　〈로스랑〉

❈

◇아무리 나무라 할지라도 한창 자라나는 순(筍)을 자르지 않도록 하라.　　　　　　　　　　　　　　　　　　　　　　　〈맹자〉

❈

◇어린이는 꾸지람보다는 본보기를 필요로 한다.　　　　〈쥬베르〉

❈

◇말없이 훌쩍거리는 아이의 울음은 분노한 강한 남자의 울음보다도 더욱 무서운 저주이다.　　　　　　　　　〈엘리자벳 브라우닝〉

❈

◇소년이여, 야망을 품어라.　　　　　　　　　　　〈W. 클라아크〉

❈

◇어린아이의 뛰노는 모습을 유심히 살펴보라. 그곳에 바로 신의 세계가 있음을 알게 될 것이다.　　　　　　　　　　〈브하그완〉

❈

◇아이들은 항상 정직하게 대하라. 아이들의 약속은 반드시 지켜라! 그렇지 않으면 그대는 아이들에게 거짓을 가르치는 것이 된다.
　　　　　　　　　　　　　　　　　　　　　　　〈유대 경전〉

❈

◇아이가 일만 하고 놀지 않으면 바보가 된다.　　　　〈J. 하우얼〉

❈

◇어린 시절에 행복했던 사람이 진정 행복하다.　　　〈T. 플러〉

❋

◇아이는 어른의 부모다.　　　〈워즈워드〉

❋

◇소년 시절에는 모든 책이 미래를 가르쳐 주고 오랜 여로를 내다
보는 점치는 책과 같았다.　　　〈그린〉

❋

◇어린이는 마음의 우상이요, 가정의 우상이요, 모습을 바꾼 하늘
의 천사다.　　　〈디킨슨〉

❋

◇지나친 애정은 아이의 영혼을 약하게 만든다.　　　〈몽테뉴〉

❋

◇소녀는 말은 없지만 생각은 있다.　　　〈셰익스피어〉

❋

◇아이는 아이이다. 아이다운 것을 하게 하라.　　　〈라틴 격언〉

❋

◇어린이가 없는 곳엔 천국도 없다.　　　〈스윈번〉

❋

◇어린아이와 동물은 매우 비슷하다. 둘다 자연과 가깝다. 그러나
어린아이가 교활한 원숭이보다 더 잘 이해하는 것이 있다. 그것은
위인의 훌륭한 모범이다.　　　〈아나톨 프랑스〉

❋

◇어린아이들이 장난하고 있는 것을 보라. 그들은 그것을 이용하기
위해서 하는 것이 아니라 세웠다가 부수는 그 자체에 행복을 느끼고
있는 것이다.　　　〈리프스〉

❋

◇아직도 하느님의 눈에 거슬리지 않은, 순결한 존재가 있다면

갓 태어나 더럽혀지지 않은 어린애일 것이다.　　　　〈스톤더드〉

＊

◇소녀는 어떠한 일로든 가슴 줄이는 것을 바라며 까닭없이 고민하고, 그 고민을 다시 과장한다.　　　　〈엘리자벳 포우엔〉

＊

◇아이는 부모의 생각보다 3년이나 빨리 어른이 된다. 하지만 그 자신의 생각보다는 2년이나 늦다.　　　　〈루이스 하지〉

＊

◇우리에게 가장 중요한 것은 어린 시절이다. 우리에게는 어린 시절이 가장 중요하다.　　　　〈쿠퍼〉

＊

◇어린아이들의 존재는 이 땅 위에서 가장 빛나는 하나의 혜택이요, 끝없이 고귀한 것이다. 그래서 우리는 어린아이들을 사랑할 수밖에 없다. 그리고 그 속에서 아름다움을 발견하고 하나의 행복을 느낄 수 있다. 어린아이들의 생활은 고스란히 하늘에 해당한다.　　〈아미엘〉

＊

◇늙어감에 따라 사람은 더 어리석거나 더 현명해진다.

〈라 로슈프코〉

＊

◇잔소리는 노인이 가지고 있는 병이다. 만약 말없는 노인을 본다면, 그건 기적이다.　　　　〈반즈〉

＊

◇나이 사십을 먹어서도 남에게 미움을 받는다면 그때가 마지막이니라.　　　　〈공자〉

＊

◇그대는 그대의 육체가 보여주는 그러한 인간은 아니다. 육체는 청년에서 노인으로 변해 간다. 그대의 진정한 모습은 '정신'이다. 손가

락으로 가리킬 수 있는 그런 것은 아니다. 그대는 일종의 신(神)에게 속하는 존재이다. 그대 속에 깃들이고 있는 정신이 움직이고, 느끼고, 기억하고, 예견(豫見)하고, 지배(支配)하고, 그리하여 육체를 이끌어 나가고 있음을 알라. 정신은, 신(神)이 이 세상에 군림하고 있듯이, 육체 위에 군림하고 있는 것이다. 그리고 영원한 신이 세상을 이끌어 나가고 있듯이, 불멸(不滅)의 정신이 그대의 변화해가는 약한 육체를 이끌어 나가고 있는 것이다.　　　　　　　　〈시세로〉

❊

◇나이가 어리고 그 생각이 젊으면 젊을수록 물질적인 현실을 믿는 힘도 강하다. 그러나 나이가 들고 지혜가 깊어질수록 이 세상의 가치를 정신적인 것에 두게 된다.　　　　　　　　〈톨스토이〉

❊

◇하늘을 우러러보고 땅을 굽어보고, 그리고 사색하라. 젊음이 지나가면, 산도 내(川)도 다 지나가는 것이다. 인생의 갖가지 다른 형상도, 자연의 산물도 모두 지나가는 것이다. 그대 마음이 이것을 깨닫는 순간, 광명(光明)이 비치기 시작하리라.　　　　〈불경(佛經)〉

❊

◇청년은 소득의 시절이요, 중년은 향상의 시절이며, 노년은 소비의 시절이다. 방심한 청춘은 대개 무지한 중년이 뒤따르고, 이 두 시절을 껍데기뿐인 노년이 뒤따른다. 그래서 허영심과 거짓말 밖에 먹고 살 것이 없는 자(者)는 슬픔의 밑바닥에 누워있을 수밖에 없다.　　　　　　　　〈브레드 스트리트〉

❊

◇사람들은 언제나 늙어서야 현명해진다고 착각을 한다. 하지만 사실은, 나이가 들어가면 이전의 현명함을 지니고 있기가 어렵게 된다.　　　　　　　　〈괴테〉

❊

◇나이 든 사람은 현실적인 것을 좋아하고, 반면 충동적인 젊은이는 황홀한 것만 동경한다.　〈페트라르카〉

✻

◇노령인 얼굴보다 마음에 더 많은 주름살이 있다.　〈몽테뉴〉

✻

◇노경(老境)을 그토록 슬프게 하는 것은 즐거움이 없어지기 때문이 아니라 희망이 없어지기 때문이다.　〈장 파울〉

✻

◇늙어서 따뜻하게 지내고 싶은 사람은 젊었을 때 난로를 만들어 두어라.　〈독일 격언〉

✻

◇흔히 노인들은 화를 잘 내며 자기 나름대로 산다.　〈쉘리〉

✻

◇청춘은 사랑에 알맞은 때요, 노경은 덕성(德性)에 알맞은 때이다.　〈그랜빌〉

# *17*
# 청춘·술에 관한 격언

❋

◇청년들에게 이렇게 권하고 싶다. 청년들이여 일하라! 청년들이여, 더욱 일하라! 청년들이여, 끝까지 일하라!  〈비스마르크〉

❋

◇술에 취한 사람이 자기는 똑바로 가고 있다고 생각하는 것처럼, 젊은이는 자기를 영리하다고 생각하기 쉽다.  〈체스터필드〉

❋

◇돈만 있으면 이 세상에서 많은 것을 살 수 있다. 하지만 젊음은 돈으로 살 수 없다.  〈라이문트〉

❋

◇청년은 희망의 그림자를 가지고, 노인은 회상의 그림자를 가진다.  〈키에르케고르〉

❋

◇위대한 일의 대부분은 청년기에 이뤄진다.  〈디즈레일리〉

❋

◇청춘은 인생의 황금 시절이다. 우리는 이 황금 시절의 가치를 충분히 발휘하기 위하여, 또 영원히 붙잡아 두기 위하여 힘차게 노래하고 힘차게 약동하자.  〈민태원〉

❋

❋

◇청춘은 참으로 기묘하다. 외부는 붉게 빛나고 있지만, 내부에서는 아무것도 느낄 수 없다. 〈사르트르〉

❋

◇청춘은 미래가 있다는 것만으로도 충분히 행복하다. 〈고골리〉

❋

◇정열에 휩싸여 있는 남자는 미친 말도 다스린다. 〈프랭클린〉

❋

◇세상에서 젊음처럼 귀중한 것은 없다. 젊음은 마치 돈과 같다. 돈과 젊음은 모든 것을 가능하게 한다. 〈고리키〉

❋

◇젊은이들은 앞으로 재빠르게 전진한다. 모든 기쁨의 나라는 그들의 눈앞에 펼쳐져 있다. 그러나 늙은 사람은 넘어지고 뒤를 돌아보면서 느릿느릿 제자리 걸음을 한다. 모든 기쁨의 나라는 그들의 뒤에 있기 때문이다. 슬픔 때문에 망설이지 말라. 목적을 이루는 그 시각까지! 〈켐블〉

❋

◇청년기는 실수요, 장년기는 투쟁이요, 노년기는 후회이다.

〈디즈레일리〉

❋

◇젊었을 때에는 노경(老境)을 위하여 저축하고, 늙으면 죽음을 위하여 저축한다. 〈라 브뤼에르〉

❋

◇젊음을 올바로 다스릴 줄 아는 사람만이 반드시 노년을 편안하게 지낼 수 있다. 〈장자〉

❋

◇청춘이 즐겁다는 것은 미상(迷想)이다. 청춘을 잃어버린 자들의

미상일 뿐이다. 그러나 젊은이들은 자신의 비참함을 알고 있다. 왜냐
하면 진실이 아닌 이상(理想)을 교육받은 젊은이들이 현실에 직면했
을 때 그 마음이 상처받기 때문이다.　　　　　　　　　　　〈모옴〉

◇만약 내가 신(神)이었다면 나는 인생의 마지막에다 젊음을 두었
을 것이다.　　　　　　　　　　　　　　　　　　　　　〈그라시안〉

◇젊은이들에게 진실로 가르쳐야 할 처세는 '현실은 반드시 그대들
의 이상(理想)에 살아야 하며, 생활에 뺏기지 않도록'하라는 것이다.
　　　　　　　　　　　　　　　　　　　　　　　　　　〈시바이쩌〉

◇젊은이는 가르침보다는 자극을 원한다.　　　　　　　　〈괴테〉

◇당신이 시간과 재능과 돈과 머리와 기술과 조직을 가지고 있다
하더라도, 젊음을 가지고 있지 않다면 어떤 것도 성공시킬 수 없을
것이다. 젊음이란 인생에 있어서의 끊임없는 에너지이며 꺼지지 않는
왕성한 추진력이다. 젊음이란 인생을 얼마든지 풍요롭게 가꿀 수
있는, 무한대의 자원을 가진 힘의 보고(寶庫)이다.　　　　　〈슐러〉

◇젊은이들은 자기보다 나이 많은 사람을 노망한 사람으로 간주하
는 버릇이 있다.　　　　　　　　　　　　　　　　　　　〈애덤즈〉

◇젊었을 때 여러 가지 실수를 해보지 않은 사람은 중년이 되어도
아무 힘도 가지지 못할 것이다.　　　　　　　　　　　　〈코린스〉

◇젊은 시절은 사랑하기 위해서 살고, 나이 들면 살기 위해서 사랑
한다.　　　　　　　　　　　　　　　　　　　　　　　　〈테블몬〉

❉

◇젊었을 때는 불만이 있어도 비관해서는 안 된다. 언제나 항전(抗戰)하고, 또 자위(自衛)하여라. 그래도 만약 가시가 있어 밟아야 한다면, 물론 밟는 것도 좋지만, 밟지 않아도 되는 것이라면 함부로 밟아서는 안 된다.　　　　　　　　　　　　　　　　〈노신〉

❉

◇우리는 젊을 때 배우고, 나이 먹어서 이해한다.　　〈에센바흐〉

❉

◇흙탕물 속에서 남성은 여성을, 여성은 남성을 낚았다. 술은 그들이 사용한 미끼였다.　　　　　　　　　　　　　　〈로우던스타인〉

❉

◇술은 인간의 품성을 비추는 거울이다.　　　　〈아르케시우스〉

❉

◇사람이 억제하기 어려운 순서는, 술과 여자와 노래이다.

〈프랭클린〉

❉

◇음주는 일시적인 자살이다. 술이 가져다 주는 행복은 불행의 일시적인 중절(中絶)에 불과하다.　　　　　　　　　　　〈러셀〉

❉

◇진실은 술속에 들어 있다. 진실을 이야기하려면 취해야 한다.

〈리케르트〉

❉

◇술은 사람에게 용기를 주고, 열정적으로 만든다.

〈오비디우스〉

❉

◇술이 죄가 아니라 폭음이 죄이다.　　　　　　〈프랭클린〉

❉

◇술이 사람을 취하게 만드는 것이 아니라 사람이 스스로 취하는 것이다. 색(色)이 사람을 혼미(昏迷)하게 만드는 것이 아니라 사람이 스스로 혼미해지는 것이다.　〈명심보감〉

❈

◇술은 우리의 입속을 경쾌하게 한다. 그리고 술은 우리의 마음속을 터놓게 한다. 이렇게 술은 하나의 도덕적 성질, 이를테면 마음의 솔직함을 운반하는 물질이 된다.　〈칸트〉

❈

◇인간을 괴롭히는 가장 무서운 독소들의 일부는 술로부터 나온다. 그것은 병과 싸움과 소란과 게으름과 일하기 싫어하는 것과 모든 종류의 가정 불화의 원인이 된다.　〈페늘롱〉

❈

◇아무도 술자리에서 취하지 않고, 멀쩡하게 제정신으로 일어선 것을 후회한 적은 없다.　〈H.S. 리〉

❈

◇거울은 당신의 흩어진 머리카락을 비춰주며 술은 당신의 흩어진 마음을 비춰준다. 그러므로 술잔 앞에서는 당신의 마음을 굳게 여며라!　〈독일 속담〉

❈

◇남자가 술을 마시면 집이 반 정도 불에 타지만 여자가 술을 마시면 집 전체가 불에 탄다.　〈러시아 격언〉

❈

◇더이상 술잔에 손대지 말라. 가슴 속속들이 병들게 된다. 술잔은 사탄의 입김이요, 잔 속에 보이는 빛은 사탄의 흉한 눈초리다. 조심하라. 조심하라. 질병과 슬픔과 근심은 모두 술잔 속에 있나니.

〈롱펠로우〉

❈

◇우리는 서로의 건강을 위해서 축배를 들고는 결국 서로의 건강을 해친다.　　　　　　　　　　　　　　　　　　　〈허버트〉

＊

◇즐거울 때 배운 술은 웃는 버릇을, 슬플 때 배운 술은 우는 버릇을, 공연히 먹게 된 술은 그저 먹는 버릇을 키워줄 뿐이니, 버릇이란 이처럼 처음의 것이 거듭 쌓여서 이루어진다.　　　　〈몽테뉴〉

＊

◇하느님은 물을 만드셨고 인간은 술을 만들었다.　　〈V. 위고〉

＊

◇술잔과 입술 사이에는 많은 실수가 있기 마련이다.

〈팔라다스〉

＊

◇적당하게 마셔라. 일단 술에 취하면 비밀을 유지하기도, 약속을 지키기도 어렵게 된다.　　　　　　　　　　　　〈세르반테스〉

＊

◇3년간 계속해서 술을 마셔라. 그렇게 하면 돈이 바닥난다. 3년간 술을 마시지 말라. 그렇게 해도 돈은 수중에 남아있지 않다.

〈중국 격언〉

＊

◇물에 빠져 죽은 사람보다 술에 빠져 죽은 사람이 더 많다.

〈아이스 킬로스〉

＊

◇술이 도(度)를 넘으면 어지러워지고, 즐거움이 도를 넘으면 슬퍼진다.　　　　　　　　　　　　　　　　　　〈사기(史記)〉

＊

◇아! 술의 정(精)이여, 만일 네게 적당한 이름이 없었다면 우리는 너를 악마라고 불렀을 것이다.　　　　　　　　　〈셰익스피어〉

✻

◇청춘은 이유도 없이 웃는 법이다. 바로 그것이 청춘의 가장 중요한 매력의 하나이다.　〈와일드〉

✻

◇청춘은 옆에서 유혹하는 사람이 없어도 스스로 모반(謀反)을 꿈꾼다.　〈셰익스피어〉

✻

◇청년이 청년을 인도하는 것은 맹인(盲人)이 맹인을 인도하는 것과 같다. 그들은 도랑에 같이 빠질 것이다.　〈체스터필드 경〉

✻

◇젊은이들은 마음이 변하기 쉽다. 그러나 늙은 사람은 어떤 문제에 관계되면, 앞뒤를 모두 돌아본다.　〈호메로스〉

✻

◇청춘이 언제나 미래를 재잘거리는 이유는, 단지 그들이 미래를 내 것으로 하지 못하기 때문이다. 무엇인가를 포기하고 나서야 얻는 소유, 그것이 청춘은 알지 못하는 소유의 비밀이다.　〈미시마 유끼오〉

✻

◇노년의 결핍을 보충할 수 있는 것을 청년 시절에 몸에 익혀둬라. 만약 노년의 밥이 지혜라는 것을 이해한다면 영양실조에 걸리지 않도록 젊을 때 공부해라.　〈다빈치〉

✻

◇젊은 시절의 실수는 장년의 성취나 노년의 성공보다 더 믿음직한 것이다.　〈디즈레일리〉

✻

◇떨쳐 일어날 때 일어나지 않고, 젊음만 믿고 노력하지 않으며, 마음이 약하고 인형처럼 게으르면 사람은 늘 어둠 속을 헤매며 다니니라.　〈법구경〉

✳

◇청춘은 두 번 오지 않으며 새벽은 두 번 있지 않나니, 젊어서 부디 힘써라. 세월은 결코 나를 기다리지 않는다.　　　　〈주희〉

✳

◇게으른 소년과 푹신한 침대를 떼어놓기란 매우 어려운 일이다.

〈덴마아크 격언〉

✳

◇젊었을 때 지나치게 방종하면 마음의 윤기가 사라진다. 그렇다고 해서 지나치게 절제하면 머리가 굳어져 버리고 만다.　　〈상트 뵈에르〉

✳

◇젊은 사람은 판단보다는 발견에 더 어울리고, 생각보다는 실행에 더 적합하다. 십년을 하루같이 새로운 계획을 세우거나 일에 종사하도록 되어 있다.　　　　　　　　　　　　　　　　〈베이컨〉

✳

◇영혼이 깃들어 있는 청춘은 그렇게 쉽게 사라지지 않는다.

〈한스 카로사〉

✳

◇젊었을 때 쓴 물을 마셔보지 않은 사람은 성공할 수 없다. 나는 고생을 스승으로 섬긴다. 사람은 고생스럽지 않으면 당장 우쭐대는 버릇이 있다.　　　　　　　　　　　　　　　　〈야마모또 유소〉

✳

◇젊음, 그것은 힘의 원천이다. 청년들이여! 결코 좌절하거나 낙심하지 말라. 그대들 안에 이미 무한한 힘이 잠재되어 있나니, 보다 강한 정신력(精神力)으로 그 힘을 일깨우라! 그리고 정신을 그대들의 참된 지배자로 알라. 결코 무력한 육체의 노예가 되지 말라. 〈에머슨〉

✳

◇이른 봄날이라 할지라도 청년에게 싹트는 덕행만큼은 풍취가

없다. 사람의 덕행, 그 중에서도 청년들의 아름답고 슬기로운 덕행은
언제나 변하지 않는 까닭에 더욱더 존귀하게 보인다.     〈보브나르그〉

◇노년의 진정한 서글픔은 그들이 늙었다는 데 있는 것이 아니라,
아직도 젊다고 하는데 있다.                          〈와일드〉

# *18*
# 풍요함 · 가난함에 관한 격언

✳

◇가난하더라도 깨끗이 집안을 청소하고, 가난한 여자라도 깨끗이 머리를 손질하면 자연히 기품이 나타나기 마련이다. 그러므로 빈곤과 쓸쓸함과 근심을 당한 군자라도 자포자기를·해서는 안 된다.〈채근담〉

✳

◇부는 그 위에다 예지를 더하면 인과응보(因果應報)의 최고 선물이다.
〈핀다로스〉

✳

◇사치하면 교만해지고 불손해진다. 인색하면 무례하고 인정이 없다. 이 두 가지는 모두 사람이 취할 도리가 아니지만 만약 그 가운데 하나를 택하라면 차라리 인색한 것이 낫다.　　　〈논어〉

✳

◇가난한 자에겐 복이 있나니, 천국이 모두 저희 것이니라.〈성서〉

✳

◇자녀가 변변치 못하다면 재산을 남겨준들 무엇하리오. 자녀가 선하다면 굳이 재산을 남겨줄 필요가 어디 있으리오.　　〈영국 격언〉

✳

◇부자와 살지 않으면 안 되는 것은 부자의 비참함이다.〈L. 스미드〉

✳

◇부자와 가난한 자의 차이는 이렇다. 부자는 먹고 싶을 때 먹지만 가난한 자는 먹을 수 있을 때만 먹는다는 것이다.　　　　　〈롤리〉

❈

◇가난한 사람은 설령 진실을 말해도 믿어주지 않는다.〈메난드로스〉

❈

◇때로는 부(富)가 성장을 방해하는 요인이 될 수 있다. 특히 부(富)를 추구할 때보다 부(富)를 누릴 때가 그러하다.　　　　〈로우얼〉

❈

◇자기 마음 속에 가지고 있지 않은 것은 어떤것도 자기 재산이 아니다.　　　　　　　　　　　　　　　　　　〈크라우리우스〉

❈

◇부는 하느님이 주신 것이고, 가난은 자신이 얻은 것이다.
　　　　　　　　　　　　　　　　　　　　　　〈브하그완〉

❈

◇부귀와 명예는 그것을 어떻게 얻었느냐가 중요하다. 도덕에 근거를 두고 얻은 부귀와 명예라면 산속에 핀 꽃과 같다. 다시 말해서 충분히 햇빛과 바람을 받고 필 수 있다. 또 어떤 공적으로 얻은 부귀와 명예라면 이것은 정원에 심은 꽃과 같다.　　　　〈라 로슈프코〉

❈

◇수입은 줄잡아 써라. 연말에 가서는 약간의 여유분을 남기도록 하라. 수입보다도 지출을 적게 하라. 그렇게 하면 한 평생 그다지 어려움을 당할 일은 없으리라.　　　　　　　　　〈사무엘 존슨〉

❈

◇부귀를 누려도 방탕하지 않고, 가난해도 지조를 잃지 않으며, 싸움터에 나가서도 굴하지 아니하면 이는 곧 대장부다운 행동인 것이다.　　　　　　　　　　　　　　　　　　　〈맹자〉

❈

◇돈은 깊은 물속과도 같다. 명예도, 양심도, 의리도 다 그 속에 빠져 버린다.　〈카즈레〉

❊

◇사치를 즐기는 사람은 부유해도 낭비가 심하므로 언제든지 부족함을 느낀다. 반대로 절약을 근본으로 삼는 사람은 빈곤하지만 조금씩이라도 남겨 두기 때문에 나중에는 아무런 부족함도 느끼지 않는다.　〈채근담〉

❊

◇왕자에게 선물 받은 옷은, 아무리 아름답다 할지라도 자기가 입은 값싼 옷보다 못하다. 부자가 먹는 음식이 제아무리 맛있는 것이라도, 내 식탁에 있는 한 조각의 빵 보다는 못하다.　〈사디〉

❊

◇그대가 원하는 모든 것을 얻을 때는 항상 경계하라. 살찐 돼지는 결코 행복하지 않은 법이다.　〈J.C. 해리스〉

❊

◇세상은, 부자에게는 주지만, 빈자(貧者)에게서는 빼앗는다.　〈허버트〉

❊

◇부자가 천국에 간다는 것은 낙타가 바늘 구멍을 빠져나가는 것보다 더 힘들다. 때문에 돈 있는 사람은 착한 일을 해도 힘들다. 〈성서〉

❊

◇수전노의 돈은 그가 땅속에 묻힐 때 비로소 밖으로 나온다.　〈몽고 격언〉

❊

◇돈을 갖지 않고도 행복하게 지내는 것은 돈을 버는 것과 같은 커다란 가치가 있다.　〈르나아르〉

❊

◇모든 사람은 태어날 때부터 자신의 재산을 소유할 권리를 갖고 있다.　　　　　　　　　　　　　　　　　　　〈교황 레오 13세〉

❁

◇인간은 지혜와 양심을 가지고 살아야 한다. 돈이 없다고 해도 결국은 살아갈 수 있지 않았던가? 일반적으로 돈이라고 하는 것은 우리의 양심이 흐려질 때 그 본색을 드러낸다.　　　　　〈고리키〉

❁

◇부당한 이익은 손해와 같은 것이다.　　　　　　〈헤시오도스〉

❁

◇물질 생활이 궁핍할 때는 정신 생활의 풍요로움이 필요하다. 하지만 물질 생활이 풍부할수록 정신 생활은 더욱 풍요로움이 필요하다.　　　　　　　　　　　　　　　　　　　　　　〈법구경〉

❁

◇엄청난 부는 총명과 건강을 방해한다.　　　　　〈프랭클린〉

❁

◇가난하지 않겠다고 결심하라. 무엇을 가졌든간에 더 적게 써라. 가난은 인간이 행복하게 되는데 있어 큰 적(敵)이다. 그것은 확실히 자유(自由)를 파괴하고, 사소한 덕행(德行)도 실천할 수 없게 하며, 여타 다른 일도 극단적으로 어렵게 만든다.　　　　　〈사무엘 존슨〉

❁

◇돈을 아무나 버는 것은 아니다. 벌 수 있는 사람은 이미 정해져 있다. 적어도 성실·근면·절약할 수 있는 사람에 한해서만 돈은 그 주인으로 대접한다.　　　　　　　　　　　　　　〈스페인 격언〉

❁

◇자신의 빈곤을 수치스럽다고 여기는 것은 부끄러운 일이다. 그러나 자신의 빈곤을 극복하기 위해 노력하지 않는 것은 더욱더 부끄러운 일이다.　　　　　　　　　　　　　　　　　　〈투키디데스〉

✽

◇부자(富者)의 향락(享樂)은 가난한 사람의 눈물로 연결된다.

〈T. 플러〉

✽

◇부유하고 지위 높은 사람치고 이기주의자가 아닌 사람은 없다.

〈톨스토이〉

✽

◇부자가 넘어지면 큰일이라고 소리치고, 가난뱅이가 넘어지면 저 녀석 주정한다고 빈정거린다.　〈터어키의 격언〉

✽

◇금과 은은 녹이 난다. 그 녹은 사람을 배반하며, 불길과 같은 힘으로 사람의 육체를 파먹을 수가 있다. 그러나 사람은 이렇게 위험한 것을 재물이라고 기를 쓴다.　〈그리이스 격언〉

✽

◇기운에 들뜨면 마음이 사치하고, 마음이 사치하면 뜻이 외람되고, 뜻이 외람되면 행실(行實)에 오점이 생긴다.　〈명심보감〉

✽

◇우리가 진정 찬양하는 것은 가난이 아니라, 가난해도 천해지지 않고 굴복하지 않는 사람이다.　〈세네카〉

✽

◇부자는 누구나 될 수 있다. 이런 말을 하면 돈을 벌려다 실패한 사람은 화를 낼 것이다. 그들은 산을 본 일이 있으며, 또 산이 그들을 기다리고 있는 줄을 모른다. 더욱이 그 산에 그들은 애써 기어 올라가지 않는다. 돈은 모든 이익과 마찬가지로 우선 충실한 것을 요구한다. 돈을 벌다 실패한 사람들은 단지 돈을 벌 필요가 있다는 것만 알았지, 애써 산에 충실히 올라가려는 것 같은 생각은 안 했기 때문이다.

〈알랑〉

❈

◇부자는 딴 나라에 가도 곳곳에 자기 집이 있지만, 가난한 자는 자기 집에 있어도 낯이 설다.　　　　　　　　〈리카아도〉

❈

◇보수로 매수한 우정은 그때만 가치있다. 유사시엔 아무런 도움이 안 된다.　　　　　　　　〈마키아벨리〉

❈

◇가난과 희망은 어머니와 딸이다. 딸과 함께 놀고 있으면 어머니를 잊게 마련이다.　　　　　　　　〈프랭클린〉

❈

◇인간은 쾌락(快樂)을 누리기 위해서 부를 갈망한다.　　〈키케로〉

❈

◇가장 큰 죄악도 가장 나쁜 범죄도 가난이다.　　〈버나드 쇼〉

❈

◇'가난은 수치가 아니다'라고 모든 사람들이 말하지만 실제로는 아무도 믿지 않는다.　　　　　　　　〈코체프〉

❈

◇부와 권력을 쫓다가 실패한 사람은 정직도, 용기도 오래 지니지 못한다.　　　　　　　　〈사무엘 존슨〉

❈

◇재물을 택하기 보다는 명성을 택하라.　　〈메난드로스〉

❈

◇지구상의 모든 인간은 돈의 해독을 입고 있다. 그것은 거의 모든 인간이 돈에 얽매여 있기 때문이다.　　　　　　　　〈서양 격언〉

❈

◇돈은 우리의 좋은 하인이지만, 경우에 따라서는 악한 주인이 되기도 한다.　　　　　　　　〈베이컨〉

❋

◇부(富)는 참으로 멋진 것이다. 왜냐하면 힘과 여유, 자유를 의미하기 때문이다.

〈로우엘〉

❋

◇오늘날과 같은 문명 시대에서는 육체적인 굶주림보다도 정신적인 굶주림을 면하는 것이 훨씬 더 어려운 일이다. 사람은 배가 부르고 물질의 부를 누리게 되면 정신이 병들고 약해지기 쉽기 때문이다.

〈고리키〉

❋

◇가난은 우리를 현명하게도 만들지만 슬프게도 만든다.

〈B. 브레히트〉

❋

◇현재 부유한 사람도 지난날 그가 가난했을 때는 자유롭게 돈을 써 보자는 희망을 가졌을 것이다. 그런데 이제 그들은 돈을 쓰는데 몹시 겁을 내며 불안해 한다. 부자가 된다는 것은 결국 가난했을 때 생각했던 것처럼 모든 것이 편안한 것이 아니다. 다만 고통의 성질을 바꿔 놓은 데 불과하다. 빈곤하거나 부자거나 한 가지 고통을 짊어진 것은 똑같다.

〈코르네이유〉

❋

◇나는 부자가 되는 방법을 알고 있다. 그래서 나는 빈곤의 조그마한 기쁨을 모두 즐기고 있다.

〈H.L. 윌슨〉

❋

◇가난은 나를 야속하게 내리누르는 짐이다. 　〈테렌티우스〉

❋

◇백만장자로 태어나는 것보다 조개껍질을 모으는 취미를 가진다면 아마 더 행운일 것이다.

〈스티븐슨〉

❋

◇타인(他人)이 부러워하기에는 너무 적고, 멸시하기에는 너무 많은 정도의 재산만을 나에게 달라.　　　　　〈A. 카울리〉

＊

◇만족할 수 있는 이상적인 생활은 돈의 액수에 있지 않고 욕심의 적음에 있다.　　　　　〈에픽테토스〉

＊

◇부자라고 생각하는 것은 부자와 동일하다.　　　　　〈대커리〉

＊

◇작은 빚은 사방에서 쏟아져나와 상처없이 피하기에는 좀처럼 어려운 작은 총알들과 같고, 큰 빚은 소리만 크지 위험은 별로 없는 대포와 같다.　　　　　〈S. 존슨〉

＊

◇지갑 속에 넣을 것이 없다면 아무것도 꺼낼 것이 없다.

〈T. 플러〉

＊

◇사치가 로마를 쓰러뜨렸다. 추위를 막기 위해서는 단지 한 벌의 외투면 충분하다. 만약 의복의 색깔이나 디자인에 관심이 쏠렸다면 색다른 열 벌의 외투도 부족하게 될 것이다. 이것이 바로 사치의 커다란 함정이다.　　　　　〈힐티〉

＊

◇가난한 사람을 제외한다면, 진정 가난한 자(者)를 동정해 줄 사람은 거의 없을 것이다.　　　　　〈L.E. 랜든〉

# *19*

# 성공 · 실패에 관한 격언

✱

◇성공의 비결은 어떤 직업에 종사하더라도 그 제일인자가 되는
데 있다.　　　　　　　　　　　　　　　　　　　　　　　〈카네기〉

✱

◇성공이라고 해서 공포와 불쾌감이 없는 것은 아니요, 실패라고
해서 만족이나 희망이 없는 것도 아니다.　　　　　　　　　〈베이컨〉

✱

◇위대한 사람은 한꺼번에 그처럼 높은 곳에 뛰어오른 것이 아니
다. 동반자들이 단잠을 잘 때에 그는 일어나서 괴로움을 이기고 일에
몰두했던 것이다. 인생은 잠자고 쉬는 데 있는 것이 아니라 한 걸음
한 걸음 나아가는 데에 있다. 성공의 한 순간이 실패의 수년을 보상해
준다.　　　　　　　　　　　　　　　　　　　　　　　　〈브라우닝〉

✱

◇험한 언덕을 오르기 위해서는 처음에는 천천히 걷는 것이 좋다.
　　　　　　　　　　　　　　　　　　　　　　　　　　〈세익스피어〉

✱

◇성공은 사람이 얻을 수 있는 최고의 상(賞)이다. 명성은 제2의
재산이다. 그리고 이 두 가지의 은혜를 모두 누리고 있는 사람은 지상
(至上)의 왕관을 물려받은 사람이라 할 수 있다.　　　　　〈핀다로스〉

✳

◇우리가 노력하는 것은 반드시 성공하고자 하는 데 있는 것이
아니다. 실패에도 실망하지 않고, 오히려 한 걸음 더 나아가는 데
있다. 〈G. 스티븐즈〉

✳

◇하나의 고상한 실패가 수많은 저속한 성공보다 훨씬 낫다.

〈버나드 쇼〉

✳

◇우리가 원하는 것을 모두 얻었을 때, 조심하라. 살찌는 돼지는
운이 나쁘다. 〈해리스〉

✳

◇가장 높은 곳에 올라가려면, 가장 낮은 데서부터 시작하라.

〈푸블릴리우스 시루스〉

✳

◇당신이 얻고 싶은 것을 다른 사람이 가졌거든 남이 그것을 얻기
위해 노력한 만큼 당신도 노력하라. 이 세상의 모든 물건은 노력없이
얻을 수 없는 일이다. 남이 노력해서 얻은 것을 당신은 어찌하여 팔장
만 끼고 바라보고만 있는가. 〈힐티〉

✳

◇신념이 강한 사람이 성공한다. 〈술러〉

✳

◇인간에게는 누구에게나 한 번의 기회가 있다. 어떤 사람들은
이 상태(狀態)를 알지 못한 채 지나치고 어떤 사람은 이 기회를 잘
잡아서 이를 유리하게 전개하여 성공한다. 〈몽고메리〉

✳

◇인간은 끝없는 열정을 품고 있는 일에는 거의가 성공을 한다.

〈C. 슈와브〉

❋

◇나에게 있어 최대의 영광은 한 번도 실패하지 않은 것이 아니라 넘어질 때마다 일어나는 것이다. 〈골드 스미드〉

❋

◇실패는 사람을 절망으로 이끈다. 성공은 그 사람의 성격이나 인격을 높이게 한다. 〈W.S. 모옴〉

❋

◇실패란 좋은 말이다. '실패'는, 즉 손실이란 말은 상인에게 붙어다니는 것이며, 언제나 상인을 견제하는 인력의 역할을 하기 때문이다. 〈알랭〉

❋

◇크게 성공하지 못할 사람은 남이 하라고 하는 일을 할 수 없는 사람과 남이 하라는 것밖에 하지 못하는 사람이다. 〈서양 격언〉

❋

◇인생에 있어서 가장 중요한 것은 실패했다고 해서 낙심하지 않는 일이며, 성공했다고 해서 지나치게 기쁨에 도취되지 않는 것이다.

〈도스토예프스키〉

❋

◇큰 일을 계획할 때는 조금이라도 우연을 고려하지 않을 수 없다. 이것이 바로 실패하는 원인이다. 〈나폴레옹 1세〉

❋

◇겁장이와 망설이는 사람에게는, 모든 것이 불가능하게 보이기 때문에 불가능하다. 〈스코트〉

❋

◇할 수 있다고 생각하기 때문에 할 수 있다. 〈베르릴리우스〉

❋

◇기다릴 줄 아는 것이 성공의 비결이다. 〈매스트르〉

✳

◇자기 자신에 대한 신뢰가 성공의 제일의 비결이다.  〈에머슨〉

✳

◇뜻이 있는 자는 반드시 뜻을 이룬다.  〈후한서〉

✳

◇틀리는 것과 실패하는 것은 우리들이 전진하기 위한 훈련이다.

〈차닝〉

✳

◇대체로 성공한 사람들을 보면, 그네들의 이기심(利己心)은 공정(公正) 밑으로 물러나가 있었던 것이다.  〈힐티〉

✳

◇평범한 인간이 이따금 비상한 결의로 성공하는 경우가 있는데, 그것은 그가 훌륭한 인물이어서가 아니라 불안에서 벗어나려고 끊임없이 노력한 결과이다.  〈몽떼르랑〉

✳

◇무슨 일이든지 시작을 조심해서 행하라. 처음 한 걸음이 앞으로의 일을 결정한다. 그리고 참아야 할 일은 처음부터 참으라. 나중에 참는다는 것은 더욱 어려운 일이다.  〈레오나드도 다 빈치〉

✳

◇사람은 일하기 위해서 이 세상에 태어난 것이다. 사색에 잠기고 꿈꾸고 감상하기 위해서 존재하는 것은 아니다. 모든 사람은 자기 능력에 따라 하고 싶었던 일을 할 때가 가장 빛나는 것이다. 자기가 하고 있는 일에 사랑과 신념을 가지지 못하는 사람은 불행한 사람이다.  〈카알라일〉

✳

◇자기는 그 만한 능력을 갖추지 못했으면서도 위대한 존재라고 생각하면 어리석은 사람이다.  〈아리스토텔레스〉

＊

◇자신이 쓸모 있는 사람이라는 확신을 갖는 것만큼 유익한 것은 없을 것이다.　　　　　　　　　　　　　　　　　　　〈카네기〉

＊

◇공동의 실패는 모두에게 위로가 된다.　　　　　　　〈라틴 격언〉

＊

◇실패는 낙담의 원인이 아니라 신선한 자극이다.　　　〈사우잔〉

＊

◇실패한 일에 대해 생각하며 자신을 괴롭히지 말라. 인간은 실패한 일 때문에 괴로와 한다. 그것은 다음 일을 실패로 이끄는 원인이 되기도 한다. 하나의 실패는 그것으로 끝을 맺는 것이 중요하다. 자기 학대의 감정은 체념이 부족한 까닭이다. 자기 학대는 자기 자신을 해칠 뿐만 아니라 타인까지 해친다.　　　　　　　　　　〈러셀〉

＊

◇종결을 맺기 전에는, 어떤 일이든 가능하다고 생각하라.

　　　　　　　　　　　　　　　　　　　　　　　　　〈키케로〉

＊

◇정확성을 요구하며 우물쭈물하는 사람은 결코 큰 일을 해내지 못한다.　　　　　　　　　　　　　　　　　　　　　　〈엘리어트〉

＊

◇한 걸음 한 걸음 천천히 걸어서 종국에 도달할 수 있다고 생각해서는 안 된다. 한 걸음 한 걸음이 그 자체로서 가치가 있어야 한다. 커다란 성과는 가치 있는 조그마한 것들이 모여 이룩되는 것이다. 알찬 성과를 얻으려면 한 걸음 한 걸음이 힘차고 충실해야 한다.

　　　　　　　　　　　　　　　　　　　　　　　　　〈단테〉

＊

◇성공과 실패는 언제나 같은 선상에 있다.　　　　〈브하그완〉

❊

◇당신의 문제를 빨리 해결하라. 그렇지 않으면 그 문제에 당신이 얽매이게 될 것이다.　　　　　　　　　　　　　　　〈슐러〉

❊

◇대의(大義)를 위해 죽는 사람은 실패하는 일이 없다.　〈바이런〉

❊

◇작은 일에도 목표를 세워라. 그러면 당신은 반드시 성공할 것이다.　　　　　　　　　　　　　　　　　　　　　　〈슐러〉

❊

◇칭찬을 듣고 싶은 욕망, 재물을 얻고 싶은 욕망, 이 두 가지는 성공해야 얻을 수 있다. 그러기 때문에 많은 사람들은 성공에 갈증을 느끼고 있다.　　　　　　　　　　　　　　　　　　　　〈힐티〉

❊

◇신념(信念)에 사는 사람은 성공(成功) 여부를 문제삼지 않는다. 자기 자신과 타인과의 정신적 평화를 중요시하고, 성공 여부는 그것보다 작은 것으로 생각한다.　　　　　　　　　　　　　〈티르〉

❊

◇돈으로 신용을 얻으려 하지 말라. 신용으로 돈을 얻으려고 하라.　　　　　　　　　　　　　　　　　　　　〈세미스트 크레스〉

❊

◇사람의 처세법에 있어서 가장 중요한 것은 정(情)에 쏠리지 않아야 하고, 이치에도 쏠리지 말며, 동시에 두 가지를 모두 억제할 줄 알아야 한다는 것이다.　　　　　　　　　　　　　〈나폴레옹〉

❊

◇성공(成功)은 차라리 늦을 수록 좋다. 왜냐하면 일반적으로 빠른 성공은 사람의 나쁜 성질(性質)을 잡아 일으키고, 불성공(不成功)은 좋은 성질을 키워내기 때문이다.　　　　　　　　　　〈힐티〉

✳

◇성공의 비결은 원하는 것이 일정하고, 변하지 않는 데에 있다. 하나의 목표를 가지고 꾸준히 나아간다면 반드시 성공한다. 그러나 사람들이 성공하지 못하는 이유는 처음부터 끝까지 한 길로 나아가지 않았기 때문이다. 최선을 다해 나아간다면 쇠라도 뚫고 만물을 굴복시킬 수 있을 것이다. 〈디즈레일리〉

✳

◇성공은 결과이지 목적은 아니다. 〈플로베에르〉

✳

◇다른 사람이 멸시하고 있는 일에 성공하는 것은 매우 훌륭한 일이다. 그러기 위해서는 타인과 자신을 이겨야 하기 때문이다.

〈몽떼르랑〉

✳

◇바다는 메워도 사람의 욕심은 메우지 못한다. 〈우리 나라 속담〉

✳

◇그대가 적극적인 사고 계발로 그대 자신을 극복하여 새로운 가능성을 찾으려고 결심할 때, 그대는 그대의 장벽에 새로운 탈출구를 뚫을 수 있다. 〈슐러〉

✳

◇가장 조소할만한, 가장 저돌적인 희망이 때로는 성공의 원인이 된다. 〈볼테르〉

✳

◇실패한 사람이 다시 일어나지 못하는 것은 그 마음이 교만한 까닭이다. 성공한 사람이 그 성공을 유지 못하는 것도 역시 교만한 까닭이다. 〈석가모니〉

✳

◇'구한다 하는 것은 언제나 끊임없이 계속해서 구함을 말한다.

그리고 구하지 않는 자(者)에겐 아무 것도 베풀어 주는 것이 없다
해도, 그것은 조금도 나쁜 일이 아니다. 그에게 아무리 지식이나 정신
능력이 있다 할지라도 그것이 인간의 전부는 아니기 때문이다.

〈성서〉

❋

◇성공하기를 바라는 자(者)는 마음의 안정, 자기 자신 및 타인에
대한 정신의 평화, 그리고 또 대개는 자존심까지도 포기하여야 한
다.　　　　　　　　　　　　　　　　　　　　　　　　〈힐티〉

❋

◇이 세상에서 성공의 비결은 타인의 관점(觀點)을 잘 포착하여
다른 사람의 입장에서 사물을 볼 줄 아는 능력을 말한다. 〈B. 포오드〉

❋

◇출세는 결코 팔장을 끼고있는 자를 저쪽에서 손짓해 부르거나
일부러 길을 열어주는 것은 아니다.　　　　　　　　　〈서양의 격언〉

❋

◇우리가 인생에서 성공하기 위해서는 어리석은 것처럼 보이면서
도 속으로는 영리해야 한다.　　　　　　　　　　　　〈몽테스키외〉

❋

◇이기고도 지는 수 있고 지고도 이기는 수가 있다.　　　〈법구경〉

❋

◇자기의 마음을 감추지 못하는 사람은 어떠한 일도 성공하지 못한
다.　　　　　　　　　　　　　　　　　　　　　　　〈카알라일〉

❋

◇이기는 것만 알고 지는 것을 알지 못한다면 그 자신에게 화가
미치리라.　　　　　　　　　　　　　　　　　　〈대망경세어록〉

❋

◇인간에게 최상의 성공은 실망 뒤에 온다.　　　　　〈F. 비처〉

232

✻

◇이 세상에서 성공의 비결은, 실패한 사람들 밖에는 모른다.

〈콜린즈〉

✻

◇성공하기 위해서는 다음과 같은 두 가지 방법이 있다. 자기 자신의 노력에 의하는 것과 남의 어리석음을 이용하는 것이다.

〈라 브뤼에르〉

✻

◇출세하기 위해서 정신보다 습관이 중요하다. 또한 경험이 필요하다. 사람들은 그것을 너무 늦게 깨닫는다. 그것을 깨달았을 때는 이미 모든 실수를 저질러 만회할 시간조차 없게 된다. 생각컨대 성공하는 자가 극히 드문 이유도 이 때문이다.

〈라 브뤼에르〉

✻

◇성공의 첫째 비결은 의욕과 자신감이다.

〈에머슨〉

✻

◇그대의 인생에 대해서 만약 그대가 계획을 세우지 않는다면 이것은 오히려 그대가 실패할 것을 계획하는 것이다.

〈슐러〉

✻

◇앞에 가던 마차가 전복되는 것을 보고, 뒤에 따라가던 마차는 이것을 보고 조심하지 않을 수 없는 것과 같이 현명한 사람은 먼저 사람의 실패를 귀담아 들었다가 앞날에 닥칠 일을 미리 막는다.

〈논어〉

✻

◇큰 일을 기도할 때는 새로운 기회를 만들어내기 보다는 눈앞의 기회를 이용하는 것이 현명한 일이다.

〈라 로슈프코〉

# 20
# 자연 · 여행에 관한 격언

❋

◇자연은 모든 미의 근원이다. 자연은 단 하나뿐인 창조자이다. 자연에 접근하는 것으로서만 예술가는 자연이 가지고 있는 모든 것을 우리들에게 가져다 줄 수 있다. 〈로댕〉

❋

◇자연은 강하다. 그 걸음걸이는 정확하고 예외가 드물며 그 법칙은 불변한다. 〈괴테〉

❋

◇자연은 사람을 싫어한다. 〈데카르트〉

❋

◇자연의 법칙에는 예외가 하나도 없다. 〈하버트 스펜서〉

❋

◇우주의 삼라 만상이 하느님의 손에서 나왔을 때 모든 것은 선이었다. 그러나 인간의 손에 넘어오면 모든 것이 부패한다. 〈루소〉

❋

◇우주에는 긴급하고 치명적이며 움직일 수 없는 법칙이 있다. 이것이 없으면 안된다. 그리고 그 운명을 둘러싼 천 가지 정도의 혜택이 있다. 〈로댕〉

❋

234

◇예술에는 실수가 있다. 그러나 자연은 결코 실수가 없다.
〈드라이든〉

＊

◇자연은 선한 안내자이다. 현명하고 공정하고 선하다.
〈몽테뉴〉

＊

◇같은 샘에서 솟아나는 물은, 더 싱거울 수도 없고 더 짤 수도
없다.
〈T. 플러〉

＊

◇전체적으로 자연은 어떤 방법으로도 증가될 수 없고, 감소될
수도 없는 힘의 저장을 지니고 있으며……따라서 자연계의 힘의 양은
물질의 양과 같이 영구적이고 불변이다……나는 이 일반적인 법칙을
힘의 보존의 원리라고 명명하였다.
〈헬름홀츠〉

＊

◇자연과 조화를 이루는 생활을 하자. 그러면 당신은 결단코 불행
을 느끼지 않을 것이다.
〈세네카〉

＊

◇아름다움은 숨겨진 자연 법칙의 하나이다. 만약 아름다움으로
나타나지 않으면 그 자연 법칙은 영원히 우리에게 감춰진 것이 되고
말 것이다.
〈괴테〉

＊

◇나라는 조그마한 알맹이의 존재여, 활동이여, 우리 모두 함께
머리 숙이자. 온 우주에 감사를 드리자.
〈법구경〉

＊

◇자연은 인간의 가장 합리적인 발명마저도 개의치 않는다.
〈크러치〉

＊

◇자연은 자연을 사랑하는 사람을 결단코 배반하지 않는다.

〈워즈워드〉

❈

◇아름답고 고요한 것, 그것이 자연의 이상이다.  〈제프리즈〉

❈

◇자연은 우리에게 지식의 씨앗을 주었다. 그러나 지식 그 자체는 주지 않았다.  〈세네카〉

❈

◇먼저 피는 꽃이 열매도 먼저 맺는 법이다.  〈셰익스피어〉

❈

◇자연스러운 것은 결코 불명예스럽지 않다.  〈에우리피데스〉

❈

◇자연은 창조주의 예술이다.  〈단테〉

❈

◇당나귀가 여행을 떠난다고 해서 말이 되어 돌아오지는 않는다.

〈서양 격언〉

❈

◇신을 만나려거든 내면의 여행을 하라.  〈브하그완〉

❈

◇산은 깊은 우정을 간직하고 있다.  〈덴징〉

❈

◇바보는 방황하고, 지혜로운 사람은 여행한다.  〈T. 플러〉

❈

◇사람이 여행을 떠나는 것은 도착하기 위해서가 아니라, 여행 자체를 하기 위해서이다.  〈괴테〉

❈

◇여행은 인간을 겸손하게 만든다. 세상에서 인간이 차지하는 영역이 얼마나 작은 것인가를 깨닫게 해준다.　　　　　　　〈프뢰벨〉

✽

◇여행은 인내심을 키워준다.　　　　　　　〈디즈레일리〉

✽

◇산에 오른 적이 없는 사람에게 지구는 절망적인 모습으로 보일 것이다.　　　　　　　〈타고르〉

✽

◇여행의 정신은 자유, 즉 자기가 하고 싶은 대로 생각하고, 느끼고, 행동하는 완전한 자유이다.　　　　　　　〈해즐리트〉

✽

◇여행은 당신에게 적어도 다음 세 가지의 유익함을 가져다 줄 것이다. 첫째, 타향에 대한 지식과 둘째, 고향에 대한 애착과, 세째, 당신 자신에 대한 발견이다.　　　　　　　〈브하그완〉

✽

◇어린 시절에는 여행이 교육의 일부이며, 좀 더 나이가 들면 그것은 경험의 일부이다. 자기가 여행하려는 나라의 언어를 조금이라도 알지 못하고 여행하는 사람은, 여행을 그만 두고 학교로 가라.

　　　　　　　〈베이컨〉

✽

◇여행은 사람들을 더 지혜롭게 만들어 주지만 행복은 더 감소시킨다.　　　　　　　〈제퍼슨〉

✽

◇여행자는 능동적이다. 그는 사람을 조사하고, 모험을 하고 탐색하며, 경험을 쌓는데 힘을 쓴다. 관광객은 수동적이다. 그는 자기에게 일어나는 일이 흥미 있는 것이기를 바란다. 그는 오직 관광만을 하는 것이다.　　　　　　　〈버스틴〉

✻

◇자연 속에 존재하는 것 치고 아름답지 않은 것은 없다.

〈테니슨〉

✻

◇천지는 만물의 부모다. 천지의 기운 중 양과 음이 합치면 형체가
생기고, 흩어지면 원래의 상태로 돌아간다.　　　　　〈장자〉

✻

◇자연에는 용서란 없다.　　　　　　　　　　　　〈벳티〉

✻

◇자연으로부터 이탈하는 것은 행복으로부터 이탈하는 것이다.

〈존슨〉

✻

◇자연은 끊임없이 건설하며 또 끊임없이 파괴한다. 자연의 공장
(工場)은 누구도 따라오지 못한다.　　　　　　　〈괴테〉

✻

◇자연 속에서 어떠한 아름다움도 발견하지 못하는 사람은 마음에
결함이 있는 사람이다.　　　　　　　　　　　　〈괴테〉

✻

◇우주에는 당신의 철학이 상상하는 것보다 더 많은 것들이 존재한
다.　　　　　　　　　　　　　　　　　　　〈셰익스피어〉

✻

◇하나의 모래알에서 세계를 보고, 한 송이 들꽃에서 천국을 본
다.　　　　　　　　　　　　　　　　　　　　〈브레이크〉

✻

◇지구와 같은 물질이나 허공은, 말하고 생각하지 못하므로 자유나
구속을 느끼지 못한다. 물질이나 허공은 생명이 아니므로 무엇을
아는 마음이 없기 때문이다. 그러나 나는 다르다. 죽지 않고 살아

있는 생명이기 때문에 물질과 다르고 허공과 다르다. 이것이 생명과 생명이 아닌 것과의 차이다. 아는 마음이 없는 물질이나 허공이라면, 구속이나 자유의 문제가 처음부터 논의될 수가 없다.

〈청담조사〉

❀

◇강물은 모두 바다로 흐르나, 바다를 채우지는 못한다.〈구약성서〉

❀

◇꽃들도 사람들과 짐승들의 얼굴처럼 안색과 표정을 지니고 있다. 어떤 것은 미소짓는 것처럼 보이고, 어떤 것들은 슬픈 표정을 짓고 있으며, 또 어떤 것들은 생각에 잠긴 것도 같고, 수줍은 것도 같다. 또 넓은 얼굴의 해바라기나 접시꽃과 같은 꽃들은 소박하고 정직하며 꿋꿋하다.

〈비처〉

❀

◇도시는 얼굴을 가지고 있고, 시골은 영혼을 가지고 있다.

〈라크르텔〉

❀

◇겨울은 영원히 지속되지 않으며, 봄은 자기 차례를 건너 뛰는 법이 없다. 4월은 5월이 지켜야 하는 약속이며, 우리들은 그것을 알고 있다.

〈볼런드〉

❀

◇모든 것은 땅에서 생기고, 땅은 모든 것을 다시 찾아간다.

〈에우리피데스〉

❀

◇태양은 더러운 곳을 뚫고 지나가도 그 자신은 전과 같이 순수한 그대로 남는다.

〈베이컨〉

❀

◇어느 나라에서든지 해는 아침에 떠오른다.

〈C. 허버트〉

✽

◇가을은 말없이 사라지기 때문에 너로 인하여 더욱 연민을 느끼게 된다.　　　　　　　　　　　　　　　　　　　　　　　〈브라우닝〉

✽

◇자연은 지상(至上)의 건축물이다. 자연의 일체는 가장 아름다운 균형과 조화로 건설되어 있다.　　　　　　　　　　　　　〈로댕〉

✽

◇태양이 비칠 때면 먼지도 빛난다.　　　　　　　　　〈괴테〉

✽

◇물에서 배우라. 물은 생명의 소리, 존재의 소리, 영원한 생명의 소리이다.　　　　　　　　　　　　　　　　　　　　　　〈헤세〉

✽

◇자연(自然) 속에 일어나는 가장 큰 변화는 부지 불식 간에 진행되는 일이다. 끊임없이 서서히 변하고 있는 것이다. 갑자기 돌발적으로 일어나는 일은 없다. 정신 생활에 있어서도 이와 마찬가지이다.　　　　　　　　　　　　　　　　　　　　　　　〈톨스토이〉

✽

◇완전(完全)이란 것은 결코 모든 시대에 다같이 존재하는 것은 아니다. 왜냐하면 모든 시대는 각자 다른 완전을 가지고 있기 때문이다.　　　　　　　　　　　　　　　　　　　　　　　〈마로리〉

✽

◇자연(自然)으로 돌아가라. 자연은 선(善)이다. 인간은 자연에게 더 보탤 것이 없다. 사람의 손은 자연을 해칠 뿐이다.　　〈루소〉

✽

◇방랑과 변화를 사랑하는 사람은 삶이 있는 사람이다.　〈바그너〉

✽

◇세차게 비바람이 불 때면 날짐승들은 두려워 떤다. 반대로 화창

하고, 바람이 잔잔하면 초목은 생기가 돌고 기뻐한다. 이 세상에 하루라도 화기(和氣)가 없으면 미물의 생존에도 지장이 있거늘 하물며 인간이야 더 말해 무엇하리오?　　　　　　　　　　　〈홍자성〉

✱

◇아는 이 한 사람 없는 곳에서 산다는 것은 즐거운 일이기도 하다.　　　　　　　　　　　✱　　　　　　　　　　　〈헤세〉

◇인간은 자연을 향해 대항할 때조차도 자연의 법칙에 따르고 있다. 자연에 항거하여 작업하려는 때에도 자연과 함께 작업한다.〈괴테〉

✱

◇자연은 아이들이 성인이 되기 전에 어린아이기를 바라고 있다. 만약 이 차례가 바뀌면, 우리는 설익어서 맛이 없고 금방 썩어 버리는 과실이 되고 만다.　　　　　　　　　　　〈루소〉

✱

◇숲 속을 걸을 때 마음의 폭이 한없이 넓어지고 또 한층 더 아름다워진다.　　　　　　　　　　　〈청담 조사〉

✱

◇자연은 무엇인가 어떤 잘못에 구애되는 법이 없다. 자연은 결과로 나타나는 것에 구애되는 일 없이 영원히 바르게 행하는 외에는 취할 방법을 모른다.　　　　　　　　　　　〈괴테〉

✱

◇자연은 끊임없이 움직인다. 그리고 일하지 않는 사람에게 사형을 선고한다.　　　　　　　　　　　〈괴테〉

# 21
# 국가 · 법 · 정의에 관한 격언

◇국가의 가치는 종국에 가서 그것을 구성하고 있는 개개인의 가치
이다. 〈J.S. 밀〉

◇국가가 국민들에게 매력을 잃은 것은, 위정자들이 자기들은 국민
의 노동을 이용할 권리를 가지고 있다고 멋대로 생각하고 있기 때문
임에 틀림없다. 〈톨스토이〉

◇국가가 인간을 위해 만들어졌지, 인간이 국가를 위해 만들어지지
는 않았다. 〈아인시타인〉

◇인간은 자기 자신만을 위해서 태어난 것이 아니라, 조국을 위해
서 태어났다. 〈플라톤〉

◇당신들이 독립 국가로 남고자 한다면 공공의 안전을 위해 결속하
라. 〈나폴레옹〉

◇국가의 이념은 상응하는 권리 없이 주장되지 않는 독립의 사상에
서 발생한다. 〈랑케〉

❀

◇항상 정의를 실천하라. 이것은 많은 사람들을 기쁘게 할 것이며 그 밖의 사람들을 놀라게 할 것이다. 〈마크 트윈〉

❀

◇사람들이 서로 해치지 않게 하는 것, 그것이 정의의 역할이다. 〈키케로〉

❀

◇세상이 멸망한다 할지라도 정의가 행해지게 하라. 〈페르디난트〉

❀

◇정의는 모든 것 위에 있다. 성공은 좋은 것, 부(富)도 역시 좋은 것, 명예는 더욱 좋은 것이지만 정의는 그 모두를 능가한다. 〈필드〉

❀

◇정의는 말이 없고 눈으로 보이지도 않지만, 당신이 잠자고 걸어가며 누워있는 모습을 지켜본다. 정의는 진로(進路)를 가로지르기도 하고 때를 늦추기도 하며, 끊임없이 당신을 따라 다닌다. 〈아에스 킬루스〉

❀

◇정의가 힘을 만든다는 신념을 가지자. 그리고 그 신념으로 끝까지 우리가 아는 바 그대로 우리의 의무를 행하자. 〈링컨〉

❀

◇정의의 움직임이 비록 느릴지라도 정의는 반드시 사악한 자를 타파한다. 〈호메로스〉

❀

◇모든 사람의 편의를 충족시킬 수 있는 법은 없다. 그것이 전반적으로 다수에게 이익이 된다면 우리들은 만족해야 한다. 〈리비우스〉

❀

◇재판관이 젊어서는 안 된다. 그는 직접 자기의 정신으로부터가

아니라, 다른 사람에게서 악행의 성질을 최근에 오랫동안 관찰함으로써 악덕에 대해 알고 있어야 한다. 즉, 지식이 그를 이끄는 안내자가 되어야 하며, 개인적인 경험이 안내자가 되어서는 안 된다.  〈플라톤〉

✾

◇재판이야말로 항상 귀는 닫고 입은 열어야 한다. 이것은 적게 듣고 많이 말하라는 것이다.  〈T. 미들턴〉

✾

◇모든 일을 공정하게 심판하기를 바란다면, 우리는 우리 가운데 누구도 죄 없는 사람이 없다는 것을 납득시켜야 한다.  〈세네카〉

✾

◇법률은 항상 돈있는 사람에게는 유용하지만 가진 것이 없는 사람에게는 성가신 것이다.  〈루소〉

✾

◇가장 고귀한 실례(實禮)인 가장 훌륭한 법률은, 행복(幸福)이라는 이익을 위해 다른 사람의 범죄에서 만들어진다.  〈타키투스〉

✾

◇온 국가의 중요한 기초는 좋은 법률과 훌륭한 군대다.
〈마키아벨리〉

✾

◇법에는 성문법(成文法)과 불문법(不文法)이 있다. 우리 도시에서 우리의 제도를 규정하는 것은 성문법이고, 관습적으로 내려오는 것은 불문법이다.  〈디오게네스〉

✾

◇법관은 재치보다 학식이 풍부해야 하고, 말 주변이 좋기보다 존경받을 만해야 한다. 무엇보다도 고결이 그의 바탕이요, 알맞은 덕(德)이다.  〈베이컨〉

✾

◇가장 강한 자의 이론은 언제나 최선이다. 〈라 폰테이느〉

❋

◇법률로 이끌고 형벌(刑罰)로 다스리면 백성들은 이 그물만 벗어 나려 하고 부끄러움을 모른다. 그러나 덕(德)으로 인도하고 예의로 다스리면 그들은 부끄러움을 알고 나아가 올바른 사람이 되고자 한다. 〈공자〉

❋

◇외부적인 원인에서 오는 것들로 인해 마음을 괴롭히지 말고, 내부적인 원인에서 오는 사물에 대하여 정의(定義)를 나타내어야 한다. 즉, 그대의 성질에 적합한 사회적인 행위에만 운동과 행위를 한정시키도록 해야 한다. 〈아우렐리우스〉

❋

◇질서는 하늘의 가장 중요한 법률이다. 〈A. 포우프〉

❋

◇정의와 함께 하는 것은 올바르고, 미와 함께 하는 것은 아름답다. 〈플라톤〉

❋

◇의를 행하는 한 시간은 1백 시간의 기도와 같은 가치가 있다. 〈마호메트교 금언〉

❋

◇법률과 행정 규칙은 큰 모기는 빠져 나가게 하고, 작은 모기만 잡는 거미줄에 비교할 수 있다. 〈J.W. 징크그레프〉

❋

◇최대 다수의 최대의 행복이 도덕과 입법의 기초이다. 〈벤덤〉

❋

◇한 개인에게 적용된 불공평이, 이따금 대중에게 도움이 된다. 〈주니우스〉

✻

◇국가 속에 있으면서 사람들은 자유에 대해서 말한다. 그런데 국가의 모든 기구는 어떠한 자유와도 융합할 수 없는 폭력을 토대로 한다.  〈톨스토이〉

✻

◇국가도, 인간도 변함이 없다. 국가도 인간들의 여러 가지 성격에서 이루어진다.  〈플라톤〉

✻

◇국가는 좋은 생활을 위해서 존재하며, 생활만을 위해서 존재하지 않는다.  〈아리스토텔레스〉

✻

◇한 국가가 슬픔을 당하기 보다는 한 개인이 고통을 당하는 편이 더 낫다.  〈드라이든〉

✻

◇때때로 약간의 반역은 정부의 건강을 위해서는 필요악이다.

〈제퍼슨〉

✻

◇국가는 인간의 육체와 마찬가지로 태어나면서부터 죽어가기 시작한다. 그 자체 내에 멸망의 원인을 가지고 있기 때문이다. 〈루소〉

✻

◇그의 조국을 위하여 피를 흘릴 만큼 훌륭한 사람은 나중에 그 제곱의 양을 받아야 한다. 아무도 그 이상의 대우도, 그 이하의 대우도 받아서는 안 된다.  〈루즈벨트〉

✻

◇부패한 사회에는 언제나 많은 법률이 존재한다.  〈사무엘 존슨〉

✻

◇국민에 의한 투표는 탄환보다 강하다.  〈링컨〉

❋

◇국가와 가정은 영원히 투쟁할 것이다. 〈G. 무어〉

❋

◇국가란 공동의 권리와 이익을 향수(享受)하기 위하여 맺어진, 자유로운 인간들로 이루어진, 완전한 단체이다. 〈그로티우스〉

❋

◇모든 국가의 근본은 훌륭한 군대이다. 〈마키아벨리〉

❋

◇우리의 부모도 소중하고, 우리의 자식들, 이웃들, 친구들도 모두 소중하다. 하지만 모든 사랑은 하나의 조국으로 묶여진다. 〈키케로〉

❋

◇우리의 조국은 어디든 우리가 지낼 수 있는 곳이다.

〈파쿠비우스〉

❋

◇한 나라의 진정한 재산은 땀흘려 일하는 부지런한 국민의 수에 달려 있다. 〈나폴레옹〉

❋

◇무엇보다도 먼저 국민이 할 일은 그의 의무이다. 의무를 다한 뒤, 그 결과는 하늘에 맡겨야 한다. 〈세실〉

❋

◇정치란 국민을 위해 존재해야 하며, 국가의 제도나 정책이 최대 다수의 최대 행복을 위해야 되는 것이다. 〈청담조사〉

❋

◇자신의 조국을 모르는 것보다 더한 수치는 없다. 〈G. 하비〉

❋

◇혁명이건 변혁이건 진보이건간에, 사회 개혁은 어디까지나 인간 복지의 구현을 위한 제도적 발전을 뜻하는 것이다. 〈청담조사〉

✻

◇개인의 시대는 지나갔다. 이제는 집단이 존재하는 세계에 무한한 힘이 있다.  〈마치니〉

✻

◇전체는 개인을 위해서 존재하고, 개인은 전체를 위해서 존재한다.  〈뒤마〉

✻

◇국가의 참된 지혜는 경험(經險)이다.  〈나폴레옹〉

✻

◇국가는 허구의 존재이다. 실재한 존재로서의 국가는 과거에도 없었고, 현재도 없다. 실재하는 것은 다만 한 사람과 다른 인간들의 생활뿐이다.  〈톨스토이〉

✻

◇천하(天下)의 모든 근본(根本)은 국가에 있고, 국가의 근본은 몸에 있느니라.  〈맹자〉

✻

◇국가의 멸망은 대부분 도덕의 타락과 신앙의 문란에서 온다.  〈스위프트〉

✻

◇자기 힘으로 일어나고 다른 나라의 간섭을 받지 않을 때에만 비로소 자유(自由)를 얻을 수 있다.  〈리부이〉

✻

◇국가도 인간과 마찬가지로 성장기와 성년기, 그리고 노쇠기와 쇠망기를 거친다.  〈W.S. 랜더〉

✻

◇국가는 국민의 하인이지, 결코 주인이 아니다.  〈J.G. 홀런드〉

✻

◇국가는 국가가 배출한 사람들에 의해서 뿐만 아니라, 국가가 영예를 준 사람들, 국가가 기억하는 사람들에 의해서 알려진다.

〈케네디〉

◇공화국은 사치로 멸망하고, 전제국가는 빈곤으로 멸망한다.

〈몽테스키외〉

◇평화로울 때 애국자들은, 고결한 불굴의 정신으로 권력에 저항함으로써 민중의 권리를 옹호한다.　〈드라이든〉

◇한 나라를 세우기 위해서는 천년도 부족하지만 그것을 무너뜨리기 위해서는 단 한 시간으로 충분하다.　〈바이런〉

◇조국에도 행동으로써 봉사하는 것은 명예스러운 일이다. 설령 말로만 봉사할지라도 멸시를 받을 일은 아니다.　〈살루스티우스〉

◇나는 내 조국이 옳기를 바란다. 하지만 옳거나 그르거나 나는 어쨌든 내 조국 편이다.　〈J.J. 크리텐든〉

◇어느 시대나 애국자는 바보일 뿐이다.　〈A. 포우프〉

◇국가는 내일을 위한 계획이 있다는 사실에 의하여 형성되고, 그 생명이 유지된다.　〈가세트〉

◇조국을 위하여 무엇을 할 것인가? 민족을 위하여 무엇을 할 것인가? 이것만이 나의 희망이요, 목표이다.　〈간디〉

◇인간은 정의롭지 못하나 신은 공정하며, 최후엔 반드시 정의가 승리한다.  〈롱펠로우〉

*

◇법률이 일단 성문화되었을 때라도 항상 개정되지 않은 채 유지되어서는 안 된다.  〈아리스토텔레스〉

*

◇아무리 훌륭한 법률일지라도, 게으른 사람을 근면하게, 낭비하는 사람을 절약하게, 취해 있는 사람을 술에서 깨어나게 할 수는 없다.

〈스마일즈〉

# 22
## 처세·야망·명성에 관한 격언

✻

◇자기를 초월하여 허심탄회하게 처세하면 감히 누가 나를 탓하랴. 도(道)를 쫓지 않고 꾀만 부리면 반드시 파탄이 오고, 선한 마음을 갖지 않고 꾀 부리는 사람은 반드시 궁지에 몰리리라.　　〈회남자〉

✻

◇모든 사람에게 마음의 문을 열지 마라.　　〈경외경(經外經)전도서〉

✻

◇그대는 교만한 얼굴을 하면 안 된다. 그러나 가장 고귀하다고 생각하는 것은 굳게 붙잡고 있으라. 마치 자기 위치를 지킬 것을 신으로부터 계시받은 것처럼. 그대가 그것을 확고하게 지켜나가면, 예전에 그대를 비웃던 사람들도 마침내는 찬양할 것이다. 하지만 그대가 비웃음을 당할 것이 두려운 나머지 양보를 한다면, 이중으로 비웃음을 받게 될 것이다.　　〈에픽테토스〉

✻

◇모든 사람에게 예절 바르고, 많은 사람에게 친절하고, 한 사람에게 친구가 되고, 아무에게도 적이 되지 말라.　　〈프랭클린〉

✻

◇시치미 뗄 줄 모르면, 인생의 사는 법을 결코 알지 못한다.

〈팔린게니우스〉

✻

◇지원은 처세술(處世術)의 전부라고 해도 과언이 아니다. 사람은 지원을 받지 않고는 출세할 수 없다.　　　　　　　　　　〈격언〉

✻

◇모든 일이 그대가 바라는 대로 일어나기만 원하지 말고, 오히려 일어나는 대로 방치하라. 그러면 그대들은 행복하게 살아갈 수 있을 것이다.　　　　　　　　　　　　　　　　　　　　　　〈에픽테토스〉

✻

◇이 세상에서 아무리 위대하고 영광스러운 것이라 할지라도 약자의 도움은 종종 필요하다.　　　　　　　　　　　　　　　〈스펜서〉

✻

◇구걸하는 사람이 이것 저것을 가리면 안 된다.　　〈J. 헤이우드〉

✻

◇항상 가장 짧은 길을 달려가라. 그 짧은 길이야말로 곧 자연이다. 그리하여 가장 건전한 이성(理性)으로 말을 하고, 모든 일을 행하라. 만약 그것을 목표로 삼으면, 인간은 번거로움과 투쟁, 모든 기교와 헛된 자랑에서 해방되는 것이다.　　　　　　　　　　〈아우렐리우스〉

✻

◇로마에 가면 로마 식으로 살고, 다른 나라에 가면 그 나라 식으로 살아야 한다.　　　　　　　　　　　　　　　　　　〈성 암브로시우스〉

✻

◇남에게 가장 예리하게 상처를 주고 싶거든, 그의 이기심을 겨누어서 치면 된다.　　　　　　　　　　　　　　　　　　　〈L. 윌리스〉

✻

◇모든 사람이 일자리를 갖도록 하라. 자기의 능력을 충분히 발휘할 수 있는 최고의 일에 고용되도록 하라. 그리고 최선을 다했다는 양심을 가지고 죽도록 하라.　　　　　　　　　　　　　　〈S. 스미드〉

✳

◇사랑에는 슬픔이 있고, 행운에는 기쁨이 있고, 용맹에는 명예가 있으며, 야망에는 죽음이 있다.　　　　　〈셰익스피어〉

✳

◇대부분의 사람들이 큰 야망으로 시달리지만 않는다면 작은 일에 성공을 거둘텐데…….　　　　　〈롱펠로우〉

✳

◇사랑에서 야망으로 옮겨가는 사람은 많지만, 야망에서 사랑으로 돌아오는 사람은 많지 않다.　　　　　〈라 로슈프코〉

✳

◇자기 자신을 위해서 어떤 것을 탐내지 말라. 구하지 말고, 마음을 바로 잡고, 타인을 부러워 말라. 네 운명과 장래는 항상 미지의 것이어야 한다.　　　　　〈톨스토이〉

✳

◇호흡은 신체에 활력을 주고, 명성은 마음에 활력을 준다.　〈영〉

✳

◇야심이란 살아 있을 동안에는 적으로부터 중상을 당하고, 죽은 후에는 친구들로부터 비웃음을 당하는 가히 폭군적인 욕망이다.

〈비너스〉

✳

◇명성을 획득한 예술가들은 그것으로 인해 괴로움을 받는다. 그러므로 그들의 처녀작이 종종 그들의 베스트가 된다.　　　　　〈베에토벤〉

✳

◇욕망은, 어떤 사람의 눈은 멀게 하고 어떤 사람의 눈은 뜨게 만든다.　　　　　〈모리악〉

✳

◇야심은 하늘을 나는 동시에 땅에 길 줄도 안다.　〈에머먼드 버크〉

❋

◇야심의 유혹에 빠지지 말라! 인간의 속에는, 지배욕 외에는 없다.
〈쉴러〉

❋

◇불타는 야심은 젊어서부터 노는 일이나 즐거움을 뿌리치고 자기만을 지배한다.
〈보브나르그〉

❋

◇터부(taboo)를 깨뜨리려는 욕망은 무의식적 욕망이라는 형태로 존속한다.
〈프로이드〉

❋

◇생각하지 않았던 운명의 함정. 발버둥치면 칠수록, 화를 내면 낼수록, 그 함정의 입은 더욱더 벌어지는 것이다.　〈대망경세어록〉

❋

◇명성은 얻는 것이요, 인격은 주는 것이다. 이 지혜에 눈을 뜰 때 당신은 비로소 살기 시작한다.
〈B. 테일러〉

❋

◇명성은 젊은이에게 광채를 주고, 노인에게는 위엄을 가져다 준다.
〈에머슨〉

❋

◇인간은 태어나면서부터 허영심이 강하고, 타인의 성공을 질투하기 쉬우며, 자기 자신의 이익 추구에 대해서는 무한정한 탐욕을 가지고 있다.
〈마키아벨리〉

❋

◇귀는 고운 소리를 듣고, 눈은 아름다운 빛깔을 본다. 그러나 이 눈과 귀는 밖에 있는 도둑이다. 그리고 마음 속에 있는 욕심이나 야심은 안에 숨어 있는 도둑이다. 그러나 우리의 본심이 꿋꿋하다면 그 도둑들은 활동하지 못한다.
〈채근담〉

❈

◇몸가짐은 지나치게 깔끔하게 하지 말아야 하며, 모든 욕됨과 때묻음을 받아들일 수 있어야 하고, 남과 사귐에는 지나치게 선을 긋지 말아야 할 것이니, 모든 선악과 현우(賢愚)를 함께 받아들일 수 있어야 한다.　　　　　　　　　　　　　　　〈채근담〉

❈

◇가장 존경할 인물까지도 존경받게 만드는 데는, 절대적으로 어떤 위엄 있는 태도가 필요하다.　　　　　　　　　　　〈체스터필드〉

❈

◇세상을 살아감에 반드시 공(功)을 구하지 말라. 그르침이 없다면 이것이 바로 공이다. 그리고 남에게 베푼 그 은덕에 감동하기를 바라지 말라. 원망을 듣지 않다면 바로 그것이 은덕이다.　　〈홍자성〉

❈

◇부모나 형제가 변을 당하면 마땅히 침착하여 흥분하지 말고, 친구의 잘못을 보면 마땅히 충고할 일이나 주저하지 말라.

〈홍자성〉

❈

◇작은 일에 지나치게 관심을 갖는 사람들은 대개 큰 일에는 무능해진다.　　　　　　　　　　　　　　　　　〈라 로슈프코〉

❈

◇자유 속에서의 맛없는 콩이 속박 속에서의 단 과자보다 낫다.

〈허버트〉

❈

◇왕은 왕답게, 신하는 신하답게, 아버지는 아버지답게, 아들은 아들답게 행동하도록 하라.　　　　　　　　　　　　〈공자〉

❈

◇내일을 위해서 오늘 분수를 지키는 것이 지혜로운 사람의 도리이

다. 작은 바구니에 달걀을 전부 넣으려는 모험은 하지 말아라.

〈세르반테스〉

✳

◇구속받지 않는 방종이, 무자비한 욕망의 원인이 될 수 있다.

〈키케로〉

✳

◇인간은 자기가 남을 존경할 수 있어야만 비로소 존경받을 수
있다.　　　　　　　　　　　　　　　　　　　　　　〈에머슨〉

✳

◇초대를 받았을 때는 먼저 가는 것보다 늦는 것이 낫다.

〈A. 비어스〉

✳

◇강물이 지나치게 맑으면 물고기가 없고, 사람이 지나치게 살피면
따르는 이가 없다.　　　　　　　　　　　　　　　　〈명심보감〉

✳

◇의심이 날 때는 진실을 말해라.　　　　　　　　　〈마크 트윈〉

✳

◇남에게 무례한 행동을 하지도 말고, 남에게 무례한 행동도 당하
지 말라.　　　　　　　　　　　　　　　　　　　〈성 암브로시우스〉

✳

◇현명하라. 떨어질만큼 너무 높이 오르지 말라. 그렇지만 일어서
기 위해서는 굽혀라.　　　　　　　　　　　　　　　〈P. 매신저〉

✳

◇흔히 보잘 것 없는 것이 가장 훌륭한 것에 영향을 준다.

〈마르몽텔〉

✳

◇타인을 꼭 해쳐야 할 경우에는, 그의 보복을 두려워하지 않을

만큼 통렬한 타격을 가해야 한다.　　　　　　　　〈마키아벨리〉

❋

◇출세는 두 가지 길 밖에 없다. 이것은 자기 자신의 근면에 의하는
것과 다른 사람의 어리석음에 의하는 것이다.　　　〈라 브뤼에르〉

❋

◇출세하려면 현명해야 하지만 겉으로는 바보처럼 보여야 한다는
것을 나는 항상 보아왔다.　　　　　　　　　　　〈몽테스키외〉

❋

◇질(質)의 참된 기준은 마음 속에 가지고 있으니, 고상하게 생각
하는 사람이 고상하다.　　　　　　　　　　　　　〈버커스탑〉

❋

◇만일 일이 뜻대로 진행되지 않거든 나보다 못한 사람을 생각하
라. 그러면 원망이 절로 사라지리라. 마음이 나태해지거든 곧 나보다
나은 사람을 생각하라. 그러면 정신이 번쩍 들리라.　　　〈채근담〉

❋

◇항상 냉철하고, 어떤 환경에서도 침착함을 잃지 않는 것만큼
남에게 이익을 주는 것도 없다.　　　　　　　　　　〈제퍼슨〉

❋

◇고양이는 생선을 먹어도 자기 발을 적시지는 않는다.

〈J. 헤이우드〉

❋

◇결코 후회하지 말고, 결코 남을 탓하지 말라. 이것이 영지(英智)
의 첫걸음이니라.　　　　　　　　　　　　　　　　〈디드로〉

❋

◇시작이 좋으면 끝도 좋다.　　　　　　　　　　〈영국 속담〉

❋

◇물에 빠졌을 때, 그 흐름에 역행해서는 안 된다. 자연스럽게 물의

흐름에 몸을 맡겨 버리면, 아무리 헤엄칠 줄 모르는 사람도 물가나
언덕에 닿기 마련이다.　　　　　　　　　　　　　　　　〈세르반테스〉

❀

◇항상 자기가 할 일을 주의 깊게 하라. 어떤 일도 주의가 부족했다
는 변명은 결코 통하지 않는다.　　　　　　　　　　　　　〈톨스토이〉

❀

◇우리의 게으른 습관을 고치는 특효약은, 자신들의 실패로 오는
절망보다도 부지런한 사람의 성공이다.　　　　　　　　　　〈르나아르〉

❀

◇큰 인물은 큰 일을 기도하지만, 그것은 그 일이 중요하기 때문이
다. 그러나 어리석은 사람도 큰 일을 기도하지만 그것은 그 일이 쉬울
거라고 생각하기 때문이다.　　　　　　　　　　　　　　　〈보브나르그〉

❀

◇남의 은혜를 망각한다면 벌써 인간으로서의 약점을 지니고 있는
증거이다. 따라서 유능한 사람이 남의 은혜를 잊었다는 예는 어디에
도 없다.　　　　　　　　　　　　　　　　　　　　　　　　　〈괴테〉

❀

◇어떠한 일이든지 한 가지 일에 능통하라! 한 가지 일에 능통하지
못한다면 한 가지 지혜도 가지지 못한다.　　　　　　　　　　〈경행록〉

❀

◇우리의 진정한 적은 언제나 침묵하고 있다.　　　　　　　〈발레리〉

❀

◇작은 구멍으로 배를 침몰시킬 수 있고, 죄 하나로 죄인을 파멸시
킬 수 있다.　　　　　　　　　　　　　　　　　　　　　　　〈J. 버넌〉

❀

◇쉬운 일은 어려운 일처럼 하고, 어려운 일은 쉬운 일처럼 하라.

〈B. 그라시〉

❋

◇지조가 강한 사람은 자칫하면 다른 사람과 어울리기 어려워서 이따금 남과 다투는 일도 있다. 그러므로 평소에 온화한 마음으로 타인과 지내도록 마음을 돌봐야 한다. 그리고 공명심이 강한 사람은 자칫하면 오만에 흐르게 되므로 남에게 질투를 받는 일이 많다. 그러므로 평소에 겸양의 미덕을 보이면 결코 남의 질투를 받을 일이 없을 것이다.  〈채근담〉

❋

◇처세술이란, 무엇보다도 먼저 자기가 한 결심을 재치 있게 해내는 일이다. 따라서 자기가 종사하고 있는 일에 대해서 군소리를 하지 않는 사람이야말로 처세술에 능하다고 볼 수 있다.  〈알랑〉

❋

◇적이 나보다 약하다고 해서 결코 동정해서는 안 된다.

〈사디〉

❋

◇새 신을 가지기 전에는 헌 신을 버리지 말아야 한다.

〈폴란드 격언〉

❋

◇기다릴 줄 아는 사람은 원하던 것을 가질 수 있다.

〈프랑스 격언〉

❋

◇높은 산에 올라가 보지 않는 사람은 평야를 알 리가 없다.

〈중국 격언〉

❋

◇고생을 많이 하여 세상 물정에 밝은 사람은 자신에게 닥친 역경을 여유있게 넘긴다.  〈모옴〉

❋

◇가벼운 승낙은 반드시 믿음이 적고, 쉽게 하는 일이 많으면 반드시 어려움이 많다.　　　　　　　　　　　　　　　　〈노자〉

❋

◇갈보집에는 발을 들여 놓지 말고, 여자의 치마 속에는 손을 넣지 말고, 고리대금업자의 장부에는 연필을 대지 말라. 그리고 비열한 악마는 멀리 쫓아버려라.　　　　　　　　　　　　　　〈셰익스피어〉

❋

◇나는 큰 소리로 칭찬하지만, 부드럽게 나무란다.

〈러시아의 카테리네 2세〉

❋

◇시작하기 전에 충분히 준비하라.　　　　　　　　　　〈키케로〉

❋

◇고집때문에 옳지 않은 쪽을 편들지 말라. 상대방은 옳은 쪽 편을 들어서 그대를 선수쳤기 때문이다.　　　　　　　　〈B. 그라시안〉

❋

◇그대가 때와 장소를 가리지 않고, 경건한 마음으로 당면한 현재의 상태에 만족하고, 주위 사람들에게 올바른 행동을 하며, 그대를 함부로 공박하지 못하도록 사상을 보전하기 위해 슬기롭게 힘쓰는 것은, 고유 권한에 속한다.　　　　　　　　　　　　〈아우렐리우스〉

❋

◇야심이 있는 사람은 항상 커다란 행운과 재물이 굴러 들어올 것이라고 믿기 때문에 그 무엇인가를 뒤쫓고 있다. 하지만 그 사람에게 돌아오는 것은 단지 피로와 분주한 나날 뿐이다.　　　　〈알랭〉

❋

◇명예 없이 살기보다는 명예를 얻고 죽는 쪽이 천 배나 낫다.

〈루이 6세〉

❋

◇우리는 성취(成就)에 의해서보다는 오히려 욕망(欲望)에 의해 살고 있다.　　　　　　　　　　　　　　　　〈G. 무어〉

❀

◇명성은 죽은 사람이 먹는 음식이다──나는 이런 맛있는 음식을 집어넣을 위(胃)가 없다.　　　　　　　　　　　〈도브슨〉

❀

◇정도가 넘는 권력욕은 천사를 타락시켰고, 정도가 넘은 지식욕(知識慾)은 인간을 타락시켰다.　　　　　　　　〈베이컨〉

❀

◇명성은 모두 위험하다. 좋은 명성은 시기를 가져오고, 좋지 않은 명성은 치욕을 가져온다.　　　　　　　　　〈T. 플러〉

❀

◇많이 알려진 이름이란 얼마나 무거운 짐이 되는 것인가?

〈볼테르〉

❀

◇얼마나 많은 사람이 명성에 의해 칭찬을 받은 후에 망각 속에 묻혀 버렸던가? 그리고 타인의 명성을 찬양했던 사람들도 이미 옛날에 죽었다.　　　　　　　　　　　　　　〈아우렐리우스〉

❀

◇자신이 가장 보잘 것 없고 비참하다고 믿고 있는 사람은 일반적으로 가장 야심적이며 선망가(羨望家)이다.　　　　〈스피노자〉

❀

◇최대의 곤란은 명성을 획득하는 것이며, 다음은 살아 있을 때에 그 명성을 유지하는 것이고, 그 다음은 사후에도 보유하는 것이다.

〈하이든〉

# 23
# 친절 · 겸손 · 칭찬에 관한 격언

✽

◇겸손도 정도가 넘으면 교만이 된다.　　　　　　〈영국 격언〉

✽

◇스스로 굽히는 사람은, 중요한 일을 잘 처리하고, 타인을 이기는 것을 좋아하는 사람은 필시 적을 만난다.　　　　　　〈경행록〉

✽

◇진실로 겸손한 사람은 자기 자신에 대해 절대로 말하지 않는다.
　　　　　　〈라 브뤼에르〉

✽

◇겸손은 신이 사람에게 내린 최고의 덕(德)이다.　　〈브하그완〉

✽

◇누구든지 자기를 높이는 자는 낮아지고, 자기를 낮추는 자는 높아지리라.　　　　　　〈신약성서〉

✽

◇기고 만장한 것보다 허리를 굽히는 쪽이 더 지혜롭다.〈워즈워드〉

✽

◇마음은 겸손하고 소박하게 가져야 한다. 그러면 곧 의리가 들어와 자리 잡는다. 그 마음 속에 의리가 있으면 허욕이 들어가지 못한다.　　　　　　〈채근담〉

❋

◇겸손하지 못한 사람은 항상 타인을 비난한다. 그런 사람은 타인의 그릇된 것만을 인정한다. 그럼으로써 그 사람 자신의 욕망과 죄는 점점 더 커져만 간다.　　　　　〈톨스토이〉

❋

◇겸양은 아름다운 현실이다. 그러나 겸양이 지나치면 공손하고 삼가함을 떠나 비굴이 되어 본 마음을 의심케 한다.　　　〈홍자성〉

❋

◇자기 자신에 대해서는 엄격하라. 그러나 타인에 대해서는 항상 겸손하라. 그때 당신에게는 적이 없어질 것이다.　　　〈중국 격언〉

❋

◇좁은 길은 두 사람이 한꺼번에 갈 수 없다. 그럴 때 서로 갈려고 한다면 두 사람 다 가지 못한다. 이런 때는 한 걸음 양보하여 타인을 먼저 가게 할 줄 알아야 한다. 또 맛있는 음식은 누구든 다 좋아한다. 비록 맛있는 음식을 자기 혼자 먹고 있던 것일지라도 약간은 타인에게 맛보도록 할 줄 알아야 한다. 이와같이 모든 것에 대해서 한 걸음 양보하고 서로 나눠 먹을 줄 안다면 세상을 편안하게 살아갈 수 있을 것이다.　　　　　　　　　　　〈채근담〉

❋

◇자신의 몸이 귀하다고 하여 타인을 천하게 여기지 말고, 자기가 크다고 하여 타인의 작은 것을 업신여기지 말라.　　　〈강태공〉

❋

◇항상 겸손한 사람은 타인에게 칭찬을 들었을 때나 험담을 들었을 때나 변함이 없다.　　　　　　　　　　　　〈장 파울〉

❋

◇고상하면 할수록 더욱 겸손해진다.　　　　　　　〈J. 레이〉

❋

◇진정으로 용기있는 사람만이 겸손할 수 있다. 겸손은 자기를 낮추는 것이 아니라 도리어 자기를 세우는 것이다.  〈브하그완〉

❋

◇겸손하지 않은 사람이 성공한 것을 본 적이 있는가? 겸손은 인생에서 성공하기 위한 첫번째 열쇠이다.  〈슐러〉

❋

◇항상 자기에게 해당한 곳보다 조금 낮은 장소를 택하라. 타인에게서 내려가는 말을 듣는 것보다 올라가라는 말을 듣는 편이 낫다. 자기 스스로 높은 곳에 앉은 사람을 신은 아래로 밀어내고 스스로 겸손한 사람을 신은 부축해 올린다.  〈탈무드〉

❋

◇평범한 능력밖에 없는 사람들의 겸양(謙讓)은 거짓이 아니지만, 매우 뛰어난 재능을 가진 사람들의 겸양은 위선(僞善)이다.

〈쇼펜하우어〉

❋

◇경멸은 언제나 정도에 넘치는 공손한 말 속에 교묘하게 숨어있다.  〈스탕달〉

❋

◇이 세상을 살아 나가는 데에 있어서 다른 사람들과 앞을 다투어서는 결코 안 된다. 언제나 한 걸음 양보할 줄 알아야 한다. 이렇게 하는 것이 자신의 인격을 높이는 것이며, 자연히 다른 사람보다 높은 지위에 앉게 되는 근본이 된다. 즉, 한 걸음 물러서는 것은 다시 한 걸음 앞으로 나아갈 수 있다는 원인이 되기 때문이다.  〈채근담〉

❋

◇사람은 부족함을 깊이 깨달으면 깨달을수록 좋다. 그것이야말로 행복의 출발이다. 인생에 대한 끝없는 겸손! 그것이 없다면 사람은 항상 헤맬 것이다.  〈빌리 그레이엄〉

❋

◇행동이 항상 사람을 나타내 보이지는 않는다. 친절을 베푸는 사람이라고 해서 반드시 친절하지 않다는 것을 우리는 알게 된다.

〈A. 포우트〉

❋

◇마음이 상냥한 사람은 결코 아무것도 손해보지 않는다.

〈J. 클라크〉

❋

◇은혜는 갚을 수 있는 범위 안에서 베풀어야 한다. 그 한계를 넘어서면 고마운 마음대신 증오심을 불러 일으킨다.　〈타키투스〉

❋

◇다른 사람에게 친절하고 관대한 것이 자기 마음의 평화를 유지하는 길이다. 남을 행복하게 할 수 있는 사람만이 또한 행복을 얻을 수 있다.

〈플라톤〉

❋

◇참된 친절은 극히 드물다. 친절한 사람은 보통 단순히 친절하려는 것이든가, 아니면 마음이 약한 자(者)일 뿐이다.　〈라 로슈프코〉

❋

◇큼직한 친절로 큼직하게 이겨라. 최후의 승자는 친절한 사람이다. 힘없는 사람, 용기없는 사람은 다만 친절을 가장 할 뿐이다.

〈중국 격언〉

❋

◇남에게 친절함으로써 그 사람에게 준 유쾌함은 곧 자신에게 돌아온다. 뿐만 아니라, 때로는 이자를 가져오기도 한다.　〈스미드〉

❋

◇가장 위대한 선물은 끝없는 친절이다. 그리고 친절은 진정한 의미에 있어서 위대한 사람만이 할 수 있는 일이다.　〈러시킨〉

❋

◇옛 친구를 만나거든 전보다 더 한층 친밀하게 교제하라. 또한 불우한 환경에 빠졌다든지, 운수가 나빠서 어려움에 빠진 사람을 대하거든 그의 환경이 좋았을 때보다 더욱 친절하게 대하라.〈채근담〉

❋

◇조용한 거부는 곧 친절이다.　　　　　　〈푸블릴리우스 시루스〉

❋

◇우러러 볼수록 더욱 높고, 팔수록 더욱 깊고, 친할수록 더욱 경이로운 곳에 친절이 있다.　　　　　　〈법구경〉

❋

◇친절은 이 세상을 아름답게 만들며 모든 비난을 해결한다. 그리고 얽힌 것을 풀어 헤치고, 어려운 일을 수월하게 만들고, 암담한 것을 즐거움으로 바꾼다.　　　　　　〈톨스토이〉

❋

◇공손이란, 가장 친절한 방법으로 가장 친철한 것을 행하고 말하는 것이다.　　　　　　〈L. 류이전〉

❋

◇호의를 베풀 줄 모르는 사람은 그것을 바랄 권리도 없다.

〈푸블릴리우스 시루스〉

❋

◇친절은 언제나 친절을 낳는다. 그러나 은혜에 대한 기억을 마음 속에 간직해 두지 않는 사람은 더이상 고귀한 사람이 아니다.

〈소포클레스〉

❋

◇은혜를 베풀거든 그 보상을 바라지 말고, 남에게 주었거든 뒤에 후회하지 말라.　　　　　　〈명심보감〉

❋

✽

◇인간은 타인을 칭찬함으로써 자기가 낮아지는 것이 아니다. 오히려 자기를 상대방과 같은 위치에 올려 놓은 것이다.　〈괴테〉

✽

◇사람을 대함에 있어 누구를 흉보고 누구를 칭찬하랴. 그러나 사람을 칭찬할 때에는 먼저 그를 시험해 본 다음해야 한다.　〈공자〉

✽

◇칭찬은 밑천이 들지 않지만, 그 대가는 비싸다.　〈T. 플러〉

✽

◇아무리 겸손한 사람이라 하더라도 사람은 칭찬을 들으면 즐거움을 가지게 마련이다.　〈파쿼〉

✽

◇칭찬은 마땅히 우리에게 돌아와야 될 것이라 하더라도 요구에 따라 반드시 지불되는 은행 수표와 같지 않다. 칭찬이 가치 있는 것이 되려면 자발적인 행동이 선행되어야 한다.　〈C. 시버〉

✽

◇아버지가 아들의 중매를 하지 않는 것은 아버지가 자식을 칭찬하는 것보다 다른 사람이 칭찬하는 것이 더 효과가 있기 때문이다.

〈장자〉

✽

◇칭찬, 그것은 때로는 삶의 활력소가 되기도 하지만, 때로는 추진력을 잃게도 만들다.　〈프랭클린〉

✽

◇밤에는 낮을 찬양하라. 그리고 인생의 마지막에는 삶을 찬양하라.　〈허버트〉

✽

◇칭찬 받기보다 칭찬하기를 즐겨하라. 칭찬 받기를 원하여 타인으

로부터 칭찬을 받았다 한들 그 무슨 의미가 있겠는가? 당신의 행동이 타인으로부터 칭찬 받을 수 있도록 공(功)이 있다면, 칭찬 따위는 사실 번거로운 일에 불과할 것이다.　　　　　　　〈한비자〉

✳

◇사람들은 참으로 이상한 행동을 한다. 그들은 자기 자신과 동일한 시대를 함께 살고 있는 사람들을 좀처럼 칭찬하지 않는다. 오히려 자신이 아직 보지도 못했으며, 또한 결코 볼 수도 없는 후세의 사람들에게서 칭찬을 받는 것에 커다란 의미를 두고 있는 것이다.

〈아우렐리우스〉

✳

◇나를 좋게 말하면서 나를 사랑하지 않는 사람이면, 나도 그를 칭찬하되 신뢰하지는 않을 것이다.　　　　　　　〈J. 레이〉

✳

◇칭찬을 들었을 때 우쭐하는 사람은 사실 칭찬받을 자격이 없는 사람이다.　　　　　　　　　　　　　　　〈프로스트〉

✳

◇타인이 억지로라도 칭찬하게 하는 유일한 방법은, 우리가 칭찬받을 일을 행하는 것이다.　　　　　　　　〈볼테르〉

✳

◇세상 사람 대부분이 당신에게 갈채를 보낼 때 가장 조심하라. 그것은 때때로 올가미보다 더 위험하다.　　　　　〈영〉

✳

◇자식을 진정으로 사랑하거든 칭찬보다는 격려를, 격려보다는 채찍을 가하라. 칭찬은 사람을 가라앉게 만들며, 격려는 사람을 걸어가게 만든다. 그러나 채찍은 사람을 달려가게 만든다.　　〈장 파울〉

✳

◇나는 말은 적게 하고, 행동은 더욱 삼가한다.　〈헤이우드〉

◇만약 친절하다는 말을 듣고 싶으면 좀 지나칠 정도로 친절해야만 한다.　　　　　　　　　　　　　　　　　　　　　〈마리보〉

＊

◇진실로 친절할 수 있는 사람은 성격이 확고한 사람뿐이다. 겉보기에 친절한 사람은 대체로 나약할 뿐이며 쉽게 사나와진다.　　　　　　　　　　　　　　　　　　　　　〈라 로슈프코〉

＊

◇은혜를 베푸는 사람은 그것을 감춰라. 그리고 은혜를 입은 사람은 그것을 공개해라.　　　　　　　　　　　　　　〈세네카〉

＊

◇우쭐대고 뽐내지 않는 사람은 자기 자신이 믿고 있는 것보다 훨씬 큰 인물이다.　　　　　　　　　　　　　　　〈괴테〉

＊

◇내가 사랑하는 사원(寺院)은 겸손한 마음이다.　　〈P.J. 베일리〉

＊

◇겸손은 가장 얻기 어려운 미덕이다. 반면에 자기 자신을 좋게 생각하려는 욕망보다 더 어리석은 것은 없다.　　〈T.S. 엘리어트〉

＊

◇겸손은 모든 미덕의 근원이다.　　　　　　〈T.J. 베일리〉

＊

◇사람은 자기 자신을 높이 평가할수록 타인에 대하여 미움을 가지기 쉽다. 사람은 겸허하면 겸허할수록 화를 내는 일도 그만큼 적어진다.　　　　　　　　　　　　　　　　　　　　　　〈톨스토이〉

＊

◇용기와 힘을 함께 갖춘 사람은 결코 교만하지 않다. 힘이 있는 사람의 겸손은 진실이며, 약한 사람의 겸손은 허위이다.　〈브하그완〉

# 24
# 정치 · 권력에 관한 격언

❉

◇정치인은 줄타기 곡예사이다. 그는 행동하는 것과 반대되는 말을 함으로써 균형을 유지한다.　　　　　　　　　　　〈M. 바레스〉

❉

◇정치적 행동의 비극은, 어떤 문제는 해결 방법이 없다는 것이다. 양자 택일의 그 어느 것도 이성적인 일관성 또는 도덕적인 엄격성이 없다. 어떤 것을 택하든 누구에겐가 해(害)가 된다.　　　〈J. 졸〉

❉

◇민주주의는 변동과 무질서로 가득찬, 그리고 동등한 사람이나 동등하지 않는 사람에게나 똑같이 평등을 분배해 주는 매력적인 정치 형태이다.　　　　　　　　　　　　　　　　　　〈플라톤〉

❉

◇현대 정치는 근본적으로 생각해 보면 사람들의 투쟁이 아니라 권력의 투쟁이다.　　　　　　　　　　　　　　〈H.B. 애덤즈〉

❉

◇사람들은 나면서부터 체질적으로 두 정당으로 나뉜다. 첫째는 대중을 두려워하고 불신하여 그들로부터 모든 권리를 박탈해 권력있는 사람의 손에 쥐어 주기를 원하는 사람들이고, 둘째는 자신을 대중과 동일시하고, 그들을 신뢰하며 그들이 공공 이익의 가장 현명한

보관소는 아니더라도 가장 정직하고 안전한 보관소로 여기고 사랑하는 사람들이다. 모든 나라에서는 이처럼 두 정당이 존재한다. 사람들이 자유롭게 생각하고, 말하고 쓸 수 있는 나라에서는 어디서나 사람들이 스스로 천명할 것이다. 〈제퍼슨〉

✳

◇민주주의는 무엇보다 우수한 통치 형태이다. 그것은 인간을 이성적 존재로서 존중하는데 기초를 두기 때문이다. 〈케네디〉

✳

◇민주주의는 국민 모두를, 국민 모두를 위하여, 국민 모두에 의해 직접 자치(自治)되는 것이다. 〈T. 파커〉

✳

◇민주주의에 두 가지 점에서 갈채를 보낸다. 하나는 다양성을 인정하기 때문이요, 또 하나는 그것이 비판을 허락하기 때문이다. 이렇게 두 가지가 있으면 충분하다. 세 가지를 줄 계기는 없다.

〈E.M. 포스터〉

✳

◇신의 백성이 존재한다면, 그들의 정부(政府)는 민주적일 것이다. 그토록 완전한 정부는 인간의 것이 아니다. 〈루소〉

✳

◇이 나라의 민주 시민으로서, 당신들은 통치자인 동시에 피통치자이며, 입법자인 동시에 준법자이며, 시작인 동시에 끝이다.〈스티븐슨〉

✳

◇정치 활동은 한 사회를 도우며, 더 좋은 장래를 낳게 하는 산파역이어야 한다. 정치의 역할은 산모와 아기를 구하는 일이다. 〈모로아〉

✳

◇당신들이 원하는 모든 것을 줄 수 있을 만큼 큰 정부는 모든 것을 빼앗아갈 만큼 큰 정부이다. 〈B. 고울드워터〉

＊

◇정치를 소홀히 하지 말고, 백성 다스리기를 아무렇게나 하지 말라. 이전에 내가 농사를 지을 때는 논 갈기를 소홀히 하였더니 결실이 소홀하여 나에게 보복하고, 김매기를 아무렇게나 했더니, 결실도 아무렇게나 하여 나에게 보복하였다. 다음해에는 반성을 해서 땅을 깊이 갈고 김을 잘 매었더니 벼가 무성하게 자라고 결실이 잘 되어, 나는 일년 내내 배부르게 먹을 수 있었다.　　　　　　〈장자〉

＊

◇국민들로 하여금 그들이 국가를 통치한다고 생각하게 하라. 그러면 그들은 통치받을 것이다.　　　　　　〈W. 펜〉

＊

◇지혜가 악한 사람을 짓누르는 것을 제외한 모든 억압은 죄악이다.　　　　　　〈W. 쿠퍼〉

＊

◇위대한 실현에서, 우리들은 정부(政府)가 시민들을 위하여 무엇을 해줄 수 있는가 하는 것보다, 시민들이 국가를 위하여 무엇을 할 수 있는가에 대해서 더욱 관심을 가지는 그러한 시민 정신을 가져야 한다.　　　　　　〈W.G. 하딩〉

＊

◇권력자와 그 앞잡이들의 계교는 어느 나라, 어느 시대나 똑같다. 그것은 자신의 악폐와 침해를 감추기 위해서 희생물을 만들어 놓고, 공공연히 비난하여, 대중의 반감과 혐오를 자극한다.〈H. 클레이〉

＊

◇민주주의에서의 한 정당은 항상 다른 당이 통치하기에 적합하지 않다는 것을 증명하는데 총력을 기울인다. 그러면서 서로 계승하며 잘 되어 간다.　　　　　　〈멘켄〉

＊

◇국가에 최선으로 봉사하는 사람이, 자신의 정당에 최선으로 봉사한다.　　　　　　　　　　　　　　　　　　　〈R.B. 헤이즈〉

＊

◇국민의 행복을 바라며, 어떻게 하면 국민이 행복할 것인가를 알고 있는 정부가 최상의 정부다.　　　　　　　　　　　　〈매콜리〉

＊

◇도대체 무엇 때문에 정부가 설립되었는가? 인간의 정열은 강제하는 일이 없으면 이성과 정의의 명령에 따르지 않기 때문이다.

〈헤밀턴〉

＊

◇좋은 정부보다 더 좋은 것이 하나 있는데, 그것은 국민 모두가 역할을 가지는 정부이다.　　　　　　　　　　　　〈W.H. 페이지〉

＊

◇정치는 마치 전쟁과 같이 사람을 흥분시키며 또 그만큼 위험하다. 전쟁에서는 한 번 죽을 뿐이지만, 정치에서는 여러 번 죽을 수 있다.　　　　　　　　　　　　　　　　　　　　　　　〈처어칠〉

＊

◇모든 국민이 자기 손에 자기들의 권리를 가지고 있으며, 그 권리를 유지하기 위해 국민을 포용한 정부보다 더 든든한 기초를 가진 정부는 아마도 없을 것이다.　　　　　　　　　　　〈W.L. 개리슨〉

＊

◇정치 생활에는 어느 정도의 악한 행동을 저지르지 않고는 피하기 불가능한 어려운 점이 있다.　　　　　　　　　　　〈나폴레옹〉

＊

◇법이 국민을 다스리고 국민이 법에 관여하는 곳에서는 어떤 정부든지 그들의 국민으로부터 자유롭다.　　　　　　　　〈W. 펜〉

＊

◇전 세계의 정치인들에게 단 한 가지의 규칙이 있다. 당신이 야당일 때 말하는 것을 여당일 때는 말하지 말라. 만약 말한다면, 다른 동료들이 불가능함을 발견한 것을 당신 홀로 해내야 한다.
〈J. 골즈워드〉

❋

◇세상은 군주 한 사람의 세상이 아니라, 삶을 이어받은 만인의 세상이다. 그러한 천하의 이득을 천하만민과 함께 나누려는 마음을 가진 군주라야 천하를 얻을 수 있다.
〈강태공〉

❋

◇권세가 본디 악한 것은 아니건만 고관들의 재앙은 이 권세에서 많이 나오며, 보석이 본디 나쁜 것이 아니건만 보통 사람의 재앙은 보석에서 많이 나온다.
〈이지함〉

❋

◇한 국가의 통치자들은 국내에서나 국외에서나 거짓말을 할 특권을 가진 유일한 사람들이다. 그들이 국가의 이익을 위해서 거짓말을 한다면 허용될 수 있다.
〈플라톤〉

❋

◇독재는 지옥처럼 쉽게 타도되지는 않는다. 그러나 투쟁이 힘들수록 승리는 더욱 영광스럽다는 위로가 우리의 마음 속에 있다. 우리들은 너무 쉽게 얻는 것은 너무 가볍게 여긴다. 자유와 같은 하늘에 속한 것이 높게 평가되지 않는다면 참으로 이상한 것이다.　〈T. 페인〉

❋

◇임금은 긴 손을 가졌다고 사람들은 말한다. 나는 임금의 귀 또한 길기를 바란다.
〈스위프트〉

❋

◇권력과 영화 있는 사람들 사이에 살다보면, 결국은 신사(紳士)와 교제하지 못하고, 사기꾼과 악한 사람만을 사귀게 되리라.〈에머슨〉

✳

◇미덕은 공화국에서, 명예는 군주국에서 필요한 것처럼 전제국에서 필요한 것은 공포다.　　　　　　　　　　　　〈몽테스키외〉

✳

◇밝은 군주는 얼굴을 한 번 찌푸리거나 웃는 것에도 신경을 쓰고 감정을 경솔하게 겉으로 나타내지 않는다. 희노 애락의 감정을 얼굴에 나타내지 않는다. 그 영향을 생각하기 때문이다.　　〈한비자〉

✳

◇호랑이에게 날개를 달아 주지 말라. 얼마 후에 마을로 날아들어가서 사람들을 잡아먹을 것이다.　　　　　　　　　　　〈초서〉

✳

◇힘과 권리는 이 세상의 모든 것을 지배하며 힘은 권력이 쥐어질 때까지 지배한다.　　　　　　　　　　　　　　　　〈주베르〉

✳

◇힘으로 사람을 다스리려고 꾀하는 사람은 폭군이요, 이것은 참아내야 할 사람은 노예이다.　　　　　　　　　　　〈잉거솔〉

✳

◇야수처럼 행동하는 법을 잘 알아서 덕을 보는 군주는 사자와 여우를 본받아야 한다. 사자는 덫으로부터 자신을 보호하지 못하며, 여우는 늑대로부터 자신을 지킬 수 없기 때문이다. 따라서 군주는 덫을 피하기 위해서 여우가 되어야 하며, 늑대를 위협하기 위해서는 사자가 되어야 한다.　　　　　　　　　　　　　〈마키아벨리〉

✳

◇정치 평론가들이 ‘모든 사고(思考)하는 사람’이라고 말할 때는 그들 자신을 뜻하는 것이고, 입후보자들이 ‘모든 지성(知性)있는 투표자’라고 호소할 때는, 자기 자신에게 투표하려고 하는 모든 사람을 뜻한다.　　　　　　　　　　　　　　　　　〈애덤즈〉

✼

◇가장 견고한 탑은 가장 높은 벽을 가지고 있지 않다. 집에서 편안히 앉아있을 때 이것을 잘 생각해라.  〈W. 모리스〉

✼

◇권력이 막강하게 될 때는 그것이 만성적 공포와 결부되는 때이다.  〈E. 호퍼〉

✼

◇재산을 취하기 위해서 덕을 팔지 말고, 권력을 취하기 위해서 자유를 팔지 말라.  〈프랭클린〉

✼

◇부는 권력이기 때문에 권력은 무슨 방법으로든 기필코 부를 자신에게로 끌어당길 것이다.  〈E. 버크〉

✼

◇정치적 집단은 사람의 신체와 같이 태어나는 순간부터 죽어가기 시작하며, 그 자체 속에 자멸의 요인을 가지고 있다.  〈루소〉

✼

◇권력은 과격하고 거만한 사람을 기쁘게 하고, 재물은 조용하고 소심한 사람을 즐겁게 해준다. 따라서 젊은이는 권력에 덤벼들고 노인은 부에 아첨한다.  〈사무엘 존슨〉

✼

◇지혜없는 권력은 날 없는 무거운 도끼와 같아서 다듬기보다는 상처를 입히기에 적당하다.  〈A. 브레드 스트리트〉

✼

◇가장 높은 지위에 있는 사람들과 가장 막강한 권력을 가진 사람들이 가장 자유가 없다. 왜냐하면 많은 사람들이 관찰하기 때문이다.  〈J. 틸러트슨〉

✼

◇음모를 고백하는 사람은 다른 위험한 일을 시켜본 후에야 비로소 신용하더라도 그 인물에 대해서 전폭적인 믿음을 가져서는 안 된다. 왜냐하면 실질적인 음모는 지금까지의 일과는 비교도 되지 않을 만큼 위험한 것이니까.　　　　　　　　　　　　　　　〈마키아벨리〉

＊

◇힘과 권리는 세상의 모든 것을 지배하며, 힘은 권력이 쥐어질 때까지 언제나 영광스러운 것이다.　　　　　　　　　〈L. 아리오스토〉

＊

◇강자를 두려워할 필요는 없다. 필요한 것은 강자를 제압하는 방법을 아는 것이다. 모든 강한 사람에게는 특별한 약점이 있다.

〈Y. 예프투센코〉

＊

◇정치가 유혈(流血)없는 전쟁인 것에 반해, 전쟁은 유혈(流血) 있는 정치이다.　　　　　　　　　　　　　　　　　　　〈모택동〉

＊

◇분산시켜 통치하라는 말은 훌륭한 표어다. 합병하여 통치하라는 말은 더 나은 표어다.　　　　　　　　　　　　　　　　　〈괴테〉

＊

◇대통령의 가장 어려운 숙제는, 옳은 것을 실천하는 것이 아니라 무엇이 옳은 것인가를 아는 것이다.　　　　　　　　　〈L.B. 존슨〉

＊

◇민주주의를 달성하기 위해서 혁명을 해서는 안된다. 혁명을 하기 위해서 민주주의가 필요한 것이다.　　　　　　　　〈G.K. 체스터튼〉

＊

◇정치적 변혁은 큰 저항을 극복한 이후가 아니면 결코 이루어지지 않는다.　　　　　　　　　　　　　　　　　　　　　〈스펜서〉

＊

◇민중을 설득하기는 쉽지만, 설득된 그대로의 상태로 민중을 언제까지나 붙들어 두는 것은 어렵다. 그러므로 말을 듣지 않게 되거든 힘으로 붙잡아 둘 방법을 강구해야 한다.　　　　　〈마키아벨리〉

◇정(政)이란 정(正)이다. 당신이 바르게 다스리면, 백성들은 감히 부정을 저지르지 않는다.　　　　　〈공자〉

# 25
# 가족 · 친척 · 가정에 관한 격언

✳

◇자기 가정을 훌륭히 다스릴 줄 아는 사람이, 국가의 일에도 가치 있는 인물이 될 것이다.　　　　　　　　　　　　　　〈소포클레스〉

✳

◇모성(母性)은 하늘과 땅의 뜻의 표현이다.　　　　〈대망경세어록〉

✳

◇천막을 치고 야영을 하기 위해서는 백 명의 남자가 필요하지만, 가정은 한 여자로도 이룰 수 있다.　　　　　　　　　　　　〈잉거솔〉

✳

◇누구나 자기 집을 갖도록 세상은 이토록 넓었다.　　　〈에머슨〉

✳

◇남편은 한 집안의 주인이다. 하지만 남편이 소처럼 밖에서 일하기 때문에, 집안에서는 주로 아내가 지배를 하기 마련이다.〈에셴바흐〉

✳

◇달콤한 쾌락과 화려한 궁전 속을 거닐지라도, 초라하지만 내 집만한 곳은 없다.　　　　　　　　　　　　　　　　〈J.H. 페인〉

✳

◇자비는 가정에서부터 생기고, 정의는 이웃에서부터 생긴다.

〈디킨즈〉

✻

◇아내의 인내만큼 아내에게 명예스러운 것이 없고, 남편의 인내만큼 아내에게 불명예스러운 것은 없다.　　　　　　　〈서양 격언〉

✻

◇우리들은 항상 자녀들을 위해서 무엇인가를 하고 있다고 말한다. 그러나 자녀들이 우리들을 위하여 무엇인가 해주는 것을 보고 싶다.　　　　　　　〈에디슨〉

✻

◇부인은 감정에 좌우되기 쉽다. 그러나 어머니가 되면 아이들에게 감정의 차이를 가지고 대해서는 안 된다.　　　　　　　〈브랭키〉

✻

◇이상적인 결혼과 마찬가지로 이상적인 어머니는 소설에서나 볼 수 있다.　　　　　　　〈M.R. 새퍼스틴〉

✻

◇아무리 수고하거나, 어디를 방황할지라도, 우리는 평온을 찾아 가정으로 되돌아 온다.　　　　　　　〈고올드 스미스〉

✻

◇아내의 덕행은 친절히 보라. 하지만 아내의 잘못은 못본 척하라.　　　　　　　〈브라이언트〉

✻

◇현명한 아내는 남편이 숨기고 싶은 사소한 일을 항상 모르는 척한다. 이것이 결혼 생활의 예의의 기본이다.　　　　　　　〈모옴〉

✻

◇어머니의 더할 나위 없는 귀염둥이였던 사람은 성공자의 기분을 일생동안 가지고 살며, 그 성공에 대한 자신감은 그를 자주 성공으로 이끈다.　　　　　　　〈프로이드〉

✻

◇가까운 사람들과 친하지 않으면서 먼 사람들과 가까이 하려 애써서는 안 된다. 친척들이 따르지 않는다면 외부의 사람들과 사귀려고 애써도 안 된다. 따라서 옛 임금들은 세상을 다스림에 있어서 반드시 가까운 것을 잘 살핀 연후에야 먼 것을 가까이 하였던 것이다.〈묵자〉

✿

◇언제나 바르게 행동하라! 특히 아이들을 대하는 데 있어서 특히 바르게 하라! 아이들과 약속한 것은 꼭 지켜라! 그렇지 않으면 당신은 아이들에게 거짓을 가르치는 것이다.　　　　　　〈탈무드〉

✿

◇자신의 아들이 자기보다 훌륭하기를 바란다면, 아버지 자신도 나무랄 것이 없어야 한다.　　　　　　　　　　〈플라우투스〉

✿

◇어머니께서는 나에게 경건함과 자애로움의 모범을 보여 주셨다. 어머님은 무자비한 행동은 물론 그런 생각조차 가지지 않으셨다. 더욱이 어머님은 부자들의 생활 습관과는 거리가 먼 검소한 생활 태도를 나에게 보여 주셨다.　　　　　　　　〈아우렐리우스〉

✿

◇가족——가족은 어디서부터 시작되는가? 젊은 남자가 젊은 처녀와 연애에 빠지는 것으로부터 시작된다. 이 이상 좋은 길은 아직 발견되지 않았다.　　　　　　　　　　　　　　　〈처어칠〉

✿

◇가족이란 그것이 얼마나 중요하든지 간에, 인간의 기능과 활동의 단면을 나타낼 뿐이다. 우리는 가족 관계뿐만 아니라 사회 생활도 고려해야만, 인생은 아름답고 이상적이거나 또는 그 반대일 수 있다.　　　　　　　　　　　　　　　　　〈H·엘리스〉

✿

◇저녁이 되면, 사람마다 가정을 생각한다. 그것은 이미 가정의

행복을 맛본 사람이며, 인생의 태양을 쪼인 사람이다. 따라서 가정을
사랑하는 사람은 그 빛을 받아서 밝은 평화의 꽃을 피운다.

〈베히슈타인〉

✳

◇진실한 기도야말로 천국의 문을 두드리는 열쇠이다. 기도는 바위
라도 뚫을 수 있는 위대한 힘이다. 사랑의 고갈은 모든 인생 비극의
시초이며 종말이다. 오직 최고의 안식처는 화목한 가정뿐이다.

〈최진용〉

✳

◇가정적(家庭的)인 결합(結合)이란, 그것이 종교적인 결합으로까
지 발전했을 지라도, 그 가정의 여러 식구가 신(神)과 신(神)의 가르
침을 믿을 때에만 확고한 것이 되며, 또한 사람들에게 행복을 가져오
는 것이 된다. 이렇게 되지 않고는, 가정은 기쁨의 원천(源泉)이 될
수 없다. 반대로 고생과 걱정의 원천이 될 것이다.       〈톨스토이〉

✳

◇외모가 검소함은 마음의 양식이 풍부한 증거이다. 여자의 최고의
미덕은 남편에 대한 순종이다. 그리고 형제 간의 우애는 의무가 아니
라 천륜(天倫)이다.                              〈최진용〉

✳

◇가정의 이기주의(利己主義)는 개인의 이기주의보다 더 참혹할
때가 있다. 자기 때문에 남의 행복을 희생시키는 것을 부끄러워하는
사람일지라도 가정의 행복을 위해서는, 남의 행복이나, 결핍(缺乏)
을 이용함을 거의 의무(義務)인 듯 생각하고 있는 것이다.〈톨스토이〉

✳

◇삶의 마지막 별이요, 모든 선행의 왕관은 형제 사이의 우애이
다.

〈E. 마검〉

✳

◇자녀에게 매를 들지 않으면, 자녀가 부모에게 매를 든다.

〈T. 플러〉

✳

◇지혜로운 아들은 아비를 기쁘게 하나 미련한 아들은 어미의 근심이니라. 〈구약성서〉

✳

◇자연 가운데서 자녀의 성장과 행복을 즐거워하는 어머니의 기쁨만큼 거룩하고 사람을 감동시키는 것은 없다. 〈장 파울〉

✳

◇형제는 수족과 같고, 부부는 의복과 같다. 의복이 헤어졌을 경우, 다시 새것을 얻을 수 있으나, 수족이 끊어지면 잇기가 어렵다.

〈장자〉

✳

◇아버지와 어머니와 아들, 이것은 세계를 결속하는 영원히 지속되는 아름다운 화음이다. 〈에른스트 뵈이헤르트〉

✳

◇어머니는 아들을 한 사람의 청년으로 만드는데 20년 이상이 걸린다. 그러나 어떤 여성은 자신의 아들을 단 20분 동안에 바보로 만든다. 〈로버트 프로스트〉

✳

◇이해심이 있는 남편은 절대로 화를 내는 일이 없다. 폭풍에 휩쓸린 뱃사람처럼 이해심이 있는 남편은 돛줄을 늦춘다. 그리고 상황을 살핀다. 조만간 잠잠해질 때가 있을 것이라고! 〈모로아〉

✳

◇장난감과 먹을 것이 풍부함에도 더럽고 단정하지 못한 어린이는 필시 장난꾸러기가 아니면 그 아비가 부족하기 때문이다. 〈스티븐슨〉

✳

◇자식에게 구타당한 아버지는 모두 죄가 있다. 이것은 그러한 자식을 자신이 만들었기 때문이다.　　　　　　　　　　　〈페기〉

＊

◇군자는 모든 것을 공경하나 몸 공경함을 가장 으뜸으로 생각한다. 몸이란 부모의 가지이니 어찌 공경하지 아니하랴? 그 몸을 공경하지 못하면 이는 곧 부모를 상함이며, 부모를 상하게 함은 뿌리를 상함이니, 그 뿌리가 상하면 가지도 따라서 망하게 된다.　　　　　〈공자〉

＊

◇진실하게 이루어진 부부는 젊음의 상실도 불행이 아니다. 함께 늙어가는 즐거움이 나이 먹는 괴로움을 잊게 해준다.　　　〈모로아〉

＊

◇아무리 멀리 떨어진다 해도 핏줄은 끊지 못한다. 형제는 영원토록 형제이다.　　　　　　　　　　　　　　　　　　〈J. 키블〉

＊

◇자녀에게 충고하는 가장 좋은 방법은 자녀들이 원하는 것을 알아내고, 그들에게 그것을 하라고 충고하는 것임을 나는 알았다.

〈트루먼〉

＊

◇멀리 있는 물은 가까이 있는 불을 끄지 못하고, 먼 곳에 있는 친척은 가까이 사는 이웃만 못하다.　　　　　　　〈명심보감〉

＊

◇세상에서 얻기 어려운 것은 형제요, 취하기 쉬운 것은 재물이다. 설사 재물을 얻을지라도 형제의 마음을 잃어 버린다면 무슨 소용이 있는가?　　　　　　　　　　　　　　　　　　〈소경〉

＊

◇젊음은 사라지고, 사랑은 시들며, 우정의 잎사귀는 떨어지지만, 어머니의 남모르는 깊은 사랑은 그 무엇보다 오래 간다.　〈홈즈〉

❊

◇하나님의 사랑을 받는 자의 가정은 그에게 즐겁다. 〈세르반테스〉

❊

◇나는 가정의 화목과 가정의 민주주의, 가족의 공화제(共和制)를 좋게 생각한다. 〈잉거솔〉

❊

◇가정이여, 폐쇄된 가정이여! 나는 너를 증오한다. 〈지이드〉

❊

◇누구든지 자기 친족, 특히 자기 가족을 돌보지 않으면 믿음을 배반한 사람이요, 불신자보다 더 악한 사람이다. 〈신약성서〉

❊

◇자기 집의 평화를 발견하고 이를 구하기에 게으르지 않은 사람은 군자(君子)나 범인(凡人)을 가릴 것 없이 행복하다. 〈괴테〉

❊

◇아내가 있는 남자는 운명에게 인질로 잡힌 것이다. 왜냐하면 처와 자식은 사업을 하는데 있어서 좋건 나쁘건 방해가 되기 때문이다. 〈베이컨〉

❊

◇아무리 훌륭한 재판관도 가정 문제만큼은 판결을 내릴 수가 없다. 〈중국 격언〉

❊

◇가정은 때로는 안식처이기도 하지만 때로는 바늘방석같기도 하다. 〈서양 속담〉

❊

◇가정은 여성적이고 본래 폐쇄적이다. 집을 짓는 것은 남자가 하지만 집 내부를 배치하는 것과 이를 유지하는 것은 여자의 일이다. 〈알랑〉

❈

◇가득 채워진 집, 잘 가꾸어진 방, 뜻대로 해주는 아내, 그것이 커다란 재산이다.　　　　　　　　　　　　　　　〈T. 레이〉

❈

◇자기의 자녀들을 교육하는 어머니의 모습은 하느님이 내려주신 세상에서 가장 아름다운 사랑의 표상이다. 이를테면 진정한 여신 (女神)이란 그를 두고 말한다.　　　　　　　　　　　〈페스탈로찌〉

❈

◇가정은, 네가 그곳에 가려고 할 때, 그들이 너를 받아 들여야만 하는 곳이다.　　　　　　　　　　　　　　　　　　〈프로스트〉

❈

◇개인(個人)의 집은 임금도 함부로 침입할 수 없는 성곽이다.
　　　　　　　　　　　　　　　　　　　　　　　　〈에머슨〉

❈

◇한 집안에 예(禮)가 있어서 서로 공경하고 사랑하면 세상 사람들이 다 숭배한다. 만일 그렇지 아니하면 세상 사람들이 숭배하지 아니한다.　　　　　　　　　　　　　　　　　　　　〈대학〉

❈

◇어떠한 싸움으로 거리가 어지럽혀져도, 가정에는 평화(平和)가 있어야 한다.　　　　　　　　　　　　　　　　　　　〈워츠〉

❈

◇가정의 안전과 발전이 문명의 중요한 목적이요, 모든 산업의 궁극적 목적이다.　　　　　　　　　　　　　　　　〈엘리어트〉

❈

◇원만한 부부 생활의 비결은 결코 죽느냐 사느냐 하는 아슬아슬한 지경에까지 이르지 않도록 하는 것이다.　　　　　〈도스토예프스키〉

❈

◇군자가 몸을 닦아서 가정을 다스리면 나라가 부강하지 아니할 수 없다. 능히 효(孝)와 제(悌)와 자(慈)를 다하여 가정이 화목하면 이웃 사람이 모두 본받아 어질게 될 것이다.　　　〈대학〉

❋

◇가정을 사랑하는 사람만이 자기 조국을 사랑한다.

〈플라우투스〉

❋

◇남편의 사랑이 지극할 때 아내의 소망은 조그마하다. 남편이 그저 다정스런 눈으로 바라보기만 해도 아내는 그것으로 만족한다.

〈체홉〉

❋

◇시어머니가 살아있는 한, 모든 희망을 포기하라.　　〈유베날리스〉

❋

◇운명이 나를 방황하게 할지라도, 나는 의연히 말하리라. 내 집이 가장 좋다고.　　　〈W. 쿰〉

❋

◇자기 집보다 더 즐거운 곳은 없다.　　　〈키케로〉

❋

◇온갖 실패나 불행을 겪어도 인생에 대한 신뢰를 끝까지 포기하지 않는 사람들이다. 낙천가는 대부분 훌륭한 어머니 품에서 자라난 사람들이다.　　　〈모로아〉

❋

◇가정 속에서 자기 세계를 가진 자야말로 진정 행복하다. 저녁 때가 되면 비로소 가정의 고마움을 느끼게 된다.　　　〈괴테〉

❋

◇가정이란, 어떤 형태의 것이든, 삶의 커다란 목표다.

〈홀런드〉

✖

◇집을 보면 그 주인을 알 수 있다.　　　　　　　　〈허버트〉

✖

◇화목한 가정은 서로간의 작은 희생이 없이는 절대로 영위되지 않는다. 이 희생은 그것을 실행하는 사람을 위대하게 하며 아름답게 한다.　　　　　　　　　　　　　　　　　　　　　　〈지이드〉

✖

◇국가의 기본은 한 가정에 있다. 모든 가정이 제각기 바로잡히면 그 국가는 바로잡힐 수 있다.　　　　　　　　　　　　〈대학〉

✖

◇검소와 부지런함은 가정을 다스리는 근본이요, 화목과 순종은 집안 일을 처리하는 근본이다.　　　　　　　　　　〈명심보감〉

✖

◇사람은, 그가 필요로 하는 것을 찾기 위하여 온 세상을 여행하고 집으로 돌아와 그것을 비로소 찾는다.　　　　　　　〈G. 무어〉

✖

◇사람은 집에 있을 때, 행복에 가장 가까워지고, 밖으로 나가면 행복에서 가장 멀어지는 법이다.　　　　　　　　　　〈홀런드〉

# *26*
# 남자 · 여자 · 순결 · 성(性)에 관한 격언

◇남성이 여성보다 웅변에는 더 능하지만, 설득력은 여성이 남성보다 더 강하다.

〈랜올프〉

◇남자의 마음이 근심에 억눌려도, 여성이 나타나면 안개처럼 사라진다.

〈J. 게이〉

◇이 세상에서 남성에게 돌아오는 것 가운데에서 가장 소중한 소유물은 여성의 마음이다.

〈힐티〉

◇남성의 의무와 책임은 자녀들을 위해 빵을 얻는 일로 일관되어 있다. 여성에게 있어서 남성은 자식을 양육하기 위한 수단에 불과하다.

〈버나드 쇼〉

◇나는 미래가 있는 남성을 좋아한다. 그러나 여성은 과거가 있는 여성이 좋다.

〈와일드〉

◇여자는 태어나면서부터 '여자'는 아니다. 그녀의 성(gender) 역할을 통해 '여자'로 길들여지는 것이다.

〈보봐르〉

❀

◇여자가 가장 즐기는 것은, 남자의 기만성을 폭로하는 것인데, 그럼에도 불구하고 남자의 가장 큰 즐거움은, 여자들을 즐겁게 해 주는 것이다.　　　　　　　　　　　　　　　　〈버나드 쇼〉

❀

◇여성들에게는 하늘이 내려 주신 세 가지의 큰 힘이 있다. 그 첫째는 색으로 남자를 사로 잡는 것, 둘째는 아내의 자리를 차지하는 것, 셋째는 듬직하게 어머니의 자리에 앉는 것. 뛰어난 여자는 이 세 가지의 힘을 하나로 해서 사나이를 마음에서부터 손발까지 꽁꽁 묶어 버린다.　　　　　　　　　　　　　　　　〈대망경세어록〉

❀

◇여자는 유일한 본무(本務)——그녀 자신의 매력——를 지닐 뿐 나머지 모든 것은 남의 흉내다.　　　　　　　　　　　〈피체랄드〉

❀

◇불행을 당했을 때, 되도록 무엇이든지 자유롭게 지껄이도록 내버려 두는 것이 꼭 필요한 그런 종류의 불행한 인간이 있다. 특히 그런 사람은 여성중에 많다.　　　　　　　　　　　〈도스토예프스키〉

❀

◇우리는 실제로 여성의 실상(實相)을 모르는 것이 아니다. 사랑이라는 정욕으로 말미암아 자기 기만을 끊임없이 하고 있을 뿐이다.
　　　　　　　　　　　　　　　　　　　　　　　〈법구경〉

❀

◇기쁨을 원하는 여성은 겸손해야 하고, 사랑을 할 수 있는 여성은 고통을 받아야 한다.　　　　　　　　　　　　　〈M. 프라이어〉

❀

◇여인의 집념의 불길은 남자의 야심과 같이 그렇게 쉽사리 사라지지 않는다.　　　　　　　　　　　　　　　　〈대망경세어록〉

✻

◇만약 이 세상에 여성이 없다면 남성은 매우 사납고 거칠며 고독하리라.　　　　　　　　　　　　　　　　　　　　〈샤또브리앙〉

✻

◇진실한 여성은 동정심이 많다. 그러나 정의라든가 성실면에서는 남성을 따르지 못한다. 여성의 커다란 단점은 공정하지 않다는 것이다.　　　　　　　　　　　　　　　　　　　　　　〈쇼펜하우어〉

✻

◇여자의 마음은 남자의 마음보다 더 순수하다. 단지 남자보다도 더 잘 변할 뿐이다.　　　　　　　　　　　　　　　　〈하아포오드〉

✻

◇여자를 미워하는 남자——실제로 그는 다른 사람 이상으로 여자를 사랑하는 사람이다.　　　　　　　　　　　　　　　　〈법구경〉

✻

◇아름다움의 극치는 한 여성에게만 있는 것이 아니다. 모든 여성에게 있다. 그녀들은 그것을 알지 못하지만 모두가 그 아름다움에 도달한다. 마치 과일이 익는 것과 같이.　　　　　　　　〈로댕〉

✻

◇여자란 슬픈 것! 하지만 여자는 강하다. 여자란 한결같이 아름다운 것을 찾아 걸어갈 수가 있다.　　　　　　　　〈대망경세어록〉

✻

◇자기 자신의 얼굴을 감추는 사람은, 아주 추녀든가 아니면 아주 미인이다.　　　　　　　　　　　　　　　　　　　〈와일드〉

✻

◇만일 하느님이 여성으로 하여금 남성을 지배하도록 할 생각이었다면 하느님은 아담의 머리에서 이브를 만들었으리라. 또 만일 하느님이 여성을 남성의 종으로 만들 생각이었다면 아담의 다리에서 여성

을 만들었으리라. 그런데 하느님은 남성의 옆구리에서 여성을 만들어
내셨다.　　　　　　　　　　　　　　　　　　　　　〈아우구스티누스〉

✻

◇세상에는 특별히 음란한 여자라든가 또한 특별히 정조가 굳은
여자가 따로 있는 게 아니다. 여자는 어디까지나 여자이고 사나이는
끝까지 사나이거든. 주위의 환경, 처해있는 입장, 그리고 사나이에게
불만이 있느냐 없느냐에 따라서 곧 탈선해 가는 것이다.

〈대망경세어록〉

✻

◇사랑하는 사람을 위하여 식사 준비를 하고 있는 여성의 모습처럼
사람을 감동시키는 것은 없다.　　　　　　　　　　　　　　　〈울프〉

✻

◇남성은 남성 나름의 의지가 있고, 여성은 여성 나름의 삶의 방식
이 있다.　　　　　　　　　　　　　　　　　　　　　　　　〈홈즈〉

✻

◇여자가 거울에 자기를 비춰 보는 것은 단순히 자기의 자태를
보기 위해서만이 아니다. 그 목적은 다른 사람에게 어떻게 보여질까
하는 것을 확인하기 위해서이다.　　　　　　　　　　〈앙리 드레니에〉

✻

◇남자이든 여자이든 가끔 고독해지고 싶은 생각이 솟아나기 마련
이다. 두 사람이 서로 사랑하는 사이라면, 연인의 그와 같은 생각을
질투하게 된다.　　　　　　　　　　　　　　　　　　　〈헤밍웨이〉

✻

◇남자는 언제나 여자의 최초 애인이 되고 싶어 하지만, 이것은
어리석은 허영심이다. 여자는 빈틈없는 본능을 지니고 있다. 여자가
언제나 바라는 것은 남자의 마지막 애인이 되는 것이다.　　〈와일드〉

✻

◇남성은 여자나 컵과 같은 것을 시련이 있다고 해서 던지지 않는다.
〈로베 드 베가〉

❉

◇분노와 발작(發作)에 끌려 들어가는 남성은 남성답지 못한 사람이다. 친절하고 부드러운 마음을 가지고 있는 사람이 진정으로 남성다운 사람이다.
〈오우데리우스〉

❉

◇남성은 여성에게 모든 것을 달라고 요구한다. 요구대로 여성이 모든 것을 바치고 남성을 위해 일생동안 헌신하면 남성은 그 무게에 짓눌려 고통을 받는다.
〈보봐르〉

❉

◇남성을 단순히 그 행위로 평가할 수는 없다. 법을 잘 지키긴 하지만 아주 보잘 것 없는 남자가 있으며, 법을 깨뜨리면서도 훌륭한 남자가 있다.
〈와일드〉

❉

◇아무것도 씌어 있지 않은 책장과 같이 순백의 처녀는 어리석은 조작에 지나지 않는다.
〈로렌스〉

❉

◇아름다운 여성은 야성적 배우자를 길들이고, 그녀가 관계하는 모든 사람에게 상냥한 마음과 희망과 웅변을 심어주는 실제적인 시인이다.
〈에머슨〉

❉

◇결혼 반지를 조끼 주머니에 넣는 것은, 남성이 그 반지를 준 여성을 속이려고 할 때의 고전적인 표현이다.
〈프로이드〉

❉

◇여성이 없다면 우리 인생은 초기에는 협력자를, 중기에는 기쁨의 일부를, 종말에는 위로를 잃게 된다.
〈드 즈위〉

❀

◇사랑은 당신에게는 좋다. 그러나 정욕은 그렇지 않다. 진정한 사랑이 여기에는 없다. 사랑은 생각을 맑게 하고 마음을 풍부하게 한다. 그 자리는 이성이 있고 현명하다.   〈단테〉

❀

◇입맞추는 소리는 대포 소리만큼 크지는 않지만, 그 메아리는 훨씬 오래 지속된다.   〈홈즈〉

❀

◇여자가 조금의 창녀 성향이 없으면, 대체로 그 여자는 마른 토막이다.   〈D.H. 로렌스〉

❀

◇성관계는 전쟁의 원인이 되기도 하고, 평화의 목적이 되기도 하며, 성실의 기초가 되기도 하고, 멋장이의 목표이기도 하며, 해학의 원천이기도 하고, 풍자의 열쇠도 되며, 모든 비밀의 눈짓의 뜻도 가진다.   〈쇼펜하우어〉

❀

◇순결하고 단정한 여성에게는 매력을 느끼지 못하고, 성실이나 신의가 의심스러우며 성생활에 이러쿵 저러쿵 소문난 여성에게만 애정을 느끼는 남성이 있다. 이것은 창부애라고나 할 것이다.

〈프로이드〉

❀

◇그녀가 만일, 완전한 여성이 되기를 바란다면 그녀가 곧 최대한의 기회를 가지고, 남성이라는 다른 성과 접촉하려고 생각하는 일이다.   〈보봐르〉

❀

◇욕정은 두 살갗의 우연한 접촉에서 생기고, 털어놓고 하는 이야기는 두 감수성의 우연한 접촉에서 생긴다. 전자가 연애를 만들기에

충분치 못한 것과 마찬가지로, 후자도 친밀을 만들어내는 데 충분하
지 않다.　　　　　　　　　　　　　　　　　　　　　　〈모로아〉

✻

◇성에 대해서 남자는 선생인 체 가르치지만, 여성은 선생 이상으
로 알고 있다. 왜냐하면 여성의 성욕은 혈관 내에서 생긴 하나의 규율
이기 때문이다.　　　　　　　　　　　　　　　　　　　〈몽테뉴〉

✻

◇순결은 금욕이거나 절제이다. 금욕은 처녀와 미망인에게 해당되
고, 절제는 기혼자에게 해당된다.　　　　　　　　　　〈J. 테일러〉

✻

◇성적인 경험이 없이 성숙하기를 바라는 것은 꽃이 피지 않고
열매가 익기를 기다리는 것과 같다.　　　　　　　　　　〈와일드〉

✻

◇남자와 여자가 함께 있으면 그들이 해야할 몇 가지 일이 있다.
그들은 껴안는다. 서로 달아오른다. 그 이후는 죽음과 공허이다.

〈U. 벳티〉

✻

◇순결한 두 영혼과 육체가 만나 함께 결합하는 섹스일수록 한층
더 격렬하고 감미롭다.　　　　　　　　　　　　　　　〈드라이든〉

✻

◇만약 성욕이라는 것이 맹목적이고, 조심성이 없고 경솔하지 않았
더라면 인류는 멸종되고 말았을 것이다. 원래 종족의 번식과는 전혀
결부되어 있지 않다. 성교시에 번식의 의도가 수반된다는 것은 터무
니없는 말이고 극히 드문 일이다.　　　　　　　　　　　〈니이체〉

✻

◇성의 첫경험——여성에 있어서 그것은 결코 잊을 수 없는 하나의
충격이며 변화이다. 그러나 남성에 있어서의 첫경험은 변화이기는

하지만 충격은 아니다. 그 이유는 여자는 피해자 쪽이고, 남자는 가해자이기 때문이다.　　　　　　　　　　　　　　　　〈브라이언트〉

✳

◇여자들은  왜 그렇게도 자기 자신을 내던지고 싶어하는 것일까? 항상 누군가에게 자기를 주지 않고는 배기지 못한다. 언제나 무엇인가를 열렬히 사랑하고 누군가를 피곤하지 않게 뒷바라지를 하는, 이러한 일을 하지 않고는 견딜 수가 없는 것이다.　　　〈로즈 마코리〉

✳

◇고양이는 아홉 개의 목숨을 지녔고, 여자는 아홉 마리 고양이 목숨을 지녔다.　　　　　　　　　　　　　　　　　　　　〈풀러〉

✳

◇여성의 예절이야말로 한 나라가 공화 정치가 실시될 수 있느냐 없느냐 하는 문제를 결정할 가장 확실한 기준이다.　　　〈J. 애덤즈〉

✳

◇여인들 불행의 태반은 상대의 마음을 독차지하려는 지나친 애정의 강렬함에 있다고 보고 있다. 이것은 커질수록 격심하고 강렬하다.　　　　　　　　　　　　　　　　　　　　　　〈대망경세어록〉

✳

◇여성은 두서너 가지의 경력을 쌓아 자신에게 보조를 맞출 줄 알게 된 후 35세와 40세 사이가 가장 매력적이다. 40이 넘어 최고의 매력을 무한정하게 계속 지속시킬 수 있는 여성은 거의 없다.

〈C. 디오르〉

✳

◇그들의 여성관은 여전히 도로아미타불입니다. 요컨대 여자는 환락의 도구이며, 그리고 그 육체는 향락의 재료에 지나지 않는 것입니다. 여자 쪽에서도 또한 그것을 잘 알고 있습니다. 이래가지고는 완전히 노예와 다를 바 없습니다.　　　　　　　　　　　〈톨스토이〉

❋

◇육체적인 불만은 연애나 부부애를 감소시키기는 커녕 오히려 그것을 강하게 한다. 그리하여 더욱 가까워지게 한다.　　　〈파카토〉

❋

◇키스는 것은 사랑의 열쇠요, 구타는 사랑의 자물쇠이다.〈R. 번즈〉

❋

◇남성과 여성이 서로 사랑하여 육욕에 이르게 되는 것은 극히 자연스러운 일이다. 육욕없는 사랑은 사실이 아니라 공상이다.

〈쿠니키다 돗보〉

❋

◇육욕에 끌리는 사람은 구덩이에 빠진 토끼처럼 몸부림친다. 육욕의 수렁에 빠지면 오랫동안 고뇌에 빠진다.　　　〈불타〉

❋

◇나는 당연히 그렇게 해야한다고 해서 스스로 몸을 주는 여자를 싫어하고, 정사할 때 바느질을 생각하는, 그런 냉정하고 메마른 여자를 싫어한다.　　　〈오비디우스〉

❋

◇순결을 지켜서 항상 남편 곁을 떠나지 않는 여자는 하룻밤만이 아니라 매일 밤 새색시이다. 여전히 사랑과 두려움으로 잠자리에 조용히 들어가, 하나뿐이 아니라 많은 처녀성을 그에게 바친다.

〈해리크〉

❋

◇나는 이 세상에 새로운 멋진 세계가 도래하기를 기다리고 있다. 거기에서는 인간과 짐승이 사이좋게 지내고, 사랑은 모든 것을 아름답게 하고, 성교는 찬미의 노래이며, 사람의 손은 할퀴거나 몽둥이를 휘두르는 대신에 애무하는 데에만 쓰여지리라.　　　〈헨리 밀러〉

❋

◇성욕의 대상에게 폭력을 가하면 상대가 굴복하자마자 쾌락은 더욱 더 커진다.  〈새드〉

◇인간의 성본능은 정신적인 사랑에 의해 통제되어 승화되든가, 죄에 의해 남용되든가의 선택을 필연적으로 강요한다.  〈테이봉〉

◇애무는 단순히 '만지는 것'이 아니다. 애무는 가공이다. 애무를 할 때 나는 내 손가락으로 타인의 육체를 살아나게 한다. 애무는 타인을 수욕(정신이 육체로 들어오는 것)시키는 의식의 총체이다.  〈사르트르〉

◇여자의 마음은 아무리 슬픔에 가득차 있다 하더라도 알랑대는 말이나, 사랑을 받아들일 수 있는 부분이 어딘가에 남아 있게 마련이다.  〈보들레르〉

◇여자는 급격히 돌변하는 무서운 성품을 지니고 있다. 그리고 기절이나 순간적인 재생은 그녀를 사랑하는 남자를 두렵게 한다.  〈로망 롤랑〉

◇여성은 마치 꽃과도 같다. 양귀비 같은 요염한 여자는 싫증이 나도, 모란 꽃처럼 아름답고 마음이 너그러운 여자는 결코 싫증이 나지 않는다.  〈몽테뉴〉

◇미녀와 추녀는 지성을 인정받기 원하고, 아름답지도 밉지도 않은 여자는 미모를 원한다.  〈체스터필드〉

◇여성에게는 본능적으로 모성애가 있다. 어머니의 어린 아이에

대한 사랑은 아름답고 고귀하다. 그러나 본능적인 사랑만으로는 자녀를 잘 키울 수 없다. 이지의 힘과 감정이 합쳐져 어머니의 마음이 맑아야 자녀들을 올바르게 인도할 수가 있다. 어머니가 총명하고, 어질고, 굳센 의지를 가지고, 용감히 활동하는 힘을 나타낸다면 입으로 말하지 않아도 자녀들은 감화를 받는다.　　　　　　　〈페스탈로찌〉

❋

◇사랑이 지성에 관계라도 있다는 말인가? 우리들이 젊은 여성을 좋아하는 것은 지성과는 전혀 다른 문제다. 여성의 아름다움·젊음·장난기·감칠 맛·성격·단점·변덕스러움, 그밖에 말로 표현할 수 없는 여러 가지를 좋아하지만 결코 여성의 지성을 사랑하지는 않는다. 만약 여성의 지성이 뛰어났다면 그것을 존경할 것이며, 그로 해서 우리의 딸들은 우리들의 눈에 무한한 가치를 지니게 되리라. 그리고 이미 서로 사랑하고 있으면, 지성은 우리들을 연결하는 역할을 할 수도 있으리라. 그러나 불타오르게 하고 정열을 불러일으키는 힘은 지성에겐 없다.　　　　　　　〈괴테〉

❋

◇여자란 것은, 남자의 입신 출세를 가로막는 가장 큰 돌멩이같은 것이다. 여자를 사랑하면서 무언가 하려고 하면 쉽게 되지 않는다. 여기에 여자를 사랑하면서도 방해를 받지 않는 좋은 방법이 하나 있는데, 그것은 바로 결혼이라는 것이다.　　　　　　　〈톨스토이〉

❋

◇여성과 싸울 수 있는 무기는 깊이 생각하는 일이다. 그리고 가장 무서운 무기는 망각이다.　　　　　　　〈곤차로오프〉

❋

◇우리들은 훌륭한 일을 성취할 수 없으므로 그것을 조소(嘲笑)하는 것으로 분풀이를 한다.　　　　　　　〈몽테뉴〉

❋

◇남자의 마음은 청순한 아름다움에 매혹되는 법이다. 너의 머리 모양을 흐트러뜨리지 말라.　　　　　　　　　　　〈오비디우스〉

*

◇사춘기 소녀의 가슴에는 호기심을 불러 일으키는 악마가 살고 있다.　　　　　　　　　　　　　　　　　　　　　　〈고골리〉

*

◇여성의 아름다움 이상으로 아름다운 것은 이 세상에는 없다. 그럼에도 불구하고, 여성들은 기교(技巧)를 좋아하여 화장품으로 꾸미기를 일삼고 있다.　　　　　　　　　　　　　　　〈몽테뉴〉

*

◇여성의 아름다움은 성격 속에 있다. 그 정열 속에 있다.　〈로댕〉

# 27
# 현명함·어리석음·천재성(天才性)에 관한 격언

＊

◇훌륭한 사람에게 경도된 사람만이 그것으로 교양의 최초의 세례 (洗禮)를 받는다.　　　　　　　　　　　　　　　　〈니이체〉

＊

◇소크라테스처럼 자기가 가진 지혜는 가치가 없다고 생각하는 사람이야말로 가장 현명한 사람이다.　　　　　　　　　　〈플라톤〉

＊

◇어리석은 사람과 현명한 사람은 탄생과 죽음에 있어서는 다르지 않다. 다만 그들은 인생의 경주에서 다르다.　　　　　　　〈T. 플러〉

＊

◇하늘은 한 사람의 어진 사람을 보내어, 사람의 어리석음을 가르치게 하였거늘 세상은 도리어 잘하는 바를 시기하여 그를 시기하고, 뭇사람의 빈곤을 구제하려 하거늘 세상은 오히려 가진 것을 자랑하여서 가난한 사람을 비웃나니, 진정 천벌을 받을지로다.　　〈홍자성〉

＊

◇높은 나무의 열매를 바라보면서 그 높이를 헤아리지 않는 사람은 어리석은 사람이다.　　　　　　　　　　　　　　　〈O.C. 루프스〉

＊

◇지극한 현인(賢人)이 무엇을 생각하고 무엇을 걱정하랴. 무식한

사람은 아는 것도 없고 생각도 없는지라 가히 함께 학문을 논할 수도 있고 공을 세울 수도 있다. 그런데 어중간한 사람이란, 생각과 지식이 많기에 또한 억측과 시기도 많아서 일마다 함께 하기가 어려운 법이다.　　〈채근담〉

◇재능은 스스로 가꾸어지고, 성격은 세상의 거센 파도에 씻겨서 만들어진다.　　〈괴테〉

◇위대한 것은 단순하게 말해야 효과가 있고, 강조(強調)하면 망치고 만다. 그러나 사소한 것은 표현과 어조를 고상하게 해야 한다.　　〈라 브뤼에르〉

◇발명가와 천재적인 사람들은 거의 항상 그들의 성공적인 일을 시작할 때 바보로 여겨져 왔다.　　〈도스토예프스키〉

◇고난의 시기에 동요하지 않는 것. 이것은 진정 칭찬 받을 만한 뛰어난 인물의 증거다.　　〈베에토벤〉

◇현자와 바보는 해가 없다. 절반이 어리석고, 절반이 현명한 사람이 가장 위험하다.　　〈괴테〉

◇소인은 특별한 것에 관심 있고, 위인은 평범한 것에 관심이 있다.　　〈허버트〉

◇천재란 선례(先例) 없이도 바르게 행동하는 능력이다──제일 먼저 올바른 일을 하는 힘이다.　　〈허버트〉

◇천재란 그의 두뇌속에 표상으로서의 세계가 한결 높은 명도(明度)에 도달하여, 특별히 확실한 모습으로 나타나고 있는 그런 인간을 말한다. 그리고 가장 중요하고 가장 깊은 통찰을 제공하는 것은, 개개의 사물에 대한 세심한 관찰이 아니라 전체 파악의 충실도이므로, 인류가 최대의 교훈을 우러러 볼 수 있는 것은 이 천재로부터다.

〈쇼펜하우어〉

❈

◇고귀란 무엇인가? '고귀'라는 낱말은 오늘날 우리들에게 무엇을 의미하는가? 지금 시작되고 있는 천민지배(賤民支配)의 이 무서운 하늘 아래서 고귀한 인간은 무엇에 의해 나타나고, 무엇에 의해 알려지는가?──그를 확증하는 것은 '일'이 아니다. 여기서 위계(位階)를 확정시키는 결정적인 수단은──낡은 종교적 방식을 새로운 의미에서, 보다 깊은 의미에서 다시 한 번 구사한다면 신앙인 것이다. 고귀한 영혼이 자신에 대해서 품고 있는 근본적 확신, 요구되지도 않고 발견되지도 않아 아마도 상실되지도 않을 그 어떤 것이다. 고귀한 영혼은 자기에 대한 외경(畏敬)을 지닌다.

〈니이체〉

❈

◇위대한 천재는 다른 위대한 천재에 의해서 만들어진다. 그러나 그것은 통화하는 것으로서 만들어지는 것이 아니라 서로 부딪치는 것으로 만들어진다.

〈하이네〉

❈

◇훌륭한 사람이란 자기가 할 수 있는 일을 하는 사람이다. 그러나 범인은 자신이 할 수 있는 일을 하는 것이 아니라, 할 수 없는 일을 원하고 있다.

〈로망 롤랑〉

❈

◇당신의 정신을 훌륭한 사상으로 기르라. 훌륭한 사람을 믿는 것이 훌륭한 사람을 만들어 낸다.

〈디즈레일리〉

❊

◇천재의 대부분은 성장이 느렸다. 1천 년 동안 번성하는 참나무는 갈대와 같이 갑자기 아름다와지지 않는다.   〈G.H. 루이스〉

❊

◇현명한 사람과 어리석은 사람을 판별할 수 있는 지혜를 가진 사람이 바로 현명한 사람이다.   〈크세노파네스〉

❊

◇천재란, 평범한 사람이 하나를 볼 때, 재능있는 사람이 둘이나 셋을 볼 때 열 가지를 보는 능력과 그 다양한 잠식력을 그의 예술의 재료에 기록하는 능력을 합한 것이다.   〈G. 파운드〉

❊

◇천재는 모든 사람으로부터 일류의 꽃으로 인정받으면서도 곳곳에 고난과 혼란을 맞는다. 천재는 언제나 고립되어 태어나고, 고독한 운명을 갖는다.   〈헤세〉

❊

◇자기 자신의 생각을 신뢰하는 것, 즉 자기 개인의 마음 속에서 자신에게 진실한 것은 모든 사람에게 진실하다고 믿는 것, 그첫이 천재이다.   〈에머슨〉

❊

◇현명한 사람은 어리석은 자가 현명한 사람에게 배우는 것보다 어리석은 자에게 더 많이 배운다.   〈카토〉

❊

◇우리들에겐 다른 사람에게 자신의 본성을 예감시키고, 다른 사람의 본성을 예감하는 이상의 것은 불가능하다. 다만 한 가지 중요한 것은 빛이 자기 속에 있도록 노력하는 것이다. 이 노력을 인간은 서로 감득하며 마음 가운데 빛이 있으면 그것은 또한 밖으로 비쳐지는 것이다.   〈시바이쩌〉

❀

◇진정한 천재는 정해진 일정한 궤도에 올려놓고 묘사할 수는 없다. 그 궤도는 일체의 비판적 평가의 외부에 있는 것이다.  〈하이네〉

❀

◇사나운 새가 앞으로 나가려고 할 때는 낮게 날면서, 날개를 거두고, 사나운 짐승이 덮치려 할 때는 귀를 드리우고 엎드린다. 성인(聖人)이 앞으로 나아가려고 할 때는 반드시 어리석은 체한다.

〈강태공〉

❀

◇우리는 현명해지기 위해서는 먼저 어리석은 사람이 되어야 한다. 스스로를 이끌기 위해서는 먼저 장님이 되어야 한다.  〈몽테뉴〉

❀

◇긴 세월 동안 걸쳐 인간성에 대해 연구를 해 본 결과, 우수한 사람과 평범한 사람과의 차이는, 어떤 하나의 특질의 유무(有無)로 결정된다는 것을 알았다. 그것은 '호기심'이다. 우수한 사람은 이 특질이 없었던 사람이 없었지만, 평범한 사람으로서 이것을 가진 사람도 없었다.  〈찰스 부토우〉

❀

◇현명하게 되는 방법을 못본 체해야 때를 아는 것이다.〈W. 제임즈〉

❀

◇현명한 사람이 7년 동안 질문하는 것을, 어리석은 사람은 한 시간에 그보다 더 많은 질문을 한다.  〈존 레이〉

❀

◇군주는 오직 전쟁에서 이기고, 오로지 나라를 유지해 가는 게 좋다. 그렇게 하면 그의 수단은 누구에게도 훌륭한 것으로 생각되며, 찬양받을 것이다.  〈마키아벨리〉

❀

◇어리석은 행동의 제1단계는 자기 자신의 현명함에 자기 도취하는 것이고, 제2단계는 그것을 고백하는 것이며, 제3단계는 충고를 귀담아 듣지 않는 것이다.　〈프랭클린〉

※

◇시인이기 위해서는 자기의 천재성을 믿지 않으면 안 된다. 그러나 예술가가 되기 위해서는 천재성을 의심하지 않으면 안 된다. 참으로 위대한 인간은 후사(後事)에 의해서 전사(前事)가 돋보이는 그러한 사람이다.　〈지이드〉

※

◇위대한 방향을 부여하는 것이다.——어떤 대하(大河)도 그 자체로 크고 풍부한 것은 아니다. 많은 지류를 맞아들이고 앞으로 나아가는 일이 그 강을 크게 하는 것이다. 정신의 위대성도 그것과 같다. 이윽고 많은 것이 당연히 흘러들어가지 않으면 안될 방향을 부여하는 것이 문제인 것이며, 처음부터 신분이 가난하다든가 부유하다든가 하는 것은 문제가 아니다.　〈니이체〉

※

◇훌륭한 사람은 일반적으로 알려지지 않거나 나쁜 사람으로 잘못 알려진다.　〈카알라일〉

※

◇정신적 위대함이란 남성에게 있어서 많은 것을 느끼고, 자제하고, 말을 삼가며, 사상에 있어서는 순결하여 조금도 잘난 체 떠벌이지 않고, 눈으로 심오한 언어를 말하며, 과장도 없이, 여자와 같이 약한 마음을 토로하지 않는 것이다.　〈로망 롤랑〉

※

◇진정으로 훌륭한 것은, 별 큰 이유가 없이 움직이는 것이 아니라 명예가 걸려 있는 때에는 한 개의 지푸라기와도 당당히 싸우는 것이다.　〈셰익스피어〉

❋

◇훌륭한 사람이라 해서 보통 사람보다 용기가 더 있는 것은 아니다. 단지, 훌륭한 사람은 약 5분쯤 용기가 더 있었을 뿐이다.〈에머슨〉

❋

◇훌륭한 사람이란 죽은 후에 다른 사람을 얼떨떨하게 하는 사람이다.　　　　　　　　　　　　　　　　　　　　〈발레리〉

❋

◇훌륭한 것은 무엇이든지 졸지에 생기지 않는다. 포도나 무화과조차도 그렇다. '무화과를 먹고 싶다'고 지금 당신이 나에게 말한다면 '시간이 걸린다'고 나는 대답할 것이다. 먼저 나무에 꽃이 피고 나서, 열매가 맺고, 마지막으로 열매가 익어야 한다.　　　〈에픽테토스〉

❋

◇재능을 갖춘 바보는 더러 있지만, 판단력을 갖춘 바보는 결단코 없다.　　　　　　　　　　　　　　　　　　　　〈라 로슈프코〉

❋

◇개인의 사업이 탁월히 뛰어난 시대는 지나간 것 같다. 국민이라든가 당파, 집단의 스스로가 근대의 영웅이다.　　　　〈하이네〉

❋

◇어리석은 사람들은 서로를 헐뜯지만, 지혜로운 사람들은 서로 화합한다.　　　　　　　　　　　　　　　　　　　〈허버트〉

❋

◇우리들은 위인에게 다가서면 다가설수록 평범한 사람이란 것을 명확히 알게 된다. 종자(從者)에게 있어서 위인이 훌륭하게 보이는 것은 드문 일이다.　　　　　　　　　　　　　　〈라 브뤼에르〉

❋

◇시간과 장소와 행동은 노력으로 획득할 수 있지만, 천재성은 타고나야지 교육으로는 결코 이루어지지 않는다.　　〈J. 드라이든〉

❋

◇천재의 참된 역할은 세계를 완전히 그의 내면의 법칙에 따라서 유기적으로 조직된 세계로 창조하는 것이다. 그러기 위해서는 그는 거기서 전적으로 조직된 세계를 창조하는 것이다. 그러기 위해서는 그의 내면 세계가 오로지 유일한 진실의 세계임을 절대적으로 믿어야 한다.　　　　　　　　　　　　　　　　　　　　〈로망 롤랑〉

❋

◇어리석은 자는 이따금 어려운 것은 쉽게 생각해서 실패하고, 현명한 자는 때때로 쉬운 것을 어렵게 생각해서 실패한다.　〈콜린즈〉

❋

◇세상에는 네 가지 유형의 사람들이 있다. 즉, 사랑하는 사람, 기회주의자, 방관자, 바보 그 가운데에서 가장 행복한 사람이 바보이다.　　　　　　　　　　　　　　　　　　　　　　〈H.A. 텐〉

❋

◇모든 천재는 동료들과 다른 각도에서 세상을 본다. 여기에 그의 비극이 있다.　　　　　　　　　　　　　　　　　　　〈엘리스〉

❋

◇다른 사람이 어렵게 여기는 일을 쉽게 행하는 것, 이것이 재능이다. 불가능한 것을 가능하게 하는 재능은 천재이다.　　〈아미엘〉

❋

◇천재를 지닌 인간으로서 그 위에 적어도 다시 두 가지를 더 지니지 않은 사람은 도저히 참을 수 없다. 감사와 순결성.　　〈니이체〉

❋

◇누구나 화를 낸다. 그것은 쉬운 일이다. 그러나 적당한 대상에게, 적당한 시간에, 적당한 목적으로, 적당한 방법으로 화를 내는 것, 그것은 모든 사람들이 할 수 있는 일이 아니며 결코 쉬운 일이 아니다.　　　　　　　　　　　　　　　　　　　〈아우렐리우스〉

❀

◇누구나 슬기롭기를 원한다. 그러나 슬기롭지 못한 사람은 언제나 교활하다. 〈사무엘 존슨〉

❀

◇현명한 사람과 지식을 갖춘 사람은 구별된다. 지식을 갖춘 사람은 누구든지 될 수 있지만 현명한 사람은 아무나 될 수 없다.

〈라 브뤼 에르〉

❀

◇언어의 고전적 순수성이라는 문제를 너무 중시할 필요는 없으리라고 생각합니다. 믿음직한 천재는 그 시대의 언어 · 이미지 · 사상 가운데 똑바로 뛰어들어서 빈틈없는 빵장이처럼 그것을 반죽해야 합니다. 〈로망 롤랑〉

❀

◇군자를 기쁘게 하기는 어려워도 섬기기는 쉽다. 올바른 일로써 기쁘게 하지 않으면 기뻐하지 않고, 사람을 부리는 데에는 그 임무만 완수하면 만족하기 때문이다. 소인은 기쁘게 하기는 쉬워도 섬기기는 어렵다. 옳지 않은 일로 기쁘게 해도 기뻐하며, 사람을 부림에 있어서는 완전무결(完全無缺)하기를 요구하기 때문이다. 〈공자〉

❀

◇다른 사람들의 잘못은 잘 알면서 자신의 잘못은 잊어버리는 것이 어리석은 사람의 특성이다. 〈키케로〉

❀

◇가장 현명한 자와 가장 어리석은 자만이 자기 자신의 하는 일을 고치지 않느니라. 〈공자〉

❀

◇어리석은 사람들 중에서 박식하게 보이려 하는 사람은, 현명한 사람들 가운데에서는 바보로 보인다. 〈쿠인틸리아누스〉

# *28*
# 기쁨·슬픔·분노·감정에 관한 격언

❈

◇기쁨은 초라한 지붕 아래에서 산다. 천국은 대지주의 저택이 아니라 교외의 괴상하고 조그만 거리에 있다.　〈몰리〉

❈

◇지난 날 행복은 다시 돌아오지 않는다. 소년의 슬픔은 젊은이의 열망만큼 안타깝지 않다.　〈W. 오우언〉

❈

◇슬픈 마음이여, 침착하라. 그리고 탄식을 멈추어라. 구름 뒤에는 여전히 태양이 빛나고 있다.　〈롱펠로우〉

❈

◇비탄 속에 빠져 있는 사람들은 타인도 충분히 똑같이 느끼고 있다고는 결코 여기지 않는다.　〈사무엘 존슨〉

❈

◇자신의 슬픔을 털어놓는 사람은 슬픔을 치료하는 약도 곧 잘 찾아낸다.　〈스펜서〉

❈

◇슬픔만큼 빨리 불쾌감을 가져다 주는 것은 없다. 초기의 슬픔은 위로해 주는 사람이 있지만, 슬픔이 만성화 되면 조소를 받는데, 이는 당연한 일이다.　〈세네카〉

❋

◇나는 타인을 사랑하지만, 그것은 이기심 때문에 사랑하는 것이다. 즉, 그것이 기분이 좋고, 나를 행복하게 만들기 때문이다. 따라서 나는 타인을 위해 희생하려고는 조금도 생각하지 않는다.　　〈슈틸넬〉

❋

◇우리는, 우리의 가장 아름다운 행동도 부끄럽게 생각해야 한다. 그것을 낳은 동기가 타인에게 보여진다면.　　〈라 로슈프코〉

❋

◇잔혹함은 고대의 악덕이고, 허영은 근대 세계의 악덕이다. 허영은 최후의 병이다.　　〈G. 무어〉

❋

◇사색에서 생기는 감격과, 혼란한 감정으로 생긴 감정은 높은 산을 스치는 바람이, 언덕 사이를 스쳐가는 바람과 다른 만큼 그렇게 서로 다르다.　　〈사바이쩌〉

❋

◇냉소가(冷笑家)——그 시력이 불완전해서 사물의 표면만 보는 질 나쁜 놈.　　〈비어스〉

❋

◇감정에 이끌려서 여러 가지 얼굴 표정을 짓는 것은 천박한 일이다. 그리고 뜻대로 자기 자신을 통제하고 이끌지 못한다는 것은 실로 부끄러운 일이다.　　〈아우렐리우스〉

❋

◇사람들은 일반적으로 자신이 슬플 때는 아무 것도 하지 않는다. 그들은 자신의 처지를 한탄한다. 그러나 그들은 골이 나면, 변화를 가져온다.　　〈말콤 엑스〉

❋

◇질투하는 사람은 다른 사람에 비해서 이중으로 나쁘다. 그는

자기 자신의 불운(不運)에 대해 화낼 뿐 아니라, 타인의 행복에 대해서도 감정이 상할 뿐이다.  〈히피아스〉

✽

◇운명을 발로 차고, 죽음을 비웃으며, 덮어 놓고 야망을 쫓고, 지혜도 두려움도 덕(德)도 잊어 버린다. 자만심이 강한 것은 인간들의 최대의 적이다.  〈셰익스피어〉

✽

◇달콤한 눈물! 그것은 무서운 언어요, 무한한 사람의 웅변이며, 말로 표현하기에는 너무 벅차다.  〈폴로크〉

✽

◇눈물은 아무리 막으려 해도 흘러내린다. 또한 흘러내림으로써 영혼을 정화시킨다.  〈세네카〉

✽

◇지나치게 많이 웃는 사람은 바보의 기질이 있고, 도무지 웃지 않는 사람은 늙은 고양이의 기질이 있다.  〈T. 플러〉

✽

◇밝은 빛이 성촉대(聖燭臺)에 있는 것과 마찬가지로 아름다운 얼굴은 성숙한 연령에 있다.  〈경외경〉

✽

◇가장 큰 행복일지라도, 인생의 가장 순결한 기쁨일지라도 종국에는 스러지고 만다.  〈괴테〉

✽

◇눈물이 많은 것은 타인에게 보이기 위해서이다. 보는 사람이 없으면 눈물은 이내 말라 버린다.  〈세네카〉

✽

◇내게 남아있는 유일하게 좋은 기억은, 나도 역시 가끔 울었다는 것이다.  〈뮈세〉

❋

◇슬픔은 인간의 불행한 특권이다. 우리에게 눈물을 준 신들은 눈물을 흘리는 더 많은 원인을 주었다.

〈화이트 헤드〉

❋

◇슬픔을 통해서 아무런 도움을 얻지 못한다면 슬퍼한다는 것은 쓸 데 없는 일이다. 〈세네카〉

❋

◇어떠한 경우를 막론하고 지나치게 애도하는 것은 죄악이라고 생각한다. 〈테니슨〉

❋

◇웃어 보라, 그러면 세상이 당신과 더불어 웃을 것이요, 울어 보라, 당신 혼자 울 것이다. 〈윌콕스〉

❋

◇웃음과 눈물은 똑같은 감각의 수레바퀴를 돌리는 것을 뜻한다. 전자는 바람의 힘이고, 후자는 물의 힘이다. 그 뿐이다. 〈홈즈〉

❋

◇홀로 고립된 개인은 존재하지 않는다. 슬픈 사람은 타인을 슬프게 한다. 〈생떽쥐베리〉

❋

◇비관론자란 어떤 사람들인가? 모든 사람이 자기와 같이 기분이 나쁜 것으로 여기며, 그 때문에 그들을 미워하는 사람이다.〈버나드 쇼〉

❋

◇너를 조금 사랑하는 사람에게 미소를 주고, 나에게는 눈물을 남겨다오. 〈토머스 모어〉

❋

◇슬픔, 그것처럼 우리에게 빨리 닥쳐오는 것은 없다. 〈베일리〉

✻

◇아름다운 장미는 가시 속에서 핀다. 슬픔의 배후에는 반드시 기쁨이 있다.　　　　　　　　　　　　　　　〈윌리엄 스네드〉

✻

◇약간의 슬픔은 깊은 사랑의 증거가 되지만, 지나친 슬픔은 아무래도 지혜가 부족한 증거이다.　　　　　　　　　　〈셰익스피어〉

✻

◇어떻게 웃어야 하는지 모르는 사람들은 항상 거만하고 자만심이 강하다.　　　　　　　　　　　　　　　　　　　　〈대커리〉

✻

◇지속적으로 슬픔에 잠기는 것은 위험하다. 이것은 용기를 **빼앗아**갈 뿐만 아니라, 회복하려는 의지마저 잃게 하기 때문이다.

〈아미엘〉

✻

◇인간의 슬픔이 치솟을 때, 그것을 참는다는 것은 매우 어렵다. 그러나 그것을 간직하기도 또한 어렵다.　　　　　　〈D. 반즈〉

✻

◇환락(歡樂)이 극에 달하면 그만큼 슬픔도 크다. 또, 작은 일에서 슬픔과 기쁨이 금방 위치를 바꾼다.　　　　　　　〈셰익스피어〉

✻

◇이미 끝난 일이다. 어쩔 도리가 없다. 이것은 하나의 위로다. 터키인이 잘못으로 남의 목을 쳤을 때 말하는 것처럼!　　〈디킨즈〉

✻

◇기쁨은 삶의 요소이고, 욕구이고, 힘이고 삶의 가치이다. 사람은 누구나 기쁨에의 욕구를 가지고 기쁨을 요구할 권리를 가지고 있다.

〈케플러〉

✻

◇기쁨을 그 자신에게 묶어 두는 사람은 날개 달린 인생을 파괴하는 사람이다. 그러나 기쁨이 날아갈 때 그것에 키스하는 사람은 영원히 해돋이 속에서 산다.　　　　　　　　　　　　　　〈블레이크〉

＊

◇누군가 먼 나라로 여행을 떠났다거나, 재산을 잃어 슬퍼하는 모습을 그대가 보면, 이 사람은 외부의 사물을 잃어버렸기 때문에 불행하다는 망상에 빠지기 쉽다. 다음과 같이 말하도록 하라. '그를 괴롭히는 것은, 이 불행 자체가 아니라, (이유는, 많은 다른 사람들은 이 때문에 괴로움을 당하지 않을 테니까) 오히려 그 사물에 대하여 갖고 있는 관념에 의해 괴로움을 당한다'고 이치에 합당한 말로 그의 기분을 조절해 주어야 한다. 그러나 그대는 함께 비탄에 빠지지 않도록 주의하라.　　　　　　　　　　　　　　〈에픽테토스〉

＊

◇당신이 기뻐서 껑충껑충 뛸 때, 당신의 발 밑에서 땅을 움직이는 사람이 없는가 주의하라.　　　　　　　　　　　〈S. 레크〉

＊

◇기쁨의 추억은 이미 기쁨이 아니지만 슬픔의 추억은 여전히 슬픔이다.　　　　　　　　　　　　　　　　　　　〈바이런〉

＊

◇역경(逆鏡) 속에서 행복했던 시절을 기억해내는 것보다 더 큰 슬픔은 없다.　　　　　　　　　　　　　　　　〈단테〉

＊

◇슬픔은 강한 마음을 가진 사람들에게 마음의 동요를 가르쳐 준다.　　　　　　　　　　　　　　　　　　　〈소포클레스〉

＊

◇우리들은 어찌하여 슬픔을 미리 근심해야 하는가? 그것은 마치 죽음이 무서워서 죽는 사람과 같다.　　　　　　　　〈데넘 경〉

❋

◇사람은 자기가 느끼고 있지 않은 슬픔에 대해선 충고하고 위로할
수도 있다.                                                          〈셰익스피어〉

❋

◇뒷방패가 되어 자신을 보호해 주는 자를 지니지 않고, 신의 은총
의 손을 뿌리치며, 멋대로 자신을 광야에 유혹하는 자는 우수(優愁)
가 있다.                                                              〈괴테〉

❋

◇우리들이 고난을 당해 괴로워하고 있을 때 우리들에게 분별 없이
귀찮게 달려드는 위로는 우리들의 괴로움을 배가할 뿐 아니라, 우리
들의 슬픔을 한층 더 깊게 할 뿐이다.                                   〈루소〉

❋

◇슬픔에서 해방된 삶을 살고 싶으면 앞으로 일어나려고 하는 일을
마치 이미 일어난 일과 같이 생각하라.                             〈에픽테토스〉

❋

◇쓸 데 없고 희망 없는 슬픔 속에는 지혜가 없다. 그러나 슬픔에는
미덕이 깃들어 있어서 전혀 슬픔을 알지 못하는 사람은 사랑을 받을
수가 없는 것이다.                                                 〈사무엘 존슨〉

❋

◇우울이란 당신들이 생각하는 것처럼 육체의 불쾌가 아니라, 마음
의 병이다.                                                        〈J. 포오드〉

❋

◇타인에게 동조하여 슬피 울지 말라. 그리고 격정을 일으키지
말라.                                                            〈아우렐리우스〉

❋

◇이 세상의 기쁨은 완전하지 않다. 기쁨 속에는 고통의 맛이 섞여
있고, 벌꿀은 쓴 즙을 첨가하여 만들어진다.                           〈폴렌하겐〉

❅

◇울먹이는 소리는 변변치 못한 여성에겐 도피구가 되지만, 아름다운 여성에겐 영락(零落)이다.　　　　　　　　　　　〈와일드〉

❅

◇인간이 가지는 슬픔 중에서, 가장 견디기 어려운 것은 자기만이 겪는 슬픔이다.　　　　　　　　　　　　　　　　　　〈후드〉

❅

◇희노 애락의 격렬함은 그 감정과 함께 행동력까지도 형편없게 만든다. 변덕스러운 감정은 버릇이다. 금새 슬픔이 기쁨으로, 기쁨이 슬픔으로 바뀐다.　　　　　　　　　　　　　　〈셰익스피어〉

❅

◇자존심이 강한 사람은 어디에서나 만족하기가 어렵다. 그는 타인에게 지나치게 큰 것을 기대하기 때문이다.　　　　　〈R. 백스터〉

❅

◇많은 사람은 역경을 능히 견딜 수 있지만 모욕을 견딜 수 있는 사람은 적다.　　　　　　　　　　　　　　　　　〈T. 플러〉

❅

◇해방되었다는 승리의 감정에는 너무나 강한 슬픔이 혼재되어 있다. 나는 자신이 해방된 감옥을 항상 깊이 사랑하고 있었기 때문이다.　　　　　　　　　　　　　　　　　　　〈프로이드〉

❅

◇희망은 언제나 우리에게 말한다. '전진하라, 전진하라!'고, 그리하여 우리는 무덤으로 들어간다.　　　　　　　　〈망트농 부인〉

❅

◇허영심이 많은 사람은 자존심을 가지기 쉽고, 실제 자신이 모든 사람들에게 귀찮은 존재임에도 불구하고, 모든 사람들에게 즐거움을 준다고 망상하기 쉽다.　　　　　　　　　　　　〈스피노자〉

❋

◇나는 친구에게 화가 났다. 나의 분노를 이야기했다. 나의 분노는 말끔히 씻겨졌다. 나는 적에게 화가 났다. 아무 말도 하지 않았다. 나의 분노는 점점 더 심해갔다. 〈W. 블레이크〉

❋

◇분노는 영혼의 원동력 가운데 하나이다. 그래서 분노가 없는 사람의 마음은 불구이다. 〈T. 플러〉

❋

◇노여움은 한 때의 광기이다. 당신이 노여움을 누르지 않으면 노여움이 당신을 누를 것이다. 〈호라티우스〉

❋

◇감정은 절대적인 것이다. 그 가운데에서도 질투는 가장 절대적인 감정이다. 〈도스토예프스키〉

❋

◇분노가 치밀어 올랐을 때, 자기가 자신이 한 일을 기억이 없다고 하는데 그것은 새빨간 거짓말이다. 엉터리이다. 나는 명확한 의식으로 시종한다. 잠시도 자기 자신을 잊지 않는다. 내가 자신의 분노의 불길을 강하게 부채질하면 할수록 나의 의식은 점점 더 맑아진다.

〈톨스토이〉

❋

◇심하게 화가 날 때에는 인생이 얼마나 덧없는가를 생각해 보라. 〈아우렐리우스〉

❋

◇우리는 어찌하여 화를 내는가? 그들이 우리에게서 빼앗아간 것을 존경하기 때문이다. 미(美)를 존중하지 않으면 그대는 도둑에 대하여 화를 내지 않을 것이다. 여인의 아름다운 얼굴을 존경하지 않으면, 그대는 간부(姦夫)에 대하여 화를 내지 않을 것이다. 도둑이

나 간부는 그대 자신의 소유물에 대해서 어떠한 관계도 가지고 있지 않다. 그들은 다만 그대의 소유물이 아닌 것, 그대의 힘으로 좌우할 수 없는 것에 관련되어 있을 뿐이라는 사실을 알아야 한다. 그러한 것을 배격하고 가치가 없다고 생각하는 이상, 그대는 누구에게 화를 내겠는가? 그런데 이러한 것을 그대가 존경하는 동안은 타인을 미워하기 보다는 그대 자신에 대하여 분노를 느껴야 할 것이다.

〈에픽테토스〉

✽

◇한 때의 흥분으로 일을 시작하는 사람은 일을 시작하자마자 곧 멈추게 된다. 감정과 재치로써 깨닫는 것은, 깨닫는가 하면 곧 흐려지거니 마침내는 밝은 등불이 되지 못한다.　　　　　〈채근담〉

✽

◇분노를 억제하지 못하는 것은 절제와 수양이 부족한 탓이다. 하지만 언제나 그렇지는 않다. 어느 때에는 불가능하기도 하다.

〈플루타르쿠스〉

✽

◇분노는 위대한 정신의 소유자가 자신의 고결한 욕망의 성취를 방해받아 마음이 움직일 때 어떠한 힘을 발휘한다.　〈P. 아레티노〉

✽

◇분노의 물결을 막으려고 노력하지 않는 사람은 고삐 없이 야생마를 타는 것과 같다.　　　　　　　　　　　　　　〈C. 시버〉

✽

◇우리들이 사람의 마음 속에서 찾을 수 있는 가장 최초의, 그리고 가장 단순한 감정은 호기심이다.　　　　　　　　　　〈버크〉

✽

◇분노는 모든 사람에게 무기를 공급한다. 화가 난 사람이 피에 굶주리면 모든 물건은 흉기로 사용된다.　　　　　〈클라우디아누스〉

✼

◇분노로부터 자기 자신을 누르기 위해서는 타인이 화를 낼 때 조용히 이를 관찰하라.　　　　　　　　　　　　　　〈세네카〉

✼

◇한 번 분노할 때마다 한 살씩 늙어가고, 한 번 웃을 때마다 한 살씩 젊어진다. 이것은 신이 인간에게 내려준 최고의 선물이면서 동시에 최악의 형벌이다.　　　　　　　　　　　　　〈스피노자〉

✼

◇인내함으로써 성사(成事)되는 일을 본 적은 있지만, 화를 냄으로써 일이 이루어진 것을 본 적은 일찍이 없다.　　　　　　〈장자〉

✼

◇자만심은 사람을 우쭐하게 할지는 몰라도 결코 그를 뒷받침해 주지는 않는다.　　　　　　　　　　　　　　　　〈러스킨〉

✼

◇타인의 허영심을 우리들이 참고 견디지 못 하는 것은, 그것이 우리들의 허영심을 손상시키기 때문이다.　　　　　〈라 로슈프코〉

✼

◇자만, 시기, 헛된 욕심, 이러한 것들은 모든 인간의 마음에 불붙여 놓은 불꽃이다.　　　　　　　　　　　　　　　〈단테〉

✼

◇역사적 인류 감정이란, 동시대의 공적과 수확을 평가함에 있어서 과거의 성과도 계산에 넣도록 교양된 감정을 말하는 것이다. 〈괴테〉

✼

◇자존심은 인간이 입을 수 있는 가장 고상한 의상이며, 마음을 북돋아 줄 수 있는 가장 의기양양한 감정이다.　　　　〈스마일즈〉

✼

◇얼굴을 붉히는 사람은 이미 유죄요, 참다운 결백은 어떤 것에도

부끄럽지 않다.                                              〈루소〉

◇분노와 어리석은 행동은 나란히 걷고, 후회가 그 양자의 발꿈치를 밟는다.                                              〈프랭클린〉

◇웃음은 신이 우리들에게 부여해 준 것 중 가장 가치없는 것이라고 생각해서는 안된다. 이 괴로운 세상에서 우리들의 무거운 짐을 가볍게 하며, 우리들은 그것에 의해 고생을 의연히 감당해낼 수 있는 것이다. 왜 신이 유머 감각이 없다고 생각하는가? 신이 수수께끼 같은 말씀을 하고, 그 때문에 인간이 해석을 잘못해서 유익한 교훈을 얻는 것을 바라보며 신이 남몰래 웃는다고 상상하면 이것은 착각일 것인가?                                              〈모옴〉

◇남자는 부끄러워 하는 것이 많으면 많을수록 더욱 더 존경스러워진다.                                              〈버나드 쇼〉

◇허영은 그의 아들들에게는 너그럽고 용감하기를, 그의 딸들에게는 정숙하고 예절바르기를 명령한다.                                              〈L. 스턴〉

◇자만심은 자기 자신을 지나치게 높게 생각하는 데에서 생기는 쾌락이다.                                              〈스피노자〉

# 29
## 양심 · 행동에 관한 격언

❋

◇실행의 긴장에서 완성의 평화가, 추구의 목마름에서 승리의 희열이 온다.　　　　　　　　　　　　　　　　　　　　〈W.M.L. 제이〉

❋

◇말은 친절하게 하면서 행동은 원수처럼 하는 이중 인격자를 나는 미워한다.　　　　　　　　　　　　　　　　　　　　〈팔라다스〉

❋

◇모든 사물은 정당한 이유에서 생긴다는 것을 명심하라. 깊이 관찰하면, 당신은 이 사실을 발견하게 될 것이다. 나는 단지 사물과 의인과 관계에서 비롯되는 연속성에 대해서만 말하는 것이 아니다. 한 걸음 더 나아가서 각각의 사물이 정당하며, 그것들이 마치 각 사물에 각각의 가치를 지정해 주는 사람에 의해서 이루어진 것처럼 정당함을 더불어 말하는 것이다. 당신은 계속해서 깊이 관찰해 보라. 그리하여 무엇을 하든지 선한 사람이 될 것을, 목표로 삼으면서 행동해야 한다. 모든 행위에 있어서 이것을 깊이 명심하라.　　　〈아우렐리우스〉

❋

◇모든 개개의 행동에 있어서 자기의 생활에 질서를 세워 나가도록 하는 것은, 그대의 의무이다. 그리고 만약, 그 개개의 행위가 힘이 닿는 데까지 그 의무를 다한다면, 그것으로 충분한 것이다. 아무도

당신이 의무를 수행하지 못하게 할 정도로, 당신을 훼방할 수는 없
다. 〈아우렐리우스〉

✾

◇'행동하는 자는 항상 양심이 없다'라고 괴테는 말했지만, 행동하
는 자는 또한 언제나 지식이 없기도 한 것이다. 그는 하나의 일을
하기 위해서 대개 다른 것은 잊어버린다. 〈로크〉

✾

◇그럴싸한 말과 행위 사이에는 커다란 차이가 있다. 그 증거로
허풍떠는 사람치고 행동이 바른 사람은 거의 없다. 〈사우드 월〉

✾

◇누가 해주었으면 하는 바 그대로 행하는 것이 타인을 즐겁게
해주는 가장 확실한 방법이다. 〈체스터필드〉

✾

◇나는 속지 않으련다. 또 나는 순간적인 즐거움을 위해 오랜 세월
을 후회하며 보내지도 않으련다. 〈몽테뉴〉

✾

◇고상한 행동과 따스한 목욕은 의기 소침할 때 가장 훌륭한 치료
약이 된다. 〈D. 스미드〉

✾

◇이 세상에서 아름다운 감정을 모두 합친 것이라 할지라도, 하나
의 귀중한 행동보다는 못하다는 것을 모든 사람이 본능적으로 느끼고
있다. 〈로우얼〉

✾

◇행동으로 옮겨지지 않는 생각은 대단한 것이 아니며, 생각하지
않은 행동은 아무것도 아니다. 〈베르나노스〉

✾

◇행위의 선악을 판단하지 말고 행동할 일이다. 선악을 생각지

말고 사랑할 일이다. 나는 그대에게 열정을 가르치리라.    〈지이드〉

*

◇당신이 만일 잠자리에서 일어나기 싫을 때는, 이렇게 생각하라.
즉, 사회적인 행동은 자기 자신의 본성에 일치하고, 또 인간 일반의
본성과도 일치하지만, 수면은 이성(理性)을 갖지 않은 동물에게 공통
된 것이라고.    〈아우렐리우스〉

*

◇당신의 모든 행동, 모든 말, 모든 생각이 지금 이 순간에라도
인생을 떠날 수 있는 사람의 것이 되게 하라.    〈아우렐리우스〉

*

◇만일 당신의 행동이 비굴하고 천박하다면, 자랑스러운 기사도적
기백을 가질 수 없다. 인간의 행동은 어떤 것이건 간에 그의 정신에서
나오기 때문이다.    〈데모스테비스〉

*

◇자연의 법칙에 따르고 있는 모든 언행은 당신에게 적합한 줄
알라. 다른 사람의 비난으로 인하여, 또는 다른 사람의 말에 의해
의심하거나 주저해서는 안 된다. 그러나 사람들은 그들 자신의 독특
한 주장을 가지고 있으며, 따라서 그들의 독특한 행동이 여기서 일어
나게 된다. 당신은 그것을 염려해서는 안 된다. 오직 당신 자신의
성질과 합치되는 성질에 순응해 나가야 한다. 그렇게 되면 두 갈래의
길은 하나로 합쳐진다.    〈아우렐리우스〉

*

◇확신을 가지고 할 수 있는 것은 매우 적다. 그러나 그것 없이는
아무것도 할 수 없다.    〈버틀러〉

*

◇사고하는 인간은 원인과 결과를 물을 때 특히 오류를 범한다.
양자는 함께이며 불가분의 현상을 이루고 있으므로, 그것을 인식할

수 있는 사람이 행동에 대하여, 행위에 대하여 정당한 노선에 서 있는 것이다. 〈괴테〉

❋

◇인간은 천사도 아니면서 짐승도 아니다. 진정한 사실은 천사의 행동을 하면 좋을 인간이 짐승의 행동을 한다는 것이다. 〈파스칼〉

❋

◇모든 행동자는 자기 자신의 행동을 그것이 실제로 사랑받는 가치 이상으로 무한히 사랑한다. 그리하여 최선의 행동은 이와같이 지나친 사랑 가운데서 일어나는 것이다. 〈니이체〉

❋

◇'행동인'의 마음은 그날의 일에 너무 바쁜 나머지 그 일 이상은 보지 못한다. 행동인이야말로 필요한 사람이며, 우리는 그러한 사람없이는 아무 것도 하지 못한다. 그러나 우리는 '행동인'의 한계 속에 우리의 관심을 묶어 두면 안 된다. 〈펄벅〉

❋

◇사람의 행위는 모두 다음 일곱 개 원인 중의 하나 혹은 그 이상을 지닌다. 기회·본성·강제·습관·이성·정열·허망이 그것이다. 〈아리스토텔레스〉

❋

◇생각하면 할수록 언제나 감탄이 더욱 새롭고, 경건한 마음을 불러 일으키는 두 가지가 있다. 하나는 밤 하늘에 반짝이는 별들이고, 다른 하나는 가슴 속에 빛나는 양심이다. 〈칸트〉

❋

◇자신이 행동하지 않으면서 위험한 일을 타인이 하게 하지 말라. 자신은 모범을 보이지 않으면서 타인을 희생으로 밀어넣는 선동자는 비록 성실하더라도 나는 참을 수 없다. 진정으로 신성한 혁명자 타입은 하나밖에 없다. 그것은 '십자가에 못박힌 사람'이다. 〈로맹 롤랑〉

✿

◇아름다운 몸매가 아름다운 얼굴보다 낫고, 아름다운 행동이 아름다운 몸매보다 낫다. 아름다운 행동이야말로 예술 가운데 가장 아름다운 것이다.  〈에머슨〉

✿

◇대부분의 어리석은 행동은 얼토당토 않은 사람들을 모방하려는 데서 빚어진다.  〈사무엘 존슨〉

✿

◇즐거움이란 부귀에 있는 것이 아니다. 그것은 덕과 온화함에 있다.  〈회남자〉

✿

◇행동은 반드시 행복을 가져다 주지는 않지만 행동없이는 행복은 오지 않는다.  〈디즈레일리〉

✿

◇행동함에 있어 부주의하지 말며, 말에 혼동되지 말며, 생각하는 데에 있어 방황하지 말라.  〈아우렐리우스〉

✿

◇바다로 항해할 때처럼 행동하라. 이때 내가 할 수 있는 일은 선장과 뱃사공과 만나는 기회를 스스로 선택하는 일이다. 그리고 바다에서 폭풍을 만났다고 가정해 보자. 이 일은 나와 어떤 관련이 있는가? 나는 이미 해야할 일을 다 했고, 미완성으로 남아있는 것은 하나도 없다. 문제는 타인, 즉 선장에게 있다. 배는 이제 가라앉으려고 한다. 가라앉더라도 내가 무엇을 할 수 있겠는가? 나는 내가 할 수 있는 것만을 할 뿐이다.  〈에픽테토스〉

✿

◇행동이 인생의 4분의 3이고, 그 어떤 것보다 가장 큰 관심사이다.  〈아놀드〉

※

◇바다보다 웅대한 광경이 있다. 그것은 하늘이다. 하늘보다 웅대한 광경이 있다. 그것은 양심이다. 〈위고〉

※

◇양심은 현존 사회 질서를 개혁하기 위한 적극적 노력의 회전축이 될 때, 비로소 의미가 있다. 〈듀이〉

※

◇양심의 지상 명령(至上命令)은 단 한 가지 밖에 없다. 그것은 이것이다. 네 의지가 명하는대로 행동하며, 동시에 보편적인 법칙이 되어야 하는 규범에 의하여서만 행동하라. 〈칸트〉

※

◇양심은 우리의 마음에서 작용하고 있는 특정한 욕망에 대한 거부의 내적 지각(內的知覺)이다. 〈프로이드〉

※

◇양심에 합치되지 않는 일을 한다는 것은 안전하지도 않고 신중하지도 못하다. 〈루터〉

※

◇행동하는 사람은 언제나 몰양심적(沒良心的)이다. 성찰(省察)하는 사람 이외엔 누구에게도 양심은 없다. 〈괴테〉

※

◇우리들은 절대로 둔감해져서는 안된다. 우리가 갈등을 점점 더 깊이 체험할 때, 우리는 진리 속에 있는 것이다. 떳떳한 양심이란 악마의 발명인 것이다. 〈시바이쩌〉

※

◇나의 양심과 더불어 혼자 앉아 있는 것이 나로서는 충분한 재판이 될 것이다. 〈C.W. 스터븐스〉

※

◇양심과 평판은 각각 다르다. 양심은 자신에 기인하고 평판은
타인으로부터 생긴다.                                         〈성〉

＊

◇허영심은 명예가 무엇인가를 가르쳐 주고, 양심은 정의가 무엇인
가를 가르쳐 준다.                                      〈W.S. 랜더〉

＊

◇양심! 양심! 신성한 본능이여, 영원한 하느님의 소리여. 무지하
고 옹졸한, 그러나 지성을 가진 자유로운 한 존재에 대한 확실한 안내
자여, 선악에 잘못이 없는 심판자여, 인간으로 하여금 신을 닮게 하려
는 자여, 그대야말로 인간 본성의 우수성과 인간 행위의 도덕성을
탄생시키는 자다.                                          〈루소〉

＊

◇양심은 인간 본능에서 우러나오는 것이 아니다. 어디까지나 배우
고 가르치는 것이다. 교육의 가장 중요한 문제는 불안한 인간의 양심
을 어떻게 키워주느냐에 있다. 그리고 어른들 자신도 양심을 키워나
가지 않고서는 안정된 마음과 행복한 생활을 누릴 수 없다. 〈구울드〉

＊

◇어질고 현명하도다, 회(回)여! 한 그릇의 밥과 한 국자의 죽을
먹는 보잘 것 없는 끼니로써 허름한 곳에 살고 있구나. 다른 사람같으
면 견디지 못하였으리라. 그러나 회는 그것을 오히려 즐겁게 생각하
며 고치려 들지 않으니 참으로 어질고 현명하도다. 회여!      〈공자〉

＊

◇열망하면서 행동으로 옮기지 않는 사람은, 흑사병같은 폐해를
초래한다.                                              〈블레이크〉

＊

◇사상의 분석은 부르조아의 사치다. 민중에 필요한 것은 총합이
며, 행동으로 통하는 기성 사상이다. 생명이 현실이다.    〈로맹 롤랑〉

# **30**
# 외모·아름다움에 관한 격언

✻

◇모든 종류의 아름다움이 사랑을 불러 일으키지는 않는다. 단지 눈에 즐거움만 주는 그런 종류의 아름다움이 있다. 그러나 그것이 애정을 사로잡지는 못한다.　　　　　　　　　　〈세르반테스〉

✻

◇'신이여, 왜 나는 덧없이 스러지는 몸입니까?'하고 미(美)가 물었다. 신은 이렇게 말했다. '나는 오직 덧없이 스러지는 것만을 아름답게 만들었느니라' 사랑과 꽃과 이슬과 청춘이 이 말을 듣고 울며 울며 주피터 왕좌 앞에서 물렀났다.　　　　　　　　　　〈괴테〉

✻

◇미(美)는 예술가가 세상의 혼돈을 영혼의 고통으로 만드는, 놀랍고도 신기한 것이다.　　　　　　　　　　　　　　　　〈모옴〉

✻

◇미(美)에 대해서 아카데믹한 훈련 따위는 속임수다. 우리들은 기만당하고 있었다. 더구나 진실의 그림자 한 조각도 찾을 수 없을만큼 교묘하게 기만당하고 있었다. 파르테논·비너스·님프·나르시스의 미 따윈 모조리 거짓이다. 예술은 미의 기준의 적용이 아니다. 본능과 두뇌가 어떠한 기준도 초월하여 창조한 것이다. 우리들이 여성을 사랑할 때, 우리들은 그녀의 수족 치수를 재는 일부터 시작하

지는 않는다. 우리들은 욕망을 지니고 사랑하는 것이다.    〈피카소〉

✻

◇여성의 미(美)는 남성의 기지와 마찬가지로 일반적으로 소유자의 운명을 결정한다.    〈체스터필드〉

✻

◇반성도 숙고(熟考)도 필요없이 사람이 좋다고 느끼는 모든 것의 일체, 온화와 고상한 조화, 그것이 바로 미(美)다.    〈괴테〉

✻

◇우아함이 없는 아름다움은 미끼 없는 낚시 바늘이다. 미인도 표정이 없으면 싫증이 난다.    〈에머슨〉

✻

◇미(美)의 가장 아름다운 부분은 그림으로도 표현할 수 없다.〈베이컨〉

✻

◇신체적인 미(美)는, 아름다움의 기본이요, 원칙이며, 통합인 내부의 미, 즉 정신적·도덕적인 미의 상징이다.    〈쉴러〉

✻

◇아름다움은 덧없고 믿지 못할 행운일 뿐, 갑자기 사라지는 빛나는 광채, 봉오리지자 금방 시드는 꽃, 곧 깨지는 덧없는 유리병, 순식간에 잃고, 사라지며, 깨지고, 시드는, 못 믿을 행운이요, 광채요, 유리병이요, 꽃이다.    〈세익스피어〉

✻

◇아름다움은 장식이 필요하지 않다. 꾸미지 않은 것이 가장 아름답다.    〈F. 톰슨〉

✻

◇미인은 당신이 관심을 갖는 여자요, 매혹하는 사람은 당신에게 관심을 둔 사람이다.    〈스티븐슨〉

❋

◇영국인이 없더라도 인류는 여전히 생존할 수 있다. 독일인이 없더라도 마찬가지다. 러시아인 따위는 없어도 그야말로 아무런 지장이 없다. 과학이 없어도 태연하고, 빵이 없어도 문제는 없다. 그러나 오직 하나 미(美)가 없다면 생존은 절대로 불가능하다. 왜냐하면 이 세상에서 할 일이 없어지기 때문이다. 모든 비밀은 여기 있다. 모든 역사는 여기에 있다. 과학조차도 미(美)가 없다면 일각인들 존재할 수 없을 것이다——미(美)가 없으면 과학도 노예로 떨어지고, 못 한 개도 발명할 수 없을 것이다.　　　　〈도스토예프스키〉

❋

◇사물의 아름다움을 발견하는. 것이야말로 우리들이 도달할 수 있는 정묘의 극점이다. 색채 감각 하나조차도 개성의 발달에 있어서는 선악의 관념보다도 더욱 중요한 것이다.　　　　〈와일드〉

❋

◇미(美)는 도달점이지 출발점은 아니다. 그리고 사물이 아름다울 수 있는 것은 오직 그것이 진실한 때 뿐이며, 진실을 배제한 미란 있을 수 없다. 그리고 또한 진실이란 '완전한 조화'를 말한다. 〈로댕〉

❋

◇'사막은 아름답군'하고 왕자가 말했다. 정말 그대로였다. 나는 언제나 사막을 좋아했다. 모래산 위에 앉으니 아무 것도 보이지 않는다. 그리고 아무것도 들리지 않는다. 하지만 무엇인가가 조용히 반짝이고 있었다. '사막이 아름다운 것은 어딘가에 우물이 감추고 있기 때문이야.' 하고 어린 왕자가 말했다. 나는 모래가 그처럼 이상하게 반짝이는 이유를 알고 갑자기 놀랐다.　　　　〈생떽쥐베리〉

❋

◇아름다운 것은, 언제나 만족과 함께 슬픔을, 혹은 불안을 동반할 때 아름답다.　　　　〈헤세〉

❅

◇얼굴을 찌푸리는 것은 부자유스러운 일이다. 그것을 자주 되풀이 하면 아름다움은 사라지고 나중에는 다시 명랑성을 회복할 수 없을 정도가 되어 버린다. 이 사실로 미루어 보아, 그것이 이성에 위배되어 있다는 결론을 내릴 수 있다. 동시에 선을 행하려는 생각까지도 사라 져 버린다면 더이상 살아갈 이유가 없지 않을까?  〈아우렐리우스〉

❅

◇한 아름다운 얼굴은 나의 사랑을 숭고하게 만든다. 왜냐하면 나의 마음으로부터 저속한 욕망을 없애주기 때문이다.  〈키케로〉

❅

◇사람의 두 손은 정직하게 노동을 하라고 만들어졌지 약탈이나 절도를 하라고 만들어진 것은 아니다.  〈워츠〉

❅

◇인간의 얼굴은 하나의 풍경이다. 한 권의 책이다. 얼굴은 절대 거짓말을 하지 않는다.  〈발자크〉

❅

◇사람의 됨됨이는 그의 마음에서와 같이 그의 얼굴에도 명확히 나타난다.  〈맥도널드〉

❅

◇당신의 입술에게 경멸하는 말을 가르치지 마시오. 그 입술은 입맞춤하려고 있는 것이지 멸시의 말을 하기 위해 만들어진 것이 아니오.  〈셰익스피어〉

❅

◇미련한 자의 마음은 그의 입 속에 있지만, 지혜로운 사람의 입은 그의 마음 속에 있다.  〈프랭클린〉

❅

◇인간의 얼굴은 신의 걸작품이다. 눈은 영혼을 나타내며, 입은

육체를, 턱은 목적을, 코는 의지를 나타낸다. 그러나 이 모든 것들 뒤에는 우리가 '표정'이라고 부르는 것이 있다. 〈허버트〉

✤

◇설득하는 눈길의 달콤하고 말없는 수사학은, 말없는 웅변이요, 그 힘은 슬기로운 사람들의 말이나 지혜보다 더 혈기 있는 사람을 감동시킨다. 〈S. 다니엘〉

✤

◇그들의 입술은 여름철의 아름다움 속에서 서로 키스하는 한줄기에 핀 네 송이의 빨간 장미였다. 〈셰익스피어〉

✤

◇손가락은 어째서 못처럼 끝이 가늘게 생겼는가? 그것은 이치에 닿지 않은 말을 들을 때 귓구멍을 틀어막기 위해서이다.

〈바빌로니아의 율법서〉

✤

◇눈은 장정되고 조종된 총과 같이 위협할 수도 있고, 혹은 조롱이나 걷어차기처럼 모욕을 줄 수도 있다. 또는 기분을 바꾸어 상냥한 눈길로 타인의 마음을 기쁨으로 춤추게 할 수도 있다. 〈에머슨〉

✤

◇만약 그대의 얼굴이 뒤틀려 있다면, 거울을 탓해 보아도 아무런 소용이 없다. 〈글래드스톤〉

✤

◇사람의 눈은 그의 인품을 나타내는 것이요, 사람의 입은 그가 장차 무엇이 될 것인가 하는 가능성을 나타낸다. 〈골즈워디〉

✤

◇큰 코는 온화하고, 예의바르며, 지적이고, 남자답고, 용감하고 위대한 사람임을 말해 준다. 〈F. 로스탕〉

✤

◇눈은 비밀을 분명하게 드러낸다. 아름다운 눈은 침묵을 웅변으로 만들고, 친절한 눈은 상반된 의견을 동의하게 만들며, 분노의 눈은 아름다움을 추하게 만든다.　〈J. 손더즈〉

＊

◇남성의 입은 영혼의 관문이요, 여성의 입은 애정의 출구이다.

〈A. 비어스〉

＊

◇나는 미학자(美學者)들이 우습기 한량없다. 우리들이 미(美)라는 말로 부르고 있는 말로는 표현하기 어려운 것을, 두셋 추상적인 단어를 구사해서 하나의 개념으로 묶어 만들려고 애쓰고 있다. 미는 하나의 근원 현상(根元現象)이다. 그 자신은 나타나지 않지만 그 반영은 창조 정신의 무수한 다른 발현 속에서 보여지며, 자연 그 자체와 같이 다종 다양한 것이다.　〈괴테〉

＊

◇타고난 미인은 거울을 보거나 사람이 말해주지 않는다면 자신이 남보다 아름답다는 사실을 알 수 없다. 그러나 스스로 알거나 알지 못하거나, 또는 남에게서 듣거나 듣지 않거나, 본인이 기뻐하거나 기뻐하지 않거나, 또 다른 사람이 칭찬하거나 말거나 그 아름다움에는 변함이 없다. 그 미인의 아름다움은 하늘로부터 타고났기 때문이다.　〈장자〉

＊

◇"타이스, 죽지 말아요. 나는 당신을 사랑해! 나의 타이스, 내 말 들어봐. 내가 당신을 속였어. 난 가련한 미친 놈이야. 하나님과 천당, 그 모든 것은 아무것도 아닌 것이오. 진정한 것은 땅위의 생명과 인간들의 사랑 뿐이오. 난 당신을 사랑하오. 죽지 말아요. 당신은 너무나도 아름다워! 갑시다. 나와 함께 갑시다. 도망갑시다. 나의 팔에 당신을 안고서 아주 먼 나라로 가야겠소. 와요. 우리 서로 사랑

합시다 " 육욕에 불타는 수도사는 지옥(육체)의 목소리로 애원하였지만, 타이스는 천국(정신)의 아름다움을 동경하여 이 세상과 작별하였다.　　　　　　　　　　　　　　　　　　　　　　　〈A. 프랑스〉

❋

◇세상에서 가장 아름다운 것은 '사랑'이다. 사랑보다 더 아름다운 것은 없다.　　　　　　　　　　　　　　　　　　　　　〈칸트〉

❋

◇외모가 아름답다고 하여 내면까지 아름답다고 단정할 수 없다.　　　　　　　　　　　　　　　　　　　　　　　　　　〈동양 격언〉

❋

◇아름다움을 추구하는 것은 인류의 본능이다. 모든 역사는 아름다움에 대한 추구 속에서 발전한다.　　　　　　　　　　　〈힐티〉

❋

◇우아함과 맵시에 대한 것은 판단력과 마음에 대한 것과 같다.　　　　　　　　　　　　　　　　　　　　　　　　〈라 로슈프코〉

❋

◇나는 출중하게 생긴 사람들이 가장 나쁜 사람들이고, 못생긴 사람들이 가장 훌륭한 사람들인 것을 보았다.　　　　　〈파에드루스〉

❋

◇사람들은 모든 면에서 겉으로 보이는 것보다는 훨씬 괜찮은 존재이다.　　　　　　　　　　　　　　　　　　　　　　　〈에머슨〉

# 31
# 쾌락 · 즐거움 · 만족 · 불만에 관한 격언

✻

◇이미 과거의 것이 된 트러블을 다시 생각한다는 것은 얼마나
유쾌한 일인가?　　　　　　　　　　　　　　　　〈에우리피데스〉

✻

◇나는 미각의 쾌락, 성(性)의 쾌락, 소리의 쾌락 및 아름다운 모양
의 쾌락을 뒤로 하고 선인(善人)들을 생각할 수 없다.　　〈디오게네스〉

✻

◇주름진 피부를 가져도 우리들의 마음은 젊다. 인생은 우리들이
생각한 것보다 더 즐거운 것이다.　　　　　　　　　　　〈A. 랭〉

✻

◇삶의 즐거움은 자기보다 못한 사람들과 함께 사는 것이다.

〈대커리〉

✻

◇쾌락을 주는 사람은 고난에서 구원해 주는 사람만큼이나 자비롭
다.　　　　　　　　　　　　　　　　　　　　　　　　〈G. 무어〉

✻

◇향락은 삶의 목표가 아니라 전진적(前進的) 활동에 수반되는
감정이다.　　　　　　　　　　　　　　　　　　　　〈P. 굿먼〉

✻

◇쾌락에 대항하는 사람은 현자(賢者)이고, 쾌락의 노예가 되는 사람은 어리석은 자이다.　　　　　　　　　　　　　〈에픽테토스〉

◇쾌락은 우리에게 때때로 찾아 오는 방문객이지만, 고통은 잔인하게 우리에게 매달린다.　　　　　　　　　　　　　〈J. 키츠〉

◇당신 자신을 즐겁게 하려면, 당신과 함께 살아가는 사람들의 미덕을 생각해 볼 일이다. 가령 어떤 사람의 눈부신 활동이나, 겸손, 관용,또는 그 밖의 미덕을 생각해 볼 일이다. 미덕이 우리와 함께 살아가는 사람들의 행동 속에 나타나고, 그것이 풍부하게 나타날 때만큼 우리를 즐겁게 하는 일은 없기 때문이다. 그리하여 우리는 그러한 실례를 우리의 눈으로 언제나 볼 수 있어야 한다.

　　　　　　　　　　　　　　　　　　　　〈아우렐리우스〉

◇쾌락에 열중함으로써 자기 자신을 벌하지 말라. 식도락으로 자신의 미각을 포만하게 하지 말라.　　　　　　　　　　〈브라운 경〉

◇이미 즐거움을 취했거든 다가올 예측할 수 없는 근심에 대비하라.　　　　　　　　　　　　　　　　　　　　〈명심보감〉

◇쾌락은 타인과 함께 나눌 때 큰 기쁨이 되어 준다. 그러나 그것을 홀로 맛본다는 것은 무서운 일이다.　　　　　　〈D. 크리 소스톰〉

◇즐거움은 저절로 즐거운 것이 아니라, 재앙을 염려했기 때문에 즐길 수 있는 것이다.　　　　　　　　　　　　　〈강태공〉

◇먼 장래의 선(善)의 결과에 대한 실감(實感)나지 않는 기대

(期待)보다는 현재의 즐거움이 육체에 더 간절하다.　　〈드라이든〉

＊

◇할 수 있는 한, 인생의 봄철에 즐겁게 지내라. 세월은 흐르는 물처럼 지나가기 때문이다.　　〈오비디우스〉

＊

◇사치는 유혹적인 쾌락이요, 비정상적인 환락이다. 그 입에서는 꿀이 마음에는 쓸개즙이, 꼬리에는 바늘 가시가 있다.　　〈F. 퀼즈〉

＊

◇어떤 사람들은 지나치게 많이 소유하고 있으면서도 여전히 갈망한다. 나는 적게 가지고 있지만, 더 많이 구하지 않는다. 그들은 비록 많이 소유하고 있지만 가난하며, 나는 가진 것이 적지만 부유하다. 그들은 가난하고, 나는 부유하며, 그들은 구걸하고, 나는 준다. 그들은 부족하며, 나는 충족하다. 그들은 애태우지만, 나는 살아간다.

〈E. 다이어 경〉

＊

◇모든 재물과 보배 가운데 단 한 가지를 선택하라고 한다면, 나는 만족을 선택하겠다. 행복을 가짐으로써 부러워하는 사람들을 괴롭히고 싶지 않다. 마음이 즐거우면 그것으로 충분하다.

〈아우놀트 쉬네트〉

＊

◇자기 자신을 만족시킬 수 있는 일을 하지 못하는 사람은 자기가 할 수 있는 일로써 만족할 수밖에 없다. 그러므로 타인을 만족시킨다는 것은 일생을 통해서도 몇 번이나 될지 의문이다.　　〈가리이니〉

＊

◇만족은 철학자의 돌이며, 그것이 닿는 모든 것을 금으로 바꿔 놓는다.　　〈T. 플러〉

＊

◇꿈은 만족하지 못한 곳에서 생긴다. 만족하는 사람은 꿈을 꾸지 않는다. 결국 꿈은 답답한 곳이든가 병원 같은 곳이 아니면 불편한 잠자리에서 꾸기 마련이다. 〈몽테롤랑〉

❀

◇현재의 견해가 이해를 기초로 하고 있으며, 현재의 행동이 사회적인 복지를 위한 것이고, 현재의 마음이 모든 사물에 대해서 만족하고 있으면, 그것으로 충분하다. 〈아우렐리우스〉

❀

◇자기가 가진 것을 충분하고 적당한 부(富)라고 생각하지 않는 사람은 비록 주인이 되더라도 불행하다. 〈에피쿠로스〉

❀

◇나는 그 누구로부터도 지배를 받고 싶지 않다. 그렇게 되면 나 외에 나를 지배하는 사람이 어디 있을 것인가? 내가 하고 싶은 것을 할 수 있다. 하고 싶은 것을 하는 사람은 즐길 수 있다. 즐길 수 있는 사람은 만족할 수 있다. 만족하는 사람은 그 이상 탐나는 것이 없다. 따라서 무슨 일이 생겨도 내 마음은 아쉬움이 없다. 〈세르반테스〉

❀

◇타인이 잘못이었다는 것을 증명하지 못하는 한, 자신이 옳다는 것에 만족하지 못한다. 〈W. 헤즐리트〉

❀

◇많은 것을 바라는 사람은 항상 많은 불만이 있다. 신이 주는 적은 재물로 충분히 만족하는 사람은 행복하다. 〈하라티우스〉

❀

◇사람의 대다수는 자기 만족에 너무 집착한 결과, 만족을 잃으면 비탄에 빠지고 마는 것이다. 그러나 기쁨을 알고 동시에 그 기쁨의 원인이 사라지더라도 한탄하지 않는 사람만이 옳은 사람이다.

〈파스칼〉

✺

◇자기를 만족시킨다는 것은 극히 어렵다. 하물며 다른 사람을 만족시킨다는 것은 더 한층 어렵다.　　　　　　　〈괴테〉

✺

◇당신이 만족스러운 마음을 가진다면 인생을 충분히 즐길 수 있다.　　　　　　　　　　　　　　　　　　　　〈플라우투스〉

✺

◇많은 사람은 만족을 잃게 되는 것을 아주 슬픈 일이라고 생각한다. 그러나 자기 만족을 잃게 된 이유를 진정으로 아는 사람은 슬퍼하지 않을 것이다. 왜냐하면 만족이란 항상 있는 것이 아니기 때문이다.　　　　　　　　　　　　　　　　　　　　　〈드라이든〉

✺

◇노동에서 건강이, 건강에서 만족이 샘솟아 오른다. 만족은 기쁨의 근원이 된다.　　　　　　　　　　　　　　　　　〈비티〉

✺

◇결코 만족을 스스로 구하지 말라. 그러나 어디서든지 만족을 발견하려는 마음의 자세는 갖고 있는 것이 좋다. 손발은 여의치 않더라도 당신의 마음은 자유스러울 것이다.　　　　　〈러스킨〉

✺

◇네가 가는 길 마지막에는 만족이 있다. 그러나 언제나 처음부터 만족하는 사람은 멀리 가지 못한다.　　　　　　　〈류카아르〉

✺

◇만족할 줄 알면 즐거울 것이요, 탐하기를 애쓰면 근심이 끊이지 않으리라.　　　　　　　　　　　　　　　　　〈경행록〉

✺

◇자신이 가진 것으로 만족하지 않는 사람은, 자기가 원하던 것을 얻게 되어도 역시 만족해 하지 않는다.　　　　〈어우에르바흐〉

# *32*
# 고독 · 인내에 관한 격언

✻

◇인내는 목적을 이루지만, 서두름은 패망으로 달려간다.　〈사디〉

✻

◇오늘 일어나는 일이 무엇이든 간에 참고 견디라. 이것이 내일을 찬미케 하는 유일한 방법이다.　〈갤리엔〉

✻

◇용서하는 것이 신(神)다운 일인 것과 같이 어려움을 이겨내는 것은 사람다운 일이다.　〈J. 포드〉

✻

◇성취하고 난 후 과거에 자신이 참아냈던 것을 모두 기억하고 있는 사람에게는, 오랜 세월이 지나가도 슬픔까지도 기쁨이 된다.

〈호메로스〉

✻

◇괴로워도 살아야 하고 싸워야 한다. 괴로움이든 싸움이든 용감하게 인내함으로써 하나의 인간이 되는 것이다.　〈로망 롤랑〉

✻

◇인내는 인간이 희망을 갖기 위한 하나의 기술이다.

〈보브나르그〉

✻

◇이 세상은 인내해야 하는 세상이다. 누군가가 마음을 죽이고 참지 않으면 안 된다. 이것이 바로 인간 세상의 운명이다.

〈대망경세어록〉

❀

◇거지의 미덕은 참을성이다.　　　　　　　　〈마싱거〉

❀

◇인내와 노력 이 두 가지만 있으면 이 세상에서 못 해낼 일이 없다. 인내야말로 기쁨에 다다르는 문이다.　　〈야나콥스〉

❀

◇모든 일에 있어서 성공을 결정 짓는 첫째이며 유일한 조건은 인내이다.　　　　　　　　　　　　　　　〈톨스토이〉

❀

◇참을성 있는 사람은 그가 원하는 것을 이룩할 수가 있다.

〈프랭클린〉

❀

◇조용히 참는 것은 위대한 정신이다.　　　　　〈쉴러〉

❀

◇인내하고 또 인내하라. 경계하고 또 경계하라. 인내하지 않고 경계하지 않으면 작은 일도 크게 벌어진다.　　〈명심보감〉

❀

◇천재란 매우 강한 인내심을 가진 사람이다.　〈톨스토이〉

❀

◇끝 없는 공간의 영원한 침묵이, 나로 하여금 공포를 자아내게 한다.　　　　　　　　　　　　　　　　　〈파스칼〉

❀

◇인간의 영혼은 고독하다. 이 고독은 이길 수 없는 것으로 오직 종교의 선구자들이 말하는 사랑이고, 그 사랑에서 오는 강렬한 감정

만이 이 고독을 이겨낼 수 있다. 어떤 사람의 감정도 이 종교적인
사랑에서 우러나지 않을 때에는 해가 되는 것이며 설사 그렇지 않다
면 이 고독은 쓸모없는 것이다.　　　　　　　　　　　〈러셀〉

◇훌륭한 사람은 최대의 고독과 침묵 속에서 최강의 활동력을 찾아
내는 사람이며, 최강의 활동력 속에서 고독과 침묵을 인식하는 사람
이다.　　　　　　　　　　　　　　　　　　　　〈비베카난다〉

◇인간은 모두 각각 자기 자신이 되기 위해서 '히말라야' 산정에
혼자 서 있는 바위와 같은 고요를 맛보지 않으면 안 된다. 그러나
그 고독은 은둔의 고독이 아니다. 우리의 한복판, 원수들의 속에 들어
가 투쟁하면서 견디어가는 고독인 것이다. 이 고독은 잔인하지만
광영이다. 그것은 최초의 시련자에게 주어진 시련이요, 신의 축복이
머리 위에 있기 때문이다.　　　　　　　　　　　　　〈법구경〉

◇인생이란, 깊은 고독 속에서 삶을 영위하는 것이다.　　〈헵벨〉

◇우주가 얼마나 큰 것인가를 깨닫게 해 주는 것은 거대한 고독
외에 없다.　　　　　　　　　　　　　　　　　　　　〈까뮈〉

◇고독하여서 어떻게 살아갈지 알지 못하는 사람은, 분주한 군중의
집단 속에서도 어떻게 분주하게 살아갈지도 또한 알지 못한다.
　　　　　　　　　　　　　　　　　　　　　　　〈보들레르〉

◇나는 혼자 있는 것을 점점 더 좋아하게 되었다. 나는 고독을 점점
더 사랑하게 되었다. 나는 밤늦게 혼자서 이 자연 속에 용해되어 버리
는 것이 점점 더 좋아지게 되었다.　　　　　　　　　　〈마이율〉

❀

◇혼자 지내는 시간이 많은 사람은, 끝내 병이 나고마는 법이다.

〈스타인백〉

❀

◇진정 그대가 고독을 두려워한다면 결혼은 단념해야 한다.

〈체흡〉

❀

◇고독을 사랑하는 성격은 확실히 건전하지 못하다. 오늘날에는 우리가 많은 사람과 접촉하하면서 고통을 느끼기 때문에 그러한 성격도 관대하게 봐줄 수는 있다. 그러나 고독을 사랑하는 마음은 사람을 제 멋대로 하기가 쉽고, 세상에서 멀어지게 하고, 선의 실천에 있어서 게으르게 한다.

〈힐티〉

❀

◇인간의 고독은 미래에 많은 꿈을 가지고 있는 젊은 시절과 젊었을 때의 많은 추억을 생각하는 늙은 시절 뿐이다.

〈레니에〉

❀

◇고독을 느낀다는 것은, 사람과 사람 사이를 분리시키는 공간에 있는 것이 아니라 자기와 자기 생명이 발생하는 곳과의 공간, 이를테면 우리 자신이 형성되는 것과 힘과의 분리에 있다.

〈법구경〉

❀

◇어떠한 것도 고독이 없이는 달성할 수가 없다. 예전에 나는 나 자신을 위해서 하나의 고독을 만들었다.

〈피카소〉

❀

◇고독없는 괴로움도, 영웅적 행위도 없다.

〈헤세〉

❀

◇모두가 혼자다. 어느 누구도 타인을 알지 못한다. 고로 인생은 고독하다.

〈헤세〉

❋

◇우리는 고독이 좋다는 것을 인정하지 않을 수 없다. 그러나 고독을 이야기할 상대가 있는 것은 더 큰 기쁨임도 인정하지 않을 수 없다.　　　　　　　〈발자크〉

❋

◇정신적인 고독은 육체의 절제와 같은 것이다.　　〈보브나르그〉

❋

◇인간의 가장 큰 고독은 친구가 없는 것이다.　　〈베이컨〉

❋

◇산은 산을 필요로 하지 않는다. 그러나 인간은 인간을 반드시 필요로 한다.　　　　　　　〈스페인 격언〉

❋

◇이 세상에서 가장 강한 사람은 고독한 사람이다.　　〈입센〉

❋

◇나는 고독을 느낄 만한 틈이 없다. 인생은 짧고, 사람은 고독한 사람이다. 할 일은 많기 때문이다.　　　　　　〈야콥센〉

❋

◇인생을 조금이라도 인식하는 사람이라면 누구나 제각기 떨어진 영혼의 이상한 고독감을 언젠가는 느끼게 된다.　　　〈레셀〉

❋

◇사람은 확실히 고독을 사랑한다. 고독을 사랑한다──그것은 사랑과 우정의 알 수 없는 행복을 고독 속에서 발견하기 때문이며, 마치 별을 찬양하고 싶은 사람이 어두운 곳을 찾는 것과 동일한 것이다.　　　　　　〈키에르케고르〉

❋

◇당신은 먼저 고독과 친해지십시오. 그러면 고독은 당신의 마음을 보여줄 것입니다. 그리고 당신은 그 마음을 사랑하십시오. 당신의

마음은 모든 비밀을 숨김없이 보여 줄 것입니다. 진실로 사랑하는
자에게만 모든 것은 그 진실을 보여 주는 것입니다.          〈법구경〉

✻

◇우리가 서로를 사귀는 진짜 이유는 좋아서가 아니라 고독이 두려
워서이다.                              〈쇼펜하우어〉

✻

◇자기 자신만이 모든 생활을 영위해 나갈 수 있는 영예를 지닌
자는 없다.                                〈위고〉

✻

◇내가 고독을 절감할 때 나는 가장 고독하지 않다.

〈키에르케고르〉

✻

◇인간은 어떠한 사물이라도 배울 수가 있다. 그러나 영감을 얻는
것은 고독에서만이 가능하다.                      〈괴테〉

✻

◇게으르면 고립되지 말고, 고독하면 게으르지 말라.      〈존슨〉

✻

◇마음을 털어 놓을 수 있는 친구가 없는 사람은 자신의 마음을
잡아먹는 사람이다.                         〈베이컨〉

✻

◇나는 사람들과 사귈 때 항상 곤욕스럽다. 왜냐하면 그들이 공감
하는 것을 견디어 내야 하기 때문이다. 따라서 나의 인간성은 끊임없
는 자기 극복의 결과이며 이때 내게 절대적으로 필요한 것은 고독이
다.                                  〈니이체〉

✻

◇우리는 세상에 가지고 온 것은 아무것도 없으며, 또한 아무 것도
가지고 가지 못하리.                       〈신약성서〉

346

✻

◇사회는 가장 깊숙한 고독 속에 존재한다.　　　　〈디즈레일리〉

✻

◇인간의 고독은 신(神)의 존재와 관련이 있다. 만약 창조자인 신(神)이 확실히 존재하여, 피조물인 인간이 불안을 느낄 때 확실한 광명의 길을 제시해 준다면, 아마도 인간은 고독하지가 않으리라. 신이 비쳐 준 길을 걸어가면 되니까. 그러나 인간이 어떤 행동을 결정하는데 있어서 신은 아무 도움도 주지 않는다.　　　　〈사르트르〉

✻

◇고독한 난관에 부딪쳤을 때 가장 좋은 처방은 '최선(最善)'이다. 지옥은 자기 자신만의 상념과 업보에 의하여 스스로 찾아가는 곳일 뿐이다. 살을 에이고 뼈를 깎는 고통과 결단이 아니고서는 그 어떤 악(惡)도 벗어나기 어렵다.　　　　〈최진용〉

✻

◇진리와 정의에 봉사하는 사람은 우선 고독 속에서 버틸 각오를 하지 않으면 안 된다. 그러는 동안에 자기도 모르게 사람들의 공감을 얻게 되는 것이다.　　　　〈벨시에〉

✻

◇우울이란, 자기 자신의 생활이나, 모든 이 세상의 생활 속에서 참다운 의미를 발견하지 못했을 때의 마음 상태이다.　　　　〈톨스토이〉

✻

◇내가 누구보다도 강하게 고독을 느낄 때는 내가 누군가 다른 인간에게 내 정신을 바쳤을 때다. 그러할 때 서로 함께 할 수 없는 불가능함이 더욱더 명료해져 온다.　　　　〈모파상〉

✻

◇고독을 즐기는 자기 자신, 고독 속에 놓인 자신을 돌아보면, 문득 막연하다. 고독을 즐기는 마음이란, 대부분 깨끗한 것, 바른 것이 아니

면 더러운 것, 비뚤어진 것이다. 강한 사람이 아니면 약한 사람이다.

〈법구경〉

❊

◇한 사람도 아는 사람이 없는 군중 속을 헤치고 갈 때만큼 강하게 고독을 느낄 때는 없다.

〈괴테〉

❊

◇남편은 결혼 생활으로 고독하고, 아버지는 노년에 고독하고, 친구는 우정으로 인하여 고독하다. 왜냐하면 우리는 자신이 선택한 사람으로부터 선택되는 일이 극히 드물기 때문이다.

〈A. 삐〉

❊

◇고독한 생활은 보다 더 여유있고 자유롭게 지내기 위한 것이다.

〈루터〉

❊

◇모든 사람은 고독하다. 고독의 맛은 쓰고, 세월이 흐르는 동안 나아지는 때도 있지만 고독은 사람과 계속 함께 존재한다.

〈헤세〉

❊

◇고독은 산에 있는 것이 아니라 거리에 있다. 한 사람의 인간에게 있는 것이 아니라 여러 사람들 사이에 존재한다.

〈미키 키요시〉

❊

◇사람은 모두 자기만의 인생을 혼자서 살고, 자기만의 죽음을 혼자서 갖는 법이다.

〈야콥센〉

❊

◇나는 혼자 있을 때는 고독을 이겨내지 못한다. 그런 때라 할지라도 열광적인 제작만큼은 친구를 바라지 않는다. 내가 캔버스와 그림 물감을 이처럼 대담하게 주무르는 것은 바로 그 때문이다. 내가 살아 있다는 것을 절감할 수 있는 것은 오직 극도로 긴장하여 일을 하고 있을 때 뿐인 것이다.

〈고호〉

❋

◇우리는 현재만 인내하고 견디면 된다. 과거와 미래에 대하여 괴로워 할 필요가 없다. 과거는 이미 존재하지 않으며 미래는 아직도 존재하지 않기 때문이다. 〈알랭〉

❋

◇싸움이라는 커다란 비참과 비교해 볼 때 우리의 조그마한 인내는 아무 것도 아니다. 〈대망경세어록〉

❋

◇평생을 통해 아름다운 말을 귀담아 들어 보라. 모든 행실의 근본은 인내하는 것 외에 으뜸가는 것이 없다. 〈공자〉

❋

◇약한 병을 견디지 못하고, 조그마한 분함을 참지 못하는 사람은 큰 일이 닥쳐 왔을 때 스스로 아득하고 어지러워 엎치락 뒤치락 할 뿐이다. 〈명심보감〉

❋

◇인고(忍苦)는 위대한 것이다. 터질 듯한 가슴을 억누르고, 치밀어 오르는 혈조(血嘲)를 씹으며, 그러나 사랑하는 사람에게는 그러한 빛을 나타내지 않고 태연히 지내는 자약(自若)——세상에 이 이상 더 어려운 일이 있을까? 인고의 자루는 참으면 참을수록 그 끈은 강해지나니, 하고 싶은 말이 있어도 참는 궁굴(窮屈)이다. 그 인내(忍耐)와 단련 속에서 비로소 미력한 자기가 빛을 발하기 시작하는 것이다. 〈법구경〉

❋

◇그 가운데 가장 오래 기다리는 사람이 반드시 승리한다. 〈잭슨〉

❋

◇신념의 근본은 인내이다. 〈맥도날드〉

❋

◇참고 버텨라. 그 고통은 조금씩 조금씩 너에게 좋은 것을 가져다 줄 것이다.　　〈오비디우스〉

＊

◇참을성 있는 사람은 정복(征服)되지 않는다.　　〈G. 허버트〉

＊

◇한때의 분한 감정은 반드시 참아야 한다. 왜냐하면 한 때의 감정을 억제하지 못하는 사람은 백 일의 근심을 모면하기가 어렵기 때문이다.　　〈경행록〉

＊

◇당신 마음의 작은 뜰에 인내를 심으라. 뿌리는 쓰지만 그 열매는 달리라.　　〈오스틴〉

＊

◇간사한 말은 덕(德)을 어지럽히고, 작은 것을 참지 못하면 큰 일을 이루지 못하니라.　　〈불경〉

＊

◇누구에게 있어서도, 그 천성으로 인하여 참을 수 없는 경우는 절대 일어나지 않는다. 똑같은 일이 다른 사람에게도 일어나지만, 그 사람은 그것이 일어난 것을 의식하지 못하거나, 아니면 커다란 용기를 보여주기 위해 꾹 참고 이에 굴복하지 않았던 것이다. 그러나 무지(無知)와 교만이 지혜보다 강하다는 것은 일종의 치욕이다.　　〈아우렐리우스〉

＊

◇인내란, 무거운 짐을 짊어 지고 빨리 걸으면서도 말이 없는 나귀의 미덕이다.　　〈그랜빌〉

＊

◇가정 생활을 하는데 있어서 그 어떤 것보다 중요한 것은 참을성이다.　　〈체홉〉

350

❋

◇싸움이란 인내심이 강한 사람이 이긴다. 당신은 인내심이 강한
사람인가?　　　　　　　　　　　　　　　　　　〈대망경세어록〉

❋

◇무슨 일이든 참아낼 수 있는 사람은, 어떤 일이든지 해낼 수가
있다. 인내는 사람이 가질 수 있는 미덕이기도 하다.　　〈루터〉

❋

◇참을성이 많은 한 병사(兵士)는 피로에 지친 약한 일 개 대대보
다 낫다.　　　　　　　　　　　　　　　　　　　〈나폴레옹〉

# 33

# 생명 · 건강 · 질병에 관한 격언

❋

◇건강한 사람은 건강의 고마움을 깨닫지 못한다. 건강을 유지하기 위해서는 비록 병이 없더라도 병에 대한 주의를 기울여야 한다.

〈카알라일〉

❋

◇기쁜 마음으로 일하는 것이 육체와 정신을 위한 가장 좋은 위생법(衛生法)이다. 값 비싼 보약(補藥)보다 기쁜 마음은 언제나 변하지 않는 약효를 가지고 있다.

〈조루즈 상드〉

❋

◇부귀도 명예도, 그리고 지식도 미덕도 사랑도 건강이 없으면 모두 낡고 사라져 버린다.

〈몽테뉴〉

❋

◇스스로 쉽게 고칠 수 있는 환자는, 동정받아서 안 된다.

〈몽테뉴〉

❋

◇자신이 건강하다고 굳건히 믿는 환자는 치료할 방법이 없다.

〈페르시우스〉

❋

◇건강과 부는 미(美)를 창조한다.

〈보운〉

✻

◇나는 생존하려고 하는 생명에 둘러싸여 있는 살려고 하는 생명이다.　　　　　　　　　　　　　　　　　　　　　　　〈시바이쩌〉

✻

◇생명은 죽음의 그림자에 다름 아니며, 떨어져 나간 영혼은, 삶의 그림자에 불과하다. 모든 것이 이것 아래에 떨어진다. 태양은 신의 어두운 환영에 불과하고, 빛은 신의 그림자에 불과하다.　〈브라운 경〉

✻

◇생명에 대한 외경(畏敬)의 윤리는 상대적인 윤리를 허용하지 않는다. 그것은 생명의 유지와 성장만을 선으로 인정한다. 그것은 생명의 파괴와 손상을, 그것이 여하한 사정에 의해 이루어졌건 모두 악으로 간주한다.　　　　　　　　　　　　　　　　　　　〈사바이쩌〉

✻

◇생명의 단위는 분리하고 결합하고, 보편적으로 되었다가 특수한 것으로 되고, 변화했다가 고정했다가 하는 것이 근본 성질이다. 모든 생물은 모든 여러 가지 조건 아래서 나타났다가는 사라지고, 응고했다가는 용해되며, 모였다가는 흩어지고, 늘어났다가는 오그라드는 일을 반복한다. 더구나 이와같은 작용은 동일한 시간에 동시에 일어나며, 무수한 것이 일각을 다투어 서로 밀치고 밀리는 것이다. 발생과 소멸, 창조와 파괴, 탄생과 죽음——그것이 수없이 반복되고 혼합되어 있다. 그러므로 비록 아무리 특수한 것일지라도 지상에서 생기는 한, 결국 보편자의 비유로서 출현할 뿐이다.　　　　　　　〈괴테〉

✻

◇누군가 나에게 말해 줄 수 있는 사람 있는가? 어디로 내 목숨 더듬어 가는가를…… 나는 진정으로 태풍 속에 떠돌며, 연못을 집으로 하는 물결이 아닐는지? 혹은 창백하게 살얼음 끼는 이른 봄의 저 벚꽃이 아닐런지.　　　　　　　　　　　　　　　　　〈릴케〉

❀

◇창조 의지가 동시에 파괴 의지로서 작용하며, 파괴 의지가 동시에 창조 의지로 작용하고 있는 이 세계 속에서 생명에 대한 외경을 가지고서 살아가는 것, 그것은 나에게 언제까지나 고통에 찬 수수께끼다. 〈시바이쩌〉

❀

◇대지 전체가 풍부한 봄과, 잠에 들어갈 가을과의 교체 리듬에 따르고 있다. 건강한 백성은 생명의 법칙에 대해 분노하지 않고, 그것을 이해하려고 애쓴다. 변화, 그것은 생명이다. 〈로맹 롤랑〉

❀

◇생명은 불멸한다는 어이없는 사상의 근원을 찾기는 쉽다. 이 사상은 희망과 공포에 의해서 유지되는 신앙과 비겁한 마음에 의해 명맥을 유지한다. 〈대로우로〉

❀

◇결혼 후 아기를 갖지 못해 고민하는 중년 부부의 쓸쓸한 정경과, 불치의 지병을 가지고 태어난 기형아를 가진 부모들의 슬픈 얼굴을 우리는 기억한다. 이러한 근심은 '생명' 현상이 인간에게 가져다주는 가장 가혹한 형벌이다. 〈고서(古書)〉

❀

◇생명력이 부족한 사람들은 세계를 메마른 것으로 이해한다. 그들은 청년들의 가슴을 부풀게 하는 기대, 희망, 고뇌의 떨림을 꿈에서조차 생각하지 않는다. 〈로맹 롤랑〉

❀

◇신이 우리에게 절망을 주는 것은 우리를 죽이려 하기 때문이 아니라, 우리들 가운데 새로운 생명을 불러일으키기 위해서이다.

〈헤세〉

❀

◇자연의 섭리가 평등하게 베풀어지고 있다는 것은 곧, 모든 사람이 공평하게 생명을 부여받고 있다는 것과, 스스로 생명을 유지시켜 가고 있다는 것이다. 〈힐티〉

✳

◇내가 신 고전주의의 이론보다도 혁명적 이론에 가까운 것은 분명하다. 전자는 생명의 속도를 빠르게 하고, 후자는 그것을 늦추게 하기 때문이다. 〈로맹 롤랑〉

✳

◇생명은 영원하다. 생명은 고귀하고 깨끗하다. 다른 어떤 것보다도. 〈스펜서〉

✳

◇생명에 대해 경건한 마음을 갖는 것은 바로 창조주에 대한 찬미라고 할 수 있다. 왜냐하면 생명의 창조야말로 신의 유일한 재현(再現)이기 때문이다. 〈프로스트〉

✳

◇병이 찾아오기 전까지는 건강의 가치를 깨닫지 못한다.〈T. 플러〉

✳

◇건강의 시초는 질병을 아는 것이다. 〈세르반테스〉

✳

◇돌팔이 의사는 어느 누구에게도 새로운 삶을 주지 못하고, 모든 것에 죽음을 줄 뿐이다. 〈카알라일〉

✳

◇죽음의 전령은 병이다. 〈F. 루스〉

✳

◇신념과 지식은 병을 치료하는 데 있어서 서로 크게 의존한다. 〈레이덤〉

✳

◇건강을 유지하는 것은 하나의 의무다. 육체상(肉體上)의 도의(道義)라는 것이 있다는 사실을 인식하는 사람은 거의 없는 것 같다.  〈H. 스펜서〉

✽

◇강한 신체는 강한 정신을 만든다.  〈T. 제퍼슨〉

✽

◇의사가 병을 고치면 태양이 이를 보지만, 그가 환자를 죽이면 땅이 이를 감춘다.  〈J. 캘러〉

✽

◇건강한 의지가 그 무엇보다도 육체의 건강에 좋다. 어떤 사람은 줄곧 일만 하고 쉬는 일이 없지만 건강하고 오래 산다. 한편 어떤 사람은 쉽게 일에 지치며 1년이면 6개월은 온천장을 헤매고 다닌다. 전자는 건강한 의지를 가졌고 후자는 병든 의지를 가졌기 때문이다. 지나치게 이기적(利己的)이면 사람의 정신은 병드는 법이다. 〈힐티〉

✽

◇쾌활한 기분을 주는 데에는 건강이 으뜸이다. 재물의 힘은 건강에 비하면 극히 작은 것에 지나지 않는다. 일하는 노동자나 농민들을 보라. 그들은 먹고 입는 것이 부족하지만, 늘 쾌활한 얼굴을 하고 있다. 건강은 나뭇잎과 같은 것, 잎이 무성하여야 쾌활이란 꽃도 핀다.  〈쇼펜하우어〉

✽

◇백 명의 의사를 부르지 말고, 저녁 때의 음식을 삼가하라.

〈에스파니아 격언〉

✽

◇인간(人間)은 자연스러운 그대로 가만히 두면 그것으로서 충분히 건강을 유지할 수가 있다. 도리어 문명(文明)에 손이 많이 가서 인간의 육체는 약해지고 있다. 모자를 쓰지 않는 것이 건강에 좋은데

도 불구하고 모자를 사용하고 있고, 손발도 원래는 추위와 더위에 대한 감도(感度)가 똑같았는데 양말을 신는 습관을 들였기 때문에 손보다 발이 추위를 더 타게 된 것이다.　　　　　　〈로크〉

✱

◇오래 살고 싶거든 질투의 감정을 없애라.　　　　〈외국 속담〉

✱

◇최상의 건강에도 한계가 있고 질병은 항상 그 가까운 이웃에 있다.　　　　　　　　　　　　　　　　　　〈아이스킬루스〉

✱

◇건강이 있는 곳에 자유가 있다. 건강은 모든 자유 가운데에서 제일가는 것이다.　　　　　　　　　　　　　　　〈아미엘〉

✱

◇인간의 행복은 건강에 의하여 좌우되는 것이 보통이며 건강하기만 하다면 모든 일은 즐거움과 기쁨의 원천이 된다. 반대로 건강을 잃으면 어떠한 외부적 행복도 즐거움이 되지 않을 뿐 아니라 뛰어난 지(知), 정(情), 의(義)조차도 현저하게 감소된다.　　　〈쇼펜하우어〉

✱

◇비록 몸이 자신의 것이라 하더라도 건강을 보존하는 것은 자신에 대한 첫번째 의무이며, 또한 사회에 대한 의무이기도 하다.

〈프랭클린〉

✱

◇식사 후의 수면은 은이고 식사 전의 수면은 금이다.　〈톨스토이〉

✱

◇신체가 약하고 건강하지 못한 사람은 국가에 대한 죄인이다.

〈루즈벨트〉

✱

◇환자는 정상인보다 자신의 영혼에 더 가까이 간다.　〈프로스트〉

❊

◇자연은 나에게 귀중한 선물 두 가지를 주었다. 이것은 언제나 원하는 때에 잠들 수 있는 능력과 과식할 수 없는 육체의 조건이다.

〈나폴레옹〉

❊

◇무엇이 이익이 되고 무엇이 해악이 되는가를 아는 것이 건강을 지키는 최상의 물리학이다.　　　　　　　　〈베이컨〉

❊

◇히스테리 환자의 대개는 추억으로 인하여 고통을 당하고 있다.

〈프로이트〉

❊

◇건강한 사람은 자신의 건강을 알지 못한다. 환자만이 자기의 건강을 알고 있다.　　　　　　　　　　〈카알라일〉

판권본소 권사유

# 동 · 서양 명언집

1994년 4월 2일 1판 1쇄 발행
2007년 4월 5일 1판 4쇄 발행

엮은이 : 최 재 웅
발행인 : 이 금 재
발행처 : 오성출판사

서울시 영등포구 영등포 6가 147-7
TEL : (02) 2635-5667~8
FAX: (02) 835-5550

출판등록 : 1973년 3월 2일 제13-27호
http://www.osungbook.com

ISBN         89-7336-622-X
ISBN 978-89-7336-622-4

값 5,000원